**Instituto
Cervantes**

Saber narrar

Instituto Cervantes

Saber narrar

AGUILAR

Diseño de cubierta: Txomin Arrieta
Imagen de cubierta: Jesús Acevedo

Primera edición: abril de 2012
ISBN: 978-607-11-1783-0

Impreso en México

 **PRISA** EDICIONES

Índice

Introducción
Todo cabe en un cuento

A todo lo llaman cuento en Cuba. Y es que todo cabe en un cuento. Ahora bien, para contar hay que saber narrar.

Hay grandes narradores de cuentos o de historias; entre nosotros, en España, conocí a Carlos Casares y a Rafael Azcona, ya desaparecidos. Casares convertía el hábito de los conejos de abstenerse de beber agua en un delicioso cuento a partir de la realidad, mezclando ciencia con leyenda. De hecho, ése fue el último relato que escribió Casares en su vida, y se publicó póstumamente, al día siguiente de su muerte en Vigo. Azcona lo reducía todo a relato: cuando algo se le iba de las manos y alcanzaba el grado de novela o película (pues escribía novelas y escribía películas), se paraba en seco: un relato es más, decía, y cuando los escribía se los contaba a los amigos.

Fuera de España, siempre en el ámbito de nuestro idioma, disfruté mucho escuchando los *cuentos* de Guillermo Cabrera Infante, cubano; de Tomás Eloy Martínez, argentino, y de Carlos Monsiváis, mexicano. Cabrera era tan gran narrador (él, apoyado por su mujer, la impar Miriam Gómez) que convertía cada historia nueva en un nuevo cuento (dicho sea, otra vez, en el sentido que los cubanos le dan a esta palabra). Y a Tomás Eloy, que contaba con una precisión minuciosa cualquier cosa que hubiera presenciado, lo sometí muchas veces a una prueba irrefutable: para saber si no me engañaba con la extraordinaria sagacidad de su prosa verbal (escrita era igual de sabio su texto) le hacía algunas preguntas por si lo hallaba en un renuncio. Siempre narraba; es decir, parecía que siempre decía la verdad. Monsiváis narraba, como si acabara de de verla, cualquier cosa aunque nunca la hubiera presenciado, prehistoria incluso... No conocí a otro gran narrador como el mexicano Jorge de Ibargüengoitia. Era tan poderoso su modo de narrar (en sus columnas, que son excepcionales) que parecía que él tenía dentro de sí un motorcito de (buena) prosa que todo aquello que caía en sus manos salía convertido en un relato en general desternillante...

Y así sucesivamente. Es un don. Narrar es un don, porque saber narrar no está al alcance de cualquiera. Hay personas naturalmente dotadas para ello; Fernando Fernán-Gómez, el extraordinario actor, era muy celebrado en los rodajes porque en los intervalos narraba historias increíbles que valían, generalmente, más que las películas que se estaban rodando. Y de hecho muchas de esas historias suyas luego fueron películas muy celebradas. Yo estuve con él (y con muchos otros) la noche en que, durante una cena, Fernando Delgado, entonces director de Radio Nacional de España, le propuso que hiciera una serie para esa emisora estatal. Se quedó pensando un rato, y al momento empezó a contar su propia vida de cómico, de lo que salió la serie, la película y la obra de teatro que se llamó, en cada uno de los casos, *Viaje a ninguna parte*...

Y he conocido a muchísima gente que cuenta como los ángeles, como si hubieran nacido ya narrando. Pero ¿se puede aprender? Se puede y se debe. En este libro Eugenia Rico, escritora de éxito, y Francisco Javier Rodríguez de Fonseca, experto en cine, en su escritura y en su narrativa plástica demuestran que, en efecto, se puede, y explican también que para contar no basta con tener la intuición que asistía a algunos de esos maestros. Ellos también tuvieron que apoyarse en otros magisterios, escritos o filmados, hasta convertir los materiales de la intuición en una materia que, acompañada con las lecciones aprendidas de otros, dieron de sí narradores formidables. Yo escribí el apartado relativo a «Saber narrar en periodismo». Hice lo que pude o supe; sobre todo, quise buscar ejemplos en magisterios próximos.

Aquí están los tres testimonios. Ojalá salgan sabiendo un poco más (sobre todo en los casos de la literatura y el cine) del oficio bellísimo de contar. Jorge Cafrune, el mítico cantante argentino que murió probablemente asesinado por la dictadura militar, tiene un verso que sobrevuela siempre mi memoria cada vez que pronuncio la palabra *contar* «Lindo haberlo vivido para poderlo contar...». A veces, tantas veces, no es lindo; pero si se sabe contar lo que ha pasado ya sabe uno cuál es uno de los placeres más bellos del mundo. Gabriel García Márquez dice que el oficio que hacemos los periodistas es «el más bello del mundo». Debe referirse el maestro, seguro, al oficio de narrar... Como la poesía, narrar es un milagro, porque si lo miras bien, como decía el fabuloso Augusto Monterroso, todo cabe en un cuento... Y él escribió un cuento, «El dinosaurio», que tiene línea y media, y ahí le cupo todo...

JUAN CRUZ RUIZ

SABER NARRAR EN LITERATURA
EUGENIA RICO

«Read, read, read. Read everything trash, classic, good
and bad and see how they do it. Just as like a carpenter
who works as an apprentice and studies the master.
READ!! You'll absorb it. Then write.
If it is good, you'll find out. If it is not,
throw it out the windows».

WILLIAM FAULKNER

(Lee, lee, lee todo: basura, clásicos,
bueno y malo, y aprende cómo lo hacen.
Igual que un aprendiz de carpintero
que estudia a sus maestros.
Lee. Lo absorberás. Luego escribe.
Si es bueno, lo sabrás.
Si es malo, tíralo por la ventana).

Traducción libre de Eugenia Rico
de una cita de William Faulkner
(y ejemplo de punto de vista: segunda persona).

«There are just three rules for writing a good novel.
Unfortunately, no one can remember them».

ROBERT MCCRUM

(Sólo hay tres reglas para escribir una buena novela.
Por desgracia nadie las recuerda).

¿Por qué nos fascinan las historias? Introducción a la ficción

Hay muchas maneras de matar a un hombre pero una de las más terribles es no dejarlo dormir.

Se muere no porque no pueda descansar sino porque no puede soñar.

Y se muere antes de hambre de sueños que de hambre de pan. La sed de sueños nos mata casi tan rápido como la sed de agua.

Una persona torturada así, y por desgracia esto se ha usado a menudo como método de tortura, en cuanto tiene un momento de reposo cierra los ojos y se duerme al instante. Comienza a soñar y sus párpados tiemblan como mariposas aterradas: es la fase REM.

Nuestra mente no puede soportar la realidad sin los sueños.

Las sociedades no son diferentes: necesitamos artistas que sueñen el sueño de los pueblos.

Algunos sueños como el cine nos los dan hechos. Vamos al cine a ver el Sueño de Otro. Como lo soñó otro.

La literatura siempre existirá porque con los libros, con los cuentos, con las novelas, los ensayos y los artículos (a los que por supuesto considero un género literario y uno de los más interesantes) cada uno sueña su propio sueño.

Yo soy el guionista que escribe un guion para que tú, lector, seas el director de tu propia película, para que hagas el *casting*, escojas a la actriz que quieras para la pelirroja de *Aunque seamos malditas*. (¿Nicole Kidman o Julianne Moore?). Para que tú pongas la música y el tempo y hagas el montaje final.

Por eso, cuando ves primero la película, a menudo te gusta más el libro, pero cuando lees primero el libro la película casi

17

siempre te decepciona. El libro era tuyo y tú ya lo habías rodado en tu interior.

Soy conocida por haber desarrollado la literatura interactiva o participada pero en realidad toda literatura es interactiva o participada. En mis novelas el verdadero detective es el lector. Pero es que el lector es el verdadero protagonista de todas las historias.

Ningún videojuego se puede comparar con el dominio de la historia que tiene mi lector: porque un cuento es el único lugar donde dos personas que no se conocen, que jamás se han visto, pueden encontrarse en la más pavorosa intimidad: el autor y el lector se reúnen para celebrar una ceremonia secreta al término de la cual una historia que pudo no ocurrir jamás seguirá desarrollándose para siempre en la mente del lector.

Ése es el pequeño gran milagro por el que merece la pena escribir ficción aun cuando si quieres ganar dinero sería más recomendable escribir libros de cocina, manuales de autoayuda o simplemente no escribir.

Y, sin embargo, nada puede compararse a este oficio y éste es el oficio más antiguo del mundo, el oficio de Sherezade, con el que salvó su vida y la de las demás doncellas amenazadas por un psicópata. Es bueno recordarlo porque así es cómo debería escribir siempre un autor: como si se le fuera la vida en ello. Del mismo modo en que han sido escritos los grandes relatos de la historia porque, como nos enseña Rilke en *Cartas a un joven poeta*, sólo deberíamos escribir si sentimos que es la única forma posible para nosotros de estar en el mundo.

En ese sentido, cualquier escritor no escribe para vivir sino para sobrevivir.

Y recuerda mis palabras: la buena literatura da miedo al que la escribe y al que la lee.

No tengas miedo.

La página en blanco

En cualquier charla pública o taller literario al autor se le pregunta por sus rutinas: ¿escribe de noche o de día?, ¿en computadora o con pluma?, ¿cómo se le ocurren las ideas?

Estas preguntas ni son ociosas ni son inocentes. Tienen que ver con el momento mágico de la escritura, con la búsqueda de la tan traída y llevada inspiración.

Para los románticos la inspiración lo era todo. En cambio, en nuestros días la inspiración se ha desprestigiado en beneficio de la transpiración y de modo totalmente injusto. (A pesar de ello, la frase atribuida a Thomas Edison de que la creación es 99 por ciento de transpiración y un 1 por ciento de inspiración tiene sustancia.)

A todos los escritores que en el mundo realizamos este penoso y mal pagado trabajo en búsqueda no de los quince minutos de gloria de Andy Warhol (aunque para algunos éste puede ser el objetivo), a ellos les recordaré las palabras sobre el éxito que pronunció Jean Rhys: «Too little too late» (demasiado poco y demasiado tarde). Cuanto antes lo sepas, mejor será: demasiado poco y demasiado tarde ha sido el premio de escritores tan grandes como Franz Kafka, Herman Melville, John Fante, incluso Cervantes no fue Cervantes hasta que los románticos ingleses reivindicaron su obra, mientras que otros como Dickens, Tolstoi o Vargas Llosa han conocido la gloria en vida. Kafka publicó sólo en pequeñas editoriales, el editor de Melville lo convenció para que dejara de escribir después de que se vendieran tan sólo trescientos ejemplares de *Moby Dick*. Demasiado poco y demasiado tarde, esto es lo que espera a la mayoría de los grandes escritores.

Si no debemos escribir en búsqueda del éxito fácil que parece el aire de los tiempos ni del dinero fácil que nos prometen otras disciplinas, lo que todo el mundo busca es entrar en fase *alpha*, ponerse en contacto con el inconsciente colectivo, encontrar la gran historia, la página perfecta o el texto total. Todas estas versiones del Santo Grial se resumen en una: inspiración.

Es lo que buscaba el escritor alemán Schiller cuando decía que guardaba en su escritorio unas manzanas podridas: cada vez que decidía escribir aspiraba su olor, que lo devolvía a la última vez que había estado inspirado escribiendo.

Éstos son los trucos que utilizan los escritores, cada cual tiene los suyos. Algunos releen lo escrito; otros, no. Todos saben que cuando una historia tiene más eco del habitual es porque, de alguna manera, quería ser narrada. Yo creo que todas las historias están ahí fuera en el inconsciente colectivo, el gran Ello del mundo, donde están nuestros temores más recónditos y nuestras esperanzas más inconfesables. Por eso no creo en el tópico del miedo a la página en blanco que en nuestros días se debería llamar el miedo al documento de Word en blanco.

Cuando el escritor no escribe es porque el escritor no lee.

Si prendes la computadora y no se te ocurre nada, abre un libro.

Hay mentiras, grandes mentiras y «no leo para que no me influyan», no conozco a ningún gran escritor que no lea o haya leído muchísimo.

Si no se te ocurre nada, abre los ojos y los oídos y lee. Sólo por este consejo que parece de Perogrullo, pero no lo es, merece la pena haber pagado el precio de este libro.

Como decía Faulkner, lee de todo: bueno y malo, de todo ello aprenderás, suminístrate a ti mismo una dieta variada y tu escritura se hará proteica.

No hay nada que yo tema menos que a la página en blanco, en realidad creo que me ocurre siempre lo contrario: un sinfín de voces semejante a un enjambre aúllan en mi cabeza contándome mil historias que ellas dicen que merecen ser narradas. Como la vida humana es limitada, elegir es perder. Este proceso que comienza con la elección de la historia que quieres narrar seguirá más tarde con la elección de las palabras, de las frases, de los personajes. Menos es más.

No puedes aspirar a contar todas las historias, por mucho que ésa siga siendo mi aspiración. Debes aspirar a contar esa historia que nadie puede narrar como tú.

Consejo número uno: lee. Si no tienes tiempo para leer, nunca tendrás tiempo para ser escritor.

Como he impartido muchos talleres literarios, siempre me maravillo de la gran cantidad de escritores noveles que creen que leer es una pérdida de tiempo.

No saben que leer es vivir dos veces y ganar tiempo aprendiendo de los errores y los aciertos de otros.

Aprenderás de los libros buenos y a menudo aprenderás mucho más de los libros malos. Yo leo porque me gustan las historias y no sólo para aprender sino para disfrutar.

Si quieres seducir a alguien, tienes que haber sido seducido tú primero: la buena literatura enseña cuestiones de estilo, agilidad narrativa, estructura argumental, creación de personajes y sinceridad creativa. Leer *Guerra y paz* te puede hacer pensar «no escribiría algo tan bueno ni en quinientos años», pero esos sentimientos son el mejor fuego para la hoguera de tu propia creación.

En el consejo de leer debo decir que no te limites a leer libros. La lectura de periódicos, que pronto será una actividad del siglo pasado, es una de mis fuentes preferidas de inspiración.

Lee libros de teoría de la literatura. A pesar de que la teoría no garantiza una mejor práctica; una y otra vez los escritores que admiro poseían grandes conocimientos de teoría. Del mismo modo que saber solfeo no te escribirá una canción pero te ayudará a escribirla: saber teoría de la literatura te ayudará a ser más humilde, que es el primer paso para ser más grande.

Si en todos los años que me he dedicado a escribir me dieran un céntimo de euro por cada persona que me ha dicho que quiere ser escritor, pero no tiene tiempo para leer, podría acabar con la crisis financiera mundial.

Como he dicho anteriormente: si no tienes tiempo para leer, es que no tienes tiempo (ni habilidades suficientes) para escribir.

Si trabajas largas horas, lee a pequeños tragos en lugar de a largos tragos. La lectura de relatos es ideal para la vida moderna y el metro, el camión, las salas de espera son lugares maravillosos donde puedes empezar a ser escritor de la manera más fácil: leyendo.

Deja la teta de cristal, la tele por un buen libro. Si haces esto, no sólo estás dando un gran paso hacia ser un buen escritor sino un paso definitivo hacia ser una persona más feliz.

No te estoy diciendo que no veas nunca la tele, te digo que leas siempre que puedas.

Consejo número dos: sólo hay algo mejor que leer: releer.

Cuando te guste un libro, haz al menos dos lecturas: la primera disfrutándolo, la segunda estudiando la forma en la que está construido. Ése es el mejor taller literario del mundo, aquel en el que tus profesores son Shakespeare, Cervantes, Borges, Cortázar, Rulfo, Carpentier... porque todo buen escritor empieza por ser un gran lector.

Y por último te doy algunos trucos que demuestran que a la imaginación sólo hay que provocarla un poco para que se suelte.

Deja este libro, prende la computadora (y si no tienes, corre a comprarte una, aunque sea una pequeñita) y comienza a escribir lo que te gusta y lo que no te gusta.

Si dentro de una hora no tienes un hermoso texto del que te sientas orgulloso, contáctame por Facebook o Twitter y gustosa te reembolsaré el dinero del libro de mi propio bolsillo.

Porque acabas de descubrir que quizá no todos entraremos en la historia de la literatura, pero todos tenemos algo que decir y tú también. Tú, sobre todo.

¿Existen los géneros literarios?

La distinción entre géneros literarios viene de la *Poética* de Aristóteles, y de ese mismo texto se deriva todo el estudio y la preceptiva actual de la dramaturgia y el guion de cine.

En los miles de años transcurridos desde que se escribió, los hombres han aprendido a volar y a lanzar bombas atómicas pero siguen interesándose por una buena historia de manera previsible e invariable. Nos conmueven las mismas cosas que conmovían a los griegos y por los mismos motivos.

La *Poética* de Aristóteles es el primer texto conocido que recoge normas y trata de encontrar modelos que produzcan orden en la escritura dramática, utilizando ejemplos creados con anterioridad. Como origen de todos los manuales, a pesar de los miles de años transcurridos, me parece interesante hacer un resumen de sus conceptos más importantes. Como todo resumen de una obra tan compleja se trata también de una simplificación y de *mi* simplificación; sin embargo, creo que será reveladora en el tema de los géneros literarios.

ORIGEN DE LA POESÍA

Aristóteles sitúa en la *imitación* el origen de la poesía y de todos los géneros literarios. La llama *mímesis* y según el filósofo griego tiene lugar por dos causas:

a) por el principio de imitación; imitar es algo connatural en el hombre desde el principio del aprendizaje y se desarrolla en la infancia,

b) por el gozo que se produce imitando, porque se adquiere los primeros conocimientos con la imitación.

Imitar da lugar a la duplicidad o a la multiplicidad y a partir de ahí se busca la autenticidad y las características propias del individuo después de asimilados los factores básicos que nos da la imitación.

Tras imitar está el concepto de la *ejecución*; en el arte el deleite estará en nuestra capacidad de ejecución.

Los recursos esenciales para la imitación y la ejecución son el *ritmo* y la *armonía*, connaturales al hombre.

Evolución de la poesía

Según los tipos de *autores* distinguimos dos clases:
a) los más serios utilizan acciones hermosas propias de nobles y que toman la forma literaria de los *himnos* y los *encomios*,
b) los vulgares, que imitan acciones viles propias de hombres vulgares, y toman la forma literaria de las *sátiras*.

A partir de estos dos principios nacen la *tragedia* y la *comedia*.

En la tragedia está implícita la *voluntad*, que tiene un componente afectivo mayor que la *decisión*, implícita en el *drama*.

Formas de mímesis o imitación según Aristóteles

Las principales imitaciones son la epopeya, la poesía trágica, la comedia, la poesía ditirámbica, la aulódica y la citiródica. No es necesario recordar estas palabras a no ser que quieran quedar como eruditos, pero es importante saber que se distinguen entre ellas:
a) en los medios con que imitan, con todos los recursos por separado o a la vez,
b) en el objeto que imitan; la tragedia, seres mejores, y la comedia, seres peores,
c) en las formas de imitación; narración o haciendo que las personas imitadas obren y actúen: drama.

Desarrollo de la tragedia

La tragedia va creciendo según se van desarrollando sus propios elementos, hasta que alcanza su naturaleza específica (componentes que le aportan un sentido concreto). Esquilo aumentó el número de actores, redujo la importancia del coro y dio mayor peso al diálogo, y Sófocles introdujo la escenografía, dignificó la extensión dejando de lado los argumentos breves, abandonó la dicción burlesca y le dio mayor majestuosidad.

El elemento esencial es el diálogo como elemento definidor que consigue adaptarse a la métrica más ajustada (el trímetro yámbico sustituyó al tetrámetro trocaico como el ritmo métrico más adecuado).

La comedia

La comedia surge de la imitación de personas de inferior calidad pero no de cualquier especie o vicio, sino sólo de lo risible, que es una variante de lo feo para Aristóteles.

La epopeya

Coincide con la tragedia en la imitación de personas nobles pero difiere de ésta en que posee verso uniforme y narración. Es ilimitada en el tiempo aunque al principio coincidía con la tragedia.

La tragedia

La tragedia es la forma literaria más importante para Aristóteles. La define como la imitación de una acción elevada y completa, de cierta amplitud, realizada por medio de un lenguaje enriquecido con todos los recursos ornamentales, cada uno usado separadamente en las distintas partes de la obra. La imitación se efectúa con personajes que obran con el recurso de la piedad y el temor y que al final logran la expurgación de tales pasiones. El lenguaje es rico y comporta ritmo, armonía y música usado separadamente en las distintas partes de la obra.

Las partes de la tragedia

Argumento. Es el más importante, en él se desarrolla el entramado de la acción. Tragedia no es imitación de hombres, sino de acciones de la vida; por tanto, el fin de la tragedia es una acción, no una cualidad. Los hombres tienen cualidades en función de sus caracteres (son felices o no según sus acciones). Sin acción no hay tragedia aunque sí puede haberla sin caracteres. Dos integrantes del argumento y de los elementos básicos para el efecto emocional son la peripecia y el reconocimiento.

Caracteres. Rasgos que determinan la calidad de los personajes y que indican una libre decisión respecto de qué cosas, en circunstancias adecuadas, se elige o se rehúye.

Pensamiento. Consiste en saber decir lo que está implicado en la acción y en un lenguaje adecuado. Hay pensamiento donde se enuncia algo.

Aristóteles introduce varios conceptos que manejarán más tarde Horacio y todos los tratados de Retórica hasta llegar a los libros de Syd Field sobre guion de cine:

Lenguaje. Exposición del pensamiento por medio de la palabra.

Música. Composición misma de los versos que añade atractivo.

Espectáculo. Es ajeno al arte y tiene importancia para la puesta en escena.

La parte esencial de la tragedia es el buen efecto del espectáculo en sí.

Duración de la acción trágica. Si la tragedia es una imitación de una acción acabada y completa, ha de tener una adecuada extensión que se divida en: *principio*, aquello que de por sí no sigue necesariamente a otra cosa, pero después de ello hay o se produce algo de un modo natural; *medio*, viene después de algo y es seguido por otra cosa; y *fin*, aquello que de por sí sigue naturalmente a otra cosa, de modo necesario o por lo general, y a lo cual no sigue nada más.

En la proporción de las partes está la belleza; es necesario controlar la medida y el orden. La extensión del argumento debe poder retenerse en la memoria. La obra debe tener una extensión que permita que el paso de la desgracia a la dicha y viceversa se produzca, según la verosimilitud o la necesidad de los acontecimientos.

Unidad de acción. Ésta es la famosa *regla de las tres unidades* que se retomará en la Ilustración y se abandonará en el teatro moderno.

La acción debe constituir un todo unitario. Las partes deben estar ordenadas de modo que si se suprime alguna de ellas el conjunto resulte modificado y trastornado; pues aquello cuya presencia o ausencia no produce efecto alguno no es parte esencial del todo.

La función filosófica de la poesía

La función del poeta es contar hechos que puedan suceder, no que hayan sucedido. En la poesía, universalmente, a determinado tipo de hombre le corresponde decir determinada clase de cosas según la verosimilitud o la necesidad. La historia se centra en individuos concretos. En la comedia se obra según la verosimilitud y después se aplican nombres a los personajes, mientras que en la tragedia se aplican nombres familiares y no es absolutamente necesario atenerse a la tradición; lo posible es convincente.

Hay acción simple y acción compleja. La acción simple es una, completa, en la cual el cambio de fortuna tiene lugar sin peripecia ni reconocimiento. En la acción compleja, el cambio se realiza por medio de un reconocimiento o peripecia o los dos a la vez.

Peripecia, reconocimiento y patetismo

Éstos son conceptos que todos hemos oído alguna vez y que vienen de Aristóteles.

Peripecia es el paso de una situación a su contraria por parte de quienes actúan.

Reconocimiento es el paso de la ignorancia al conocimiento, lo que provoca además amistad u odio en aquellos que están destinados a la felicidad o a la desdicha.

Ambas comportan pasión y temor.

Y patetismo es la acción destructora que provoca reacciones dolorosas.

Partes de la tragedia

Las partes comunes a todas son:

Prólogo. Parte completa que precede a la entrada del coro (pone en antecedentes y avanza parte del argumento).

Episodio. Parte entera comprendida entre dos cantos completos del coro (ocurre la acción).

Éxodo. Parte entera tras la cual no hay canto del coro (desenlace).

Canto coral:
Párodo. Primera intervención del coro.
Estásimo. Canto del coro sin anapestos ni troqueos (formas versiculares).

Las partes que pueden existir y son comunes sólo de algunas:
Arias. Cantos que provienen de la escena y que entonan los actores frente al coro (abundan en Eurípides).
Komos. Diálogo lírico cuyo contenido suele ser un lamento entre el coro y un actor (en general son cantos funerarios).

No es necesario retener todos estos términos pero, puesto que oirás citar a Aristóteles continuamente por muchos que no lo han leído, es útil que te sean familiares.

EFECTO PROVOCADO POR LA TRAGEDIA

La tragedia debe provocar temor, cuyo objeto es el ser como nosotros; y compasión, cuyo objeto es el ser sin merecerlo un desdichado.

Los personajes no deben destacar ni por su virtud ni por su justicia, pero tampoco caer en la desdicha por maldad o por perversión, sino más bien por culpa de alguna falta. El personaje debe encontrarse en un alto grado de gloria y prosperidad.

En la tragedia griega las pasiones de los personajes los conducen a un fin desastroso. El espectador o lector siente temor e identificación y se purga de sus pasiones en la catarsis, que es el sentido último de la tragedia.

Sin embargo, han pasado miles de años y las obras literarias ya no son en verso ni existe un coro que represente al público. La distinción de los géneros literarios que se originó hace tanto tiempo fue desmontada por las vanguardias en el siglo XX.

Como ven, Aristóteles crea los géneros literarios diferenciando narración, poesía, drama, tragedia y comedia. En nuestros días, se acepta comúnmente la división entre lírica y épica, y en la literatura popular entre poesía, narrativa y teatro. Dentro de la narrativa se distingue
1. La novela.
2. La novela corta o *nouvelle*.
3. El relato corto.

4. Y últimamente el microrrelato (el más famoso quizá sea el de Augusto Monterroso: «Cuando despertó, el dinosaurio todavía estaba allí»).

Estas categorías, como las de Aristóteles, no tienen sentido en las obras de los escritores de los últimos años.

Yo mantengo que los géneros literarios no existen o no están separados entre sí. Defiendo la mezcla de géneros en busca de la obra total.

Les propongo este ejercicio: «Él recorre mi piel con la cucharilla del café. Me ha vendado los ojos. Acabo de contarle mi vida. Es su turno. Me ha vendado los ojos para que imagine mejor lo que va a contarme y me ha atado para que le demuestre que creo ciegamente en él, que sé que no es un asesino, que estoy segura de que no va a hacerme daño. Pero yo no lo sé, por eso tiemblo cuando recorre mi cuerpo con un cuchillo y me dice que es la cucharilla del café» (*Aunque seamos malditas*, Suma de Letras, 2011, página 211).

¿Estamos ante un poema? ¿Ante un microrrelato? Podría ser. ¿Forma parte de una obra de teatro? Quizá.

Como he indicado la página y la edición, es fácil ver que se trata de un fragmento de una novela, pero podría ser cualquiera de estas cosas.

Es uno de los muchos ejemplos que se podrían poner de la arbitrariedad de los géneros literarios.

Por cierto que aquí y en muchos otros lugares de esta obra utilizaré ejemplos extraídos de mis novelas o de mis cuentos no por vanidad (considerada por muchos el pecado capital del escritor), sino porque poseo los derechos de mi obra y no poseo los de Jonathan Franzen, por ejemplo, y además, como cualquier autor que revisa más de veinte veces sus textos, prácticamente me la sé de memoria.

Esto me da pie a dos consejos clásicos para cualquier autor:
1. No te justifiques.
2. Habla de lo que sepas o de lo que seas capaz de investigar de modo verosímil.

En cuanto a los tan traídos y llevados géneros: la belleza es el único género literario en el que creo; en la construcción de una novela entran muchos microcuentos, una buena obra de teatro no puede estar exenta de poesía, etcétera.

Sólo por motivos convencionales aceptaremos la distinción de Aristóteles para proclamar que el teatro sigue las leyes de la poética que exponemos en estas páginas. Sin embargo, en *Saber narrar* hablamos sobre todo de la ficción y de sus dos géneros reyes: el cuento y la novela.

El cuento es como una miniatura y la novela como un gran fresco. Me gusta citar a Fernando Quiñones y decir que si la literatura fuera un *whisky*, la poesía sería el *whisky* solo; el cuento, el *whisky* con hielo, y la novela, el *whisky* con agua, suponiendo que la cantidad de *whisky* (de esencia pura de la literatura) se mantiene igual en cada caso.

A veces esta distinción entre cuento y novela se torna artificial. Los cuentos de Chejov o de Alice Munro contienen un mundo tan complejo como cualquier novela. Nos queda decir que el cuento es una ficción corta (menos de cincuenta páginas) y la novela, una ficción larga. Los franceses hablan de la *nouvelle*, que nosotros preferimos llamar novela corta. Una categoría que se extiende entre las cincuenta y las ciento cincuenta páginas. Por insatisfactorio que sea dar una respuesta de peso a una cuestión tan ardua, la novela es un concepto tan inasible que la extensión es el único criterio en el que caben trabajos tan distintos como los de Balzac y Roland Barthes.

En la novela y en el cuento nos pasa como con el amor. No sabemos definirlo, pero en general lo reconocemos cuando lo tenemos delante.

La voz

La razón por la que grandes guionistas de cine han encontrado difícil escribir una novela es la voz, esa cualidad del narrador que cuenta una historia y que define una novela o un cuento desde el principio.

La voz es difícil de asir, pero el efecto de una voz adecuada es la sensación que tenemos de que alguien nos está contando la historia al oído, a nosotros y sólo a nosotros.

Se puede decir que esa cualidad es la diferencia entre la prosa del principiante y una obra madura.

La voz es como una música y cada escritor debe encontrar la suya a través de kilómetros y kilómetros de palabras leídas y palabras escritas. No hay otro camino.

Un buen ejemplo de voz en la escritura de Italo Calvino es *Cosmicómicas:* «... Debo decir que toda nuestra familia, incluidos los abuelos, estábamos en pleno en la orilla, chapoteando como si nunca hubiéramos aprendido a hacer otra cosa. De no haber sido por la obstinación de nuestro tío abuelo N'ba N'ga habríamos perdido tiempo atrás todo nuestro contacto con el medio acuático. Sí, es cierto, teníamos un tío abuelo que era pez. Era un tío abuelo de la rama materna, para ser exactos un pez de la familia de los celacantos que databa del periodo devónico (me refiero a la rama de agua dulce: son, por cierto, primos de los otros, pero no me apetece nada entrar en todas estas cuestiones de mero parentesco, entre otras cosas porque ya no hay nadie que las sepa a ciencia cierta). Como iba diciendo, este tío abuelo nuestro vivía en unas aguas poco profundas y fangosas, entre las raíces de unas protoconíferas, en aquel entrante de la laguna en el que habían nacido todos nuestros antepasados. Nunca se movió de allí: en cualquier estación del año bastaba con que reptásemos sobre las capas más blandas de la vegetación hasta sentir que nos hundíamos un poco en la humedad del fangal, que allí abajo, a pocas palmeras de la orilla, veíamos la columna de burbujitas que enviaba a la superficie, respirando con la pesadez característica con que suelen respirar los ancianos, o bien la nubecilla de barro que levantaba con su hocico punzante, pues siempre andaba husmeando por ahí, más por costumbre que por necesidad de cazar alguna pieza».

Creemos lo que Calvino nos cuenta, o tal vez olvidamos descreerlo debido al encanto que tiene la voz del viejo Qfwfq.

El punto de vista del narrador

Hannah Arendt recuerda que los griegos distinguían entre *doxa* (opinión) y *homolosis* (hacer una analogía y poner en palabras, con la mayor fidelidad, lo que se contempla) al considerar las posturas que podía adoptar un pensador frente a su objeto.

En este sentido, es la *homolosis* la que supone la ciencia de la literatura, el intento de entender el fenómeno literario desde dentro, que es el propósito de este libro. Y dentro de este estudio el punto de vista del narrador es nuestra piedra filosofal y nuestro elixir de la eterna juventud. Si lo dominamos, podremos narrar cualquier historia: la del hombre que se convierte en escarabajo o la del escarabajo que todos los días se cree un hombre cuando va al trabajo.

El punto de vista del narrador puede, sin embargo, ser estudiado con objetividad. Sin duda, todos los aspirantes a escritores conocen ya los diferentes puntos de vista pero nunca está de más repasarlos:

1. El narrador en tercera persona.

1.1. El narrador en tercera persona omnisciente. En este estilo el autor juega a ser Dios, hablando desde arriba a sus lectores, anticipando acontecimientos, lo sabe todo de ellos y del mundo entero y nos lo hace saber constantemente. Podemos llamarlo el ojo que todo lo ve o la omnisciencia judicial.

Este estilo volvía locos a los victorianos, que lo aderezaban con muchos sermones y comentarios morales. Se considera pasado de moda, pero cuidado porque García Márquez en *Cien años de soledad* reintroduce el estilo omnisciente con una genial vuelta de tuerca.

En mi opinión, el narrador omnisciente corresponde a la época de la humanidad en la que existía una fe firme y sin fisuras en un

Dios del Antiguo Testamento y se escribía como corresponde a ello. El siglo XIX es el gran siglo del narrador omnisciente.

1.2. El narrador en tercera persona objetivo o cámara. Este narrador típico del siglo XX adopta un estilo frío en el que cuenta los hechos como si los viéramos a través de una cámara, sin introducir ningún comentario acerca de los sentimientos o los pensamientos de los personajes, puesto que igual que una cámara es incapaz de verlos y tan sólo puede mostrarnos sus consecuencias exteriores.

El narrador cámara es característico del comienzo del siglo XX y su fe en las máquinas. A medida que el siglo XX pierde su credibilidad, la va perdiendo el narrador cámara porque de alguna manera lectores y escritores ya no creen en la objetividad ni en la inocencia de nadie.

1.3. El narrador en tercera persona pasado por la mente de un personaje (o narrador en tercera persona limitado). Es un narrador en tercera persona que lo sabe todo sobre un determinado personaje aunque se abstiene de hacer comentarios moralizantes. Se parece al narrador omnisciente, pero en general sus conocimientos se limitan al personaje principal por el que intenta transmitirnos su simpatía.

«Lo peor de la vida en la cárcel era la sed. La cárcel era como un establo, el suelo estaba lleno de charcos, de excrementos, de gritos. Pero lo peor era la sed. La sed lo llenaba todo. Llenaba incluso sus recuerdos. Que tenía sed de niña cuando a la gente le daba miedo que entrara a la iglesia. Que había tenido una sed infinita mientras curaba el mal de muelas, el baile de san vito, la sequedad de vientre y los cólicos por los caminos del norte de España. Le parecía que toda su vida había sido una vida sin agua, una garganta seca. Quizá por eso nunca había podido llorar, simplemente le faltaba el agua» (*Aunque seamos malditas*, Suma de Letras, 2011).

1.4. El narrador en tercera persona pasado por la mente de varios personajes. Éste es un narrador en tercera persona que según el párrafo o la página puede transmitirnos los sentimientos y los pensamientos de diversos personajes de la historia. Está cerca del omnisciente.

La variedad de puntos de vista puede enriquecer la historia pero corre el riesgo de marearnos y hacernos perder la verosimilitud.

2. El narrador en primera persona.

El narrador es el protagonista o uno de los personajes de la historia y cuenta lo que sabe y cómo lo sabe.

Este punto de vista es muy querido por mi generación de escritores. Yo misma lo he usado en diversas novelas, como en *Los amantes tristes*, aunque Antonio es una primera persona testigo que explicaré a continuación; en *La muerte blanca*, en *Una de las mitades de la edad secreta*, en *En el país de las vacas sin ojos*, en *El otoño alemán* hay una primera persona testigo engañoso además porque nunca cuenta toda la verdad al lector, y en *Aunque seamos malditas* (la novela en la que he incluido todos los puntos de vista posibles, comprendida la segunda persona), juego también con esas diferentes primeras personas fiables o no.

Debido a mi gusto por la primera persona, a menudo desprestigiada y atacada, quiero explicar los motivos por los que es tan interesante para mí y para muchos escritores de mi generación. Esta teoría como otras de estas páginas es MÍA propia y, por tanto, falible, y no deseo que se culpe a nadie de ella.

Creo que el narrador omnisciente caracterizó una época de firmes convicciones en las que se pensaba que Dios regía el mundo y se ocupaba de nosotros del mismo modo que el autor victoriano, y más tarde la tercera persona cámara reflejó un mundo pleno de fe en las máquinas y en el progreso que fue destruido por la barbarie que las máquinas introdujeron en la Primera y la Segunda Guerras Mundiales.

Después de la Segunda Guerra Mundial, en la última parte del siglo XX y en el siglo XXI, un mundo sin certezas se instala en nuestras mentes, un mundo en el que el escritor ya no cree ser el notario objetivo de la realidad, aunque aspira a ser un relator honesto de ella. Para ser un relator honesto de la realidad cabe asumir que la realidad como tal no existe y que cada uno de nosotros puede dar cuenta y ser responsable tan sólo de aquella realidad que le atañe y conoce de primera mano. De esta manera, el narrador en primera persona no narra la verdad sino su verdad, y hay en ello más modestia y honestidad que en las declaraciones ampulosas y omniscientes.

Muchos manuales desconfían de la primera persona, que dio frutos maravillosos ya en el pasado.

El lazarillo de Tormes, El buscón, David Copperfield, Jane Eyre... en toda época se han escrito grandes obras en primera persona.

La primera persona además nos abre un juego de espejos muy interesante al permitirnos el narrador que yo prefiero, la primera persona testigo poco fiable. Aquella que no nos cuenta la verdad por ignorarla o por ser un niño, o por ser un deficiente mental o un loco.

Otra vuelta de tuerca de Henry James es el ejemplo de esa primera persona fascinante sobre la que me encantaría escribir alguna vez un tratado.

Un ejemplo de primera persona, protagonista de la acción, es Selene, la curandera acusada de brujería por detener una epidemia de peste en *Aunque seamos malditas:* «Dicen que toda aquella gente murió por mi culpa. Lo dicen y no encuentro la manera de que nadie me crea. Todos están ahora muertos. Ya no queda nadie que diga la verdad. Ni siquiera yo. Porque no tengo quien me escuche. Pero está escrito: el que tenga oídos para oír que oiga. Por eso te lo cuento a ti. El único amigo que me queda en el mundo. Un amigo que es más que humano».

2.1. El narrador en primera persona testigo. Uno de mis ejemplos favoritos es el narrador de *Cumbres borrascosas*, de Emily Brontë. El narrador nos cuenta lo que ha visto y le han contado y de lo que él no es el protagonista sino nuestro emisario en la historia, un puente entre las cosas increíbles que van a ser narradas y nuestro mundo lógico.

2.2. El narrador poco fiable.

Éste es el tipo más delicioso de narrador en primera persona, un narrador que sabe mucho menos que el lector, dando pie a que éste conozca muchas cosas que el narrador ignora. O un narrador que deliberadamente intenta engañar al lector consciente o inconscientemente.

Es el caso de *Otra vuelta de tuerca*, de Henry James, o de *Flores para Algernon*, la novela de ciencia ficción que siempre recomiendo, narrada a través de la voz de un deficiente mental que aumenta su inteligencia mediante un experimento y luego la pierde de forma dramática.

He aquí un ejemplo de narrador poco fiable y malévolo: Consuelo, la tuerta propietaria de la tienda en *Aunque seamos malditas:* «Desde que vi llegar a la pelirroja supe que no traería nada bueno. La pelirroja llegó al pueblo un día de tormenta. Llevaba semanas sin llover, pero, en el momento en que el coche de Gago pasó la curva de Bramadoiro, se desató un aquelarre de rayos y no hubo manera de que escampara. Así que la pelirroja tuvo que apearse en medio de la lluvia y aquel día no nos dimos cuenta de lo flaca que estaba, aunque ya entonces nos pareció huesuda y malhumorada y todos deseamos que se quedara poco tiempo».

3. El narrador en segunda persona.

Los manuales clásicos ni siquiera contemplan el narrador en segunda persona. Como el estilo mariposa en natación, es un punto de vista peligroso y sólo para iniciados.

Yo lo exploro con resultados que me producen placer en *En el país de las vacas sin ojos* o en *Aunque seamos malditas*, que, como he expuesto, es un catálogo de todos los puntos de vista posibles.

«Es difícil creer que las cosas que no se ven son más importantes que las que se ven pero es cierto. No ves la célula cancerígena que está invadiendo tus pulmones. No ves lo que te mata. No ves el espermatozoide de tu padre cuando fecunda el óvulo de tu madre. No ves lo que da vida. Sólo ves cosas que no tienen nada que ver contigo, como el mar, como las montañas o como los ríos. Cosas que siguen su curso sin ti o contigo mientras que las cosas invisibles determinan tu vida. Las feromonas en el cuello de una camisa son más importantes que los ojos que te miran.

»Te enamoras de unas feromonas y crees que te has enamorado de unos ojos.

»El que tenga ojos para ver que vea. Pero yo tenía los ojos cerrados» *(Aunque seamos malditas)*.

Se lo considera peligroso porque rompe la cuarta pared, como se diría en el teatro, e introduce un juego metaliterario. En una novela como *Aunque seamos malditas*, que alguien ha calificado de «meniniana», el autor y el lector son dos personajes más y ahí tiene cabida la segunda persona.

Una vez más, tú eres el que decide.

El correlato objetivo

La teoría del correlato objetivo de T. S. Eliot explica bastante bien la esencia del arte de escribir. Más tarde, Hemingway retoma esta teoría y nos la expone así: «El único modo de expresar una emoción de manera artística es encontrar un conjunto de objetos, una situación, una cadena de acontecimientos que serían la fórmula de esa situación particular, de tal manera que, cuando los hechos exteriores suceden, la emoción es evocada de inmediato». De igual modo, Hemingway describe no una emoción, sino la acción y el objeto que la materializan y la simbolizan.

T. S. Eliot es el gran maestro del correlato objetivo aunque no su descubridor. Todos los grandes escritores y muchos de los malos escritores han usado el correlato objetivo como medio de trasvasar la emoción al lenguaje. Ese trasvase de la emoción a la palabra es lo que llamamos literatura.

T. S. Eliot nos cuenta que al buen poeta y al mal poeta los abandonó su amada en un día igualmente terrible, en el mismo banco al lado del mismo lago helado en lo peor del invierno.

Y el buen poeta y el mal poeta estaban de igual modo hechos polvo, reducidos a cenizas, destrozados por dentro y ojerosos por fuera.

Entonces el mal poeta decidió componer su obra definitiva y cantó al lago helado, al terrible día de invierno, a las palabras crueles de la amada que no ama.

Y compuso uno de los peores poemas de la terrible intrahistoria de la poesía.

Y el buen poeta miró ese mismo banco, ese mismo lago, recordó la misma tarde de invierno y con todos esos sentimientos miró un poste de luz. Y compuso su famosa oda a un poste de luz.

Y la gente decía ¿cómo se pueden decir cosas tan estremecedoras de un poste de luz? Y enseñaban el poema a sus hijos. Y sólo nosotros sabemos que el buen poeta no hablaba de un poste de luz, hablaba de la mujer que había amado y que no lo amó, del dolor y la esperanza y la pérdida. Y todo eso a través de un poste de luz.

Otro consejo: todas las historias del mundo hablan de amor, muy pocas hablan de tus zapatos.

Por eso es tan difícil escribir bien sobre el amor y mucho más fácil hablar de unos zapatos.

Procura escribir mucho sobre zapatos antes de escribir sobre el amor.

Trama y situación

Todos los relatos, las novelas y las diversas formas híbridas de ficción constan de tres partes: la narración, que hace que la historia se mueva de *a* a *b* y en los mejores casos hasta llegar a *z*; la descripción, que genera una realidad sensorial que se puede palpar, respirar y oler en las mejores obras, y el diálogo, que da vida a los personajes a través de sus propias voces.

Y después está la trama.

Como ves, no le he dado mucha importancia. Para mí no la tiene. Podría enseñarte cómo planificar la trama de antemano utilizando fichas y dividiéndola en las tres partes clásicas: planteamiento, nudo y desenlace, pero prefiero fiarme de mi intuición. Una historia en la que yo supiera todo lo que va a pasar me aburriría y, si yo me aburro, el lector también se aburre.

Para mí las novelas y los cuentos siempre estuvieron ahí. Del mismo modo que Miguel Ángel decía que él sólo quitaba a la piedra lo que le sobraba para convertirse en el famoso *David*, el escritor desentierra palabras que siempre estuvieron ahí. El escritor es un arqueólogo que encuentra trozos del sentido del mundo y con las herramientas de toda una vida dedicada al lenguaje recompone lo mejor que puede los trozos que faltan.

Sin embargo, a pesar de la aparente facilidad del sistema que describo, te daré otro consejo de oro: la única diferencia entre un genio y una persona normal es que el genio lleva siempre consigo un cuaderno. La frase se atribuye a Mozart, el ejemplo más claro de genio nato en la historia de la humanidad, pero yo le encuentro una verdad aplastante.

En ese cuaderno podrías anotar los rasgos de los personajes, sus vidas anteriores, las frases que se te ocurren, los diálogos geniales escuchados en un bar al azar o en el metro. Podrías llenar páginas y páginas de diagramas o sólo de las palabras que te gusta escuchar.

Todos sabemos que los estadounidenses incluso venden programas de computadora para escribir novelas y todos sabemos que ni siquiera una sola gran novela ha sido escrita así, lo mismo vale para el cuento. Un género en el que cada autor tiene su propia forma de hacer.

Es legítimo que al principio nos dejemos influir e incluso copiemos conscientemente algunas formas de cuentos que nos han impactado: el año pasado fui jurado de más de cien premios de relato y pude comprobar una vez más la nefasta influencia de escritores que admiro, como Cortázar y sobre todo Borges.

Conviene recordar que el plagio sólo es válido si va seguido de asesinato. Es decir, si el producto es notablemente superior al original.

Casi siempre parto de la situación o del personaje. Y creo que la mayor parte de los escritores lo hacen así.

Sin embargo, debes saber que la trama de una historia es la línea de tiempo que sigue esta misma. Se compone de cinco diferentes partes que listadas de manera cronológica son: los antecedentes, los incidentes (las complicaciones), el desarrollo de la acción, el clímax (la culminación) y el término de la acción. Cada una de ellas se explica a continuación.

1. Los antecedentes. En esta parte de la historia en general no hay mucha acción. Básicamente se te presentan muchos de los personajes principales y se obtiene una idea general de lo que sucede. El escenario es el lugar y el tiempo en el cual la narración sucede, pero también se refiere a la atmósfera en la que se desarrolla.
2. Los incidentes. Ésta es la parte en donde se introducen el problema y las situaciones que llevarán a la culminación (clímax) de tu historia. Normalmente el conflicto debe ser muy fácil de reconocer y puede ser algo muy serio como un asesinato, o algo no tan grave como la llegada de un nuevo alumno a clase.
3. El desarrollo de la acción. En el desarrollo de la acción, el autor describe las situaciones que se van presentando y las posiciones que los personajes van tomando para poder llegar a la culminación de la historia. Este desarrollo puede ser algo como el descubrimiento de pistas en una novela de misterio.

4. El clímax o la culminación de la historia. El clímax es simplemente la parte más emocionante de la historia. Es el punto más alto, o donde se resuelve el conflicto o incidente. Si existe algún conflicto en la historia, ésta es la parte donde se le da solución.
5. El término de la acción. El término de la acción en una historia es la parte que se encuentra entre el clímax y el final. Es la parte que cierra la historia. En ocasiones, los autores utilizan esta parte para hacer una reflexión sobre lo que han contado que escribieron o para dar un mensaje final. No es un elemento esencial. A veces los autores omiten esta última parte y terminan su historia en el clímax. Esto se hace frecuentemente para dejar a la imaginación del lector el final de la historia.

Ahora que conoces las partes que constituyen una trama, la próxima vez que leas una historia trata de identificar cada una de ellas. Esto incrementará tu entendimiento de la misma y te ayudará a escribir tus propias historias.

La acción

Es fácil confundir la trama y la acción. La acción es una parte de la trama.

Por acción entendemos la historia que se va desarrollando ante nuestros ojos a medida que leemos la novela. En una narración se suelen suceder varias acciones a la vez, las primarias y las secundarias, que, entretejidas entre sí, forman el cuerpo de la novela o argumento. Es importante que las acciones sucesivas sean verosímiles o creíbles, es decir, deben desarrollarse dentro de la lógica interna de la novela. Asimismo, el autor debe cuidarse de no caer en contradicciones argumentales para que la acción avance sin problemas. El orden de la acción, desde un punto de vista clásico, suele responder a la siguiente estructura interna:

Planteamiento: es la presentación de los personajes y el establecimiento de la acción que se va a desarrollar. Además, se expone el marco temporal y espacial en que se situará la historia.

Nudo o desarrollo: la situación expuesta en el planteamiento comienza a evolucionar, es decir, se desarrolla el conflicto en el que se verán inmersos los personajes. En la novela suele haber un conflicto principal y otros secundarios que dependen, en mayor o menor medida, de aquél.

Desenlace: es la resolución del conflicto y el final de los sucesos que se han planteado. Puede ser positivo y alegre, neutro, o negativo y desgraciado.

De todos modos, y sobre todo desde la renovación de la novela a partir de mediados del siglo xx, es habitual que esta estructura se vea truncada.

In medias res o principio abrupto: consiste en iniciar la acción cuando ésta se encuentra en pleno desarrollo, sin haber presentado previamente a los personajes.

Estructura inversa: el autor adelanta el desenlace de la novela en las primeras páginas de la misma, y posteriormente se dedica a contar cómo los acontecimientos evolucionan hasta llegar a ese final.

Final abierto: la historia no se resuelve ni en positivo ni en negativo. De alguna manera sigue sucediendo y culmina en la mente del lector.

Y por último te daré el consejo final: di la verdad, di la verdad, di la verdad.

Puedes inventar cuanto quieras mientras pretendas transmitir un pedazo verdadero de tu experiencia o de tu consciencia.

Si no lo haces así, el resultado final se notará.

Los detalles

Todos hemos dicho alguna vez: es que fue indescriptible, fue tan divertido (o tan horrible o tan emocionante) que no sé cómo contarlo. Todo el mundo tiene derecho a decir algo así, todo el mundo, menos el escritor. Si quieres ser escritor, si quieres que otros se molesten en leer lo que tú escribes, debes ser capaz de describir lo indescriptible, sobre todo lo indescriptible.

La descripción comienza en la cabeza del escritor pero debería terminar en la imaginación del lector.

Cuando se trata de descripción, es tan fácil pasarse como quedarse corto, incluso diría que es más fácil pasarse. Intenta evitar las descripciones exhaustivas de muebles o prendas de ropa. Balzac comenzó una novela con la descripción de más de veinte páginas de un armario. En su tiempo, muchos de sus lectores no habían tenido la oportunidad de ver un aparador como aquél y puede que lo encontraran interesante aunque lo dudo. En nuestro tiempo y tras la llegada del cine, todo el mundo que puede leer un libro (y muchos que por desgracia para ellos no lo harán en su vida) tiene una idea muy precisa de cómo es un armario y, por tanto, las descripciones detalladas sólo conseguirán que el lector abandone el libro.

En general huye de las descripciones muy detalladas y en concreto de las que atribuyen rasgos psicológicos. Deja que sea el lector el que se los otorgue, a ser posible a partir del diálogo o mejor aún de sus acciones.

Evita frases como «mente despejada que indicaba inteligencia», «ojos azules y despiadados». Es mucho más efectivo que el lector llegue a sus propias conclusiones.

Los escritores somos muy afortunados porque nos es más fácil que al cineasta la gran regla de la excelencia narrativa: mostrar en lugar de decir, sugerir en lugar de enseñar. Podemos describir los ojos en los que se refleja el monstruo, en lugar de filmar los dientes del monstruo y a menudo la cremallera de su disfraz.

Mi teoría de la descripción es impresionista. Debemos escoger una serie de detalles verosímiles, no todos sino aquellos más efectivos. A partir de ahí el lector recompondrá en su mente una vívida imagen de los escenarios y las atmósferas e incorporará a nuestra descripción sus propias emociones. Esto último es vital para que el lector haga suya la historia y de ese modo nuestra historia pueda ser única y nuestra.

No olvides que aunque la vista es un sentido claramente sobrevalorado una imagen no vale más que mil palabras.

Un olor, un sabor pueden hacernos viajar en el tiempo y en el espacio con más fuerza que un color. Procura implicar los cinco sentidos en tus descripciones. Haz que lo que cuentas sea en Eastmancolor y Cinesmacope y además con sabor, con olor, con textura, suave o áspero, dulce o amargo, caliente o frío.

Un buen punto de partida es visualizar lo que vas a describir. Hagamos un pequeño ejercicio. Seguro que tienes un bar o restaurante favorito al que te gusta volver cada vez que tienes algo que celebrar.

Cierra los ojos e imagínate ese espacio. Con los ojos cerrados tienes que ver cómo un hombre herido entra en tu restaurante favorito dejando un rastro de sangre en ese suelo que has pisado tantas veces. ¿Lo ves?

Pues ponte manos a la obra y si quieres mándame el resultado a @eugeniarico. Prometo leerlos todos si tienes paciencia, al fin y al cabo sólo soy una persona y a diferencia de Alejandro Dumas no tengo un negro.

La metáfora

Yo también he cerrado los ojos y con los poderes mágicos infalibles que me dan más de veinte años escribiendo me apuesto lo que quieras a que tu descripción contiene por lo menos una metáfora.

Podría ser «oscuro como la boca del lobo». Las metáforas y los símiles o las comparaciones son uno de los grandes placeres del lenguaje tanto para el escritor como para el lector.

Oscuro como la boca del lobo es una metáfora que raya en el tópico, pero dependiendo del contexto podría ser pasable. Podría dar una nueva luz a algo mil veces visto o dar la misma satisfacción que reconocernos en una vieja foto del colegio. El placer de una metáfora o símil acertado es como el de encontrar pepitas de oro en una playa. Por inesperado que parezca es un placer que nos hemos imaginado muchas veces.

La metáfora absurda que nos hace perder el ritmo es uno de los peores enemigos del escritor novel o no.

Voy a poner un ejemplo de metáfora que hace perder la credibilidad, sacada de una novela cuyo título prefiero no recordar: «Se sentó al lado del cadáver, esperando a la policía con la misma impaciencia que si esperara un bocadillo de jamón». Si tú no te tomas en serio, yo tampoco puedo tomarte en serio ni perder el tiempo con la cantidad de buenos libros que todavía no he leído.

Sin embargo, el enemigo más terrible es el tópico, la frase manida, traída y llevada que nos hace desconfiar de inmediato del escritor: «dientes blancos como la leche», «valiente como un león». El tópico no es sólo el mayor enemigo del escritor, es el mayor enemigo del hombre, porque por desgracia muchos tópicos se basan en verdades como puños que no nos sirven en literatura. Nadie quiere saber lo consabido ni mucho menos leerlo.

El diálogo

El diálogo es la mejor manera de caracterizar a los personajes, también es una de las artes más difíciles de la narración.

Se puede ser un gran escritor sin dominar el diálogo (aunque es difícil) a condición de que se sea consciente de ello y se reduzcan al mínimo. Se pierde así uno de los mejores modos de dar movimiento y verosimilitud a una historia.

Los buenos diálogos sólo tienen una condición: tienen que ser verdad. Pero si escribes diálogos de verdad es muy probable que seas políticamente incorrecto. Si tienes buen oído y eres capaz de reproducir cómo hablan los seres humanos de tu tiempo o de crear de manera convincente como hablan los seres de otro mundo, te encontrarás censurado una y otra vez por utilizar palabras poco elegantes o expresar opiniones demasiado arriesgadas, es lo que hacen los seres de carne y hueso y si tú has conseguido que te censuren por ello cabe pensar que eres buen dialoguista.

Un diálogo realista conseguirá que nos creamos la llegada fantástica de un dragón. Por desgracia (o no) a menudo las personas reales utilizarían palabras consideradas malsonantes. Así que si lo que te preocupa es el que dirán o la opinión de tu madre o la de tu guía espiritual, tendrás que escribir únicamente sobre conventos de monjas, incluso así entrará dentro de lo posible que tengas que enfrentarte a uno que otro problema para que el diálogo sea verosímil.

En el otro extremo y por mucho que nos guste Bukowski, el lenguaje soez por sí mismo no hará de ti un buen escritor. El principio de verdad será de nuevo el que mida tus palabras.

Resulta increíble que un gánster diga «carajo» mientras le cae encima un camión apisonador, pero tampoco es verosímil que una beata suelte una grosería al pincharse con la aguja de bordar. El personaje manda y la historia manda y cada decisión que tomes a ese respecto modifica la historia que estás contando.

Después de lo que he dicho te sorprenderá que te diga que se puede escribir bien y muy bien sin recurrir a ninguna palabra malsonante, pero si el texto lo pide debemos ser capaces de hacerlo. La moralina es tan mala para una buena historia como la falta de moral para ser buena persona.

La historia manda. Y el diálogo está al servicio de la historia.

Se dice que la ficción debe ser espejo de la realidad. Stendhal hablaba de «la novela como un espejo que se pasea a lo largo del camino»; los diálogos son el momento de la ficción en que el artificio debe emplearse para imitar la realidad.

Diálogo natural y antinatural

La ficción es la esencia de la realidad destilada del modo más asimilable. La ficción no es la realidad. En una novela que se lee en tres horas podemos hacer transcurrir trescientos años o un minuto. Los principiantes piensan que lo ideal para hacer un buen diálogo es poner una grabadora encima de la mesa y transcribir el modo exacto en que habla la gente.

Si utilizáramos el método de la grabadora, el resultado sería una amalgama de naderías, interjecciones, frases sin terminar, palabras superfluas, interrupciones, incorrecciones, contradicciones y suspiros. Si lo reproducimos en una página impresa, no conseguiría su propósito y el propósito del buen diálogo es hacer avanzar la historia y presentarnos a los personajes.

Por si no me creen, me he tomado la molestia de utilizar una grabadora y grabar una conversación «real» con unos amigos, la reproduciré aquí hasta el momento en que ni ustedes ni yo podamos soportarla más.

—Hombre, buenas, ¿cómo estás? ¡Mierda! Volví a olvidar las gafas de sol, voy a buscarlas. ¡No! Necesito un café, un café lo primero, o mejor voy ahora, se me va a olvidar...

—Siéntate y tranquilízate, Pepa, ¡vas a olvidar la cabeza!

—¡Qué frío! Antes no hacía tanto frío. A mí me pasa lo mismo, se me olvida todo.

—Vaya día.

—¿Qué tal las elecciones?

—Ni idea. No me he enterado. Me compré un brassiere nuevo.

—El que me dijiste.

—No, el otro, sí...

Bueno, podría seguir así, pero no estamos yendo a ninguna parte, no sentimos el menor interés por esta conversación ni por estos personajes.

Compáralo con esto. Es un cuento de Carver de un libro titulado *¿Quieres hacer el favor de callarte, por favor?* Carver nos muestra a los personajes por medio de las acciones y del diálogo, es un diálogo aparentemente natural pero no nos deja indiferentes:

«—Creo que tengo que contártelo. He encontrado unas fotos. Bill se paró en medio del pasillo.

—¿Qué clase de fotos?

—Vas a verlo por ti mismo —dijo Arlene, y se quedó mirándolo.

—¿En serio? —dijo Bill.

Y, después de unos instantes, Arlene dijo:

—A lo mejor no vuelven.

Y acto seguido se quedó asombrada de lo que había dicho.

—Es posible —dijo Bill—. Todo es posible.

—O puede que vuelvan y...

Arlene no terminó la frase.

Se cogieron de la mano y recorrieron el breve trecho de pasillo. Y cuando Bill habló Arlene apenas pudo oír sus palabras.

—La llave —dijo Bill—. Dámela.

—¿Qué? —dijo Arlene. Se quedó mirando la puerta.

—La llave —dijo Bill—. La tienes tú.

—Dios mío —dijo Arlene—. Me la he dejado dentro.

Bill tentó el pomo. La puerta estaba cerrada. Luego lo intentó Arlene. El pomo no giraba. Arlene tenía los labios abiertos, y su respiración era pesada, expectante. Bill abrió los brazos y Arlene se fue hacia ellos.

—No te preocupes —le dijo Bill al oído—. Por el amor de Dios, no te preocupes».

(del cuento «Vecinos», de Raymond Carver, traducción de Jesús Zulaika).

¿Ves la diferencia? Éste no es un diálogo artificial sino uno que con artificio suena natural. No nos aburre. Y cumple la regla de oro de que el diálogo debe hacer avanzar la historia con la misma efectividad que un fragmento de ficción narrativa.

DIÁLOGO DIRECTO E INDIRECTO

El diálogo directo es el que utilizamos cuando un personaje habla directamente a otro, cuando relata una noticia o conduce una conversación personal.

Toda la escena anterior de Carver era diálogo directo.

Pero podemos añadir otro ejemplo, en este caso, de diálogo directo y en una escena deliciosa de Ray Bradbury en la novela *El vino del estío*.

Es el diálogo entre dos niños: Douglas es el hermano mayor y Tom, el hermano pequeño.

«—Tom —dijo Douglas—, prométeme una cosa, ¿vale?

—Prometido. ¿Qué es?

—Eres mi hermano y te odio a veces, pero no te separes de mí, ¿eh?

—¿Me dejarás entonces que ande contigo y con los mayores?

—Bueno... sí... eso también. Pero quiero decir que no desaparezcas, ¿eh? No dejes que te atropelle un coche y no te caigas por algún precipicio.

—¡Claro que no! ¿Por quién me tomas?

—Y si ocurre lo peor y los dos llegamos a ser realmente viejos, de 40 o de 45 años, podemos comprar una mina de oro en el oeste, y quedarnos allí, y fumar y tener barba.

—¡Tener barba, Dios!

—Como te digo. No te separes y que no te ocurra nada.

—Confía en mí.

—No me preocupas tú —dijo Douglas—, sino el modo en que Dios gobierna el mundo.

Tom pensó un momento.

—Bueno, Doug —dijo—, hace lo que puede».

En este fragmento, que es uno de mis favoritos, tienen un ejemplo magnífico de un diálogo que parece natural y que no lo es pero que nos encanta, nos muestra los personajes, nos evoca el mito de Caín y Abel, y es un diálogo directo.

Ahora les voy a mostrar el mismo diálogo tal y como sería como diálogo indirecto.

«Douglas le pidió a Tom que le prometiera una cosa. Le pidió que le prometiera que nunca se separaría de él, le dijo que aunque a veces lo odiara era su hermano. Le dijo que no quería que lo atropellara un coche o que se cayera por un precipicio. Y que si alguna vez los dos llegaban a ser realmente viejos, si alguna vez tenían 40 o 45 años quería que compraran una mina de oro, que fumaran y tuvieran barba.

»Tom se rio al oír eso, sobre todo lo de la barba, pero Douglas siguió insistiendo: "No te separes y que no te ocurra nada". Tom le dijo que confiara en él y entonces Douglas dijo que no era Tom lo que le preocupaba, que le preocupaba el modo en el que Dios estaba gobernando el mundo. Tom pensó un momento y le respondió que en su opinión Dios hace lo que puede».

Como ves, el diálogo indirecto se hace más farragoso que el directo, en general se puede decir que el diálogo directo es mejor que el indirecto en todos los casos salvo en los siguientes:

a) Cuando un personaje debe repetir a otro una información que ya ha sido explicada en un diálogo directo.

b) Cuando un personaje debe contar a otro algo que el lector no tiene que conocer al detalle; por ejemplo, cómo utilizar una computadora en la oficina. Es mejor decir «enseñó al nuevo ayudante la manera de navegar en Internet» que perder dos páginas en explicarlo. La explicación detallada podría aburrir al lector y no haría avanzar la acción.

c) Cuando los largos pasajes de diálogo pueden ser interrumpidos, abreviados o aligerados con la introducción de unas cuantas líneas de diálogo indirecto, como en una escena en la que un detective está haciendo un informe oral sobre un caso. («Le contó a Montalbán que la pelirroja fue seguida hasta las inmediaciones del prostíbulo y las circunstancias que allí se produjeron»).

El diálogo directo puede mezclarse con el indirecto para agilizar la acción.

LAS MULETILLAS DE LOS DIÁLOGOS

En las grandes novelas advertimos lo poco que utilizan las muletillas de los diálogos, sintagmas como «él dijo» o «ella dijo» y similares. Cuando dos personas están conversando, estas muletillas no son necesarias. Una persona habla y la otra responde. Si el autor es hábil para que sepamos en todo momento quién habla, podemos evitar los ominosos «él dijo», «ella dijo».

En caso de que no podamos evitarlos, hay que huir de expresiones redichas como ella repuso, él confirmó, ella asintió... Dijo es más honesto y cansa menos al lector.

Nada menos literario que «profirió, reconvino, inquirió, confesó o declaró» y otras muchas sacadas del diccionario de sinónimos de la Real Academia.

El diálogo puede ser realzado mediante una puntuación correcta y una buena edición.

En el diálogo deja que sean las palabras las que hablen por sí mismas y el resultado será fresco y claro. Si las emborronamos con adverbios superfluos, se destruirá su impacto.

Éste es otro motivo para preferir en general el diálogo directo al indirecto, las muletillas son enemigas del ritmo y de la fascinación, y la buena escritura es un ejercicio de hipnotismo del que nada debería distraernos.

Revelar las características del personaje a través del diálogo

«Todo lo que usted diga podrá ser usado en su contra». La frase que tantas veces hemos oído en las películas es la pura verdad. Nos revelamos a nosotros mismos siempre que hablamos. Revelamos nuestros pensamientos y nuestro estado emocional, nuestros conocimientos o nuestra falta de ellos, nuestro sentido del humor y nuestra personalidad. Nuestro acento puede revelar que somos de México o de Colombia, de Puebla o de Sevilla. Incluso nuestros silencios pueden traicionarnos.

¿Cuántas veces no te has preguntado lo que alguien estaba pensando mientras se empeñaba en callarse?

Es importante prestar atención al ritmo del habla, a las palabras de jerga, a los acentos y a los dialectos.

Camilleri puede usar el dialecto siciliano para caracterizar a Montalbano y Miguel Delibes, el habla de Castilla en *El camino*, pero no hay que abusar; una determinada expresión puede caracterizar a un personaje. La pincelada es siempre preferible al trazo grueso, demasiado dialecto o jerga puede cansar, un poco conseguirá llenar de color y naturalidad a la prosa.

De la idea al papel: cómo construir una historia

Antes de abordar la revisión y su clave, el tema, vamos a proponernos un ejemplo de cómo un escritor determinado, en este caso ustedes, construye una historia.

Las historias están por todos lados, acabo de recomendarles que lean un libro o un periódico y busquen una noticia que les llame la atención.

Imaginen que leen la noticia de cómo en una gran ciudad unos adolescentes de buena familia salen de fiesta y acaban quemando viva a una mendiga que dormía en un cajero. La identidad de los asesinos se descubre más tarde gracias a las cámaras de televisión del banco. Los padres de los jóvenes al descubrirlo tratan de encubrirlos.

Ésta es una noticia real de un suceso ocurrido en Barcelona hace unos años.

Cuando lo leí, pensé en escribir una novela con este argumento pero no lo hice. Más tarde un escritor la escribió por mí con buenos resultados, ahora va a ser nuestro ejercicio y tratará de responder a las preguntas que se plantea todo escritor novel:

¿Cómo empezar? ¿Cómo crear un argumento interesante y personajes creíbles?

¿Qué va primero: el argumento o los personajes?

Hemos visto que ya Aristóteles hablaba del argumento. Y muchos creen que lo más importante para escribir ficción es trazar el argumento y en segundo lugar dibujar algunos personajes. Es fácil: se esboza una historia y se crea una situación tras otra, una acción tras otra y ya está.

No es así, insertar personajes en un argumento ya completo es como colocar figuritas de cartón sobre un mapa: nunca parecerán reales. Tenemos que saber quiénes son los personajes, cómo sienten, cómo actúan, dónde han crecido, qué es lo que los formó y los hizo ser quienes son, si son ese tipo de personas que siempre hacen lo que quieren los demás o prefieren tomar todas las decisiones por ellos mismos.

Somerset Maugham decía que la historia sólo puede crearse a partir de los personajes.

El historiador Edward Gibbon fue más allá y afirmó que la historia es poco más que un registro de los crímenes, las locuras y las desgracias de los seres humanos. Acabamos de ver en nuestra historia del periódico hasta qué punto es así.

Las personas crean los argumentos: matan, violan, roban. Los malhechores que exigen un rescate para liberar a sus rehenes, los reyes destronados, los niños secuestrados, los políticos corruptos, los maridos que mantienen a sus esposas, las esposas que mantienen a sus maridos, los amantes enganchados en la esclavitud emocional o, al contrario, los héroes que suben a lo más alto, que salvan a miles de personas, Gandhi consiguiendo la independencia de la India de forma no violenta y la madre Teresa ayudando a los más pobres. Las personas son las que crean las historias y hacen posible que nos interesemos por un argumento.

Observa tu propia vida. ¿Hasta qué punto has sido responsable de ella? ¿Cuáles son las decisiones que has tomado a pesar de que tus amigos y tu familia te decían que te equivocabas? ¿Cuántas veces has dicho «Ojalá hubiera hecho esto o aquello»... y te has imaginado qué habría pasado si hubiera cambiado un solo acontecimiento en tu vida?

Te recomiendo que hagas el ejercicio de buscar un suceso en tu vida que te hubiera gustado cambiar y escribirlo contigo como protagonista y haciendo que sucedan todas las cosas que nunca fueron y que te hubiera gustado hacer posibles. No sólo es una excelente manera de conocerte a ti mismo, sino de practicar la escritura y el manejo de personajes con ejemplos que te son muy próximos.

Por si todavía no creen que los personajes son más importantes que el argumento les daré un ejemplo clásico de un manual clásico de escritura creativa: *Pen to paper*, de Pamela Frankau. Y luego crearemos nuestro propio ejemplo y escribiremos juntos una narración. Será una historia imaginaria a partir de una noticia real.

Pamela Frankau daba clases de inglés al ejército durante la dura posguerra que siguió a la Segunda Guerra Mundial. Un día decidió escribir un cuento con sus alumnos. Les preguntó dónde empezarían y qué buscarían en primer lugar y recibió una respuesta unánime: el argumento.

Los personajes podían crearse después de modo que acordaron que ella plantearía la historia y ellos crearían los personajes.

Su argumento incluía a un asesino que invita a sus dos víctimas a cenar. Decide matarlas derrumbando el techo del comedor sobre ellas, aplastándolas hasta la muerte, pero en el último momento las víctimas se salvan porque el suelo se derrumba y caen muy cerca en un sótano, donde quedan a salvo.

A los estudiantes les encantó el argumento y comenzaron a trabajar en la confección del personaje principal, que por supuesto era el asesino. Le dieron muchas vueltas y, mientras lo creaban, fueron anotando en la pizarra sus características. Decidieron hacerlo funcionario del Estado, tímido y de mediana edad. Su esposa era también tímida y de mediana edad. Hacía bien su trabajo, nunca llegaba tarde a la oficina, siempre tomaba los mismos trenes, por la mañana y por la tarde. Nunca había conducido una moto o un coche. Le gustaba la jardinería, cada año iba de vacaciones al mismo sitio de la costa, era prácticamente abstemio, se mareaba en los barcos y pagaba sus cuentas con puntualidad. No le gustaba leer y jamás tomaba una novela o un libro de poemas. A su manera, era un buen tipo. Introvertido, retraído, incapaz de hacer amigos íntimos, pero siempre agradable y educado.

En el pizarrón habían construido un personaje completo y creíble. Ahora había que introducirlo en el argumento. Los alumnos resumieron de nuevo el personaje: un tipo agradable, tímido, nada aventurero, rutinario y pacífico, sin problemas particulares ni otro pasatiempo que su jardín, sin conocimientos mecánicos ni habilidades especiales. Entonces la profesora les planteó si este personaje tendría conocimientos suficientes para preparar el derrumbe del techo para cometer su asesinato. ¿Y quiénes eran los enemigos de ese hombre templado, responsable y amante de los jardines? ¿Cuáles eran sus motivaciones? De repente el argumento se vino abajo. Y se dieron cuenta de que el argumento y los personajes eran las dos caras de la historia.

En nuestro caso parece que ya tenemos el argumento: el crimen de la mendiga, pero son los personajes los que harán posible que lo convirtamos en una novela: ¿por qué unos jóvenes con la vida solucionada atacan y matan de manera horrible a un ser inocente que no les había hecho ningún mal? ¿Cómo es posible que unos padres bien pensantes oculten el crimen de sus hijos? Y ¿cómo ha llegado esa mujer de 50 años con estudios universitarios a dormir en la calle?

Comenzaremos por investigar en las hemerotecas sobre este caso, quizá encontremos datos interesantes para nuestra historia: es la fase de *investigación*.

Así descubrimos, por ejemplo, que la mendiga había sido hasta hacía poco tiempo secretaria de dirección, un desengaño amoroso la condujo al alcoholismo y de ahí a la calle. El cajero donde dormía estaba a poca distancia de la casa de su hija en un próspero barrio burgués donde ella misma había vivido hasta hacía poco tiempo en una casa con portero.

Comenzamos a elaborar fichas con nuestros personajes: la mendiga que lo ha perdido todo, los jovenzuelos alocados a los que les gusta consumir drogas los fines de semana, los padres irreprochables y dispuestos a mentir por sus hijos.

Elaboramos una ficha para cada personaje, con todos los detalles de su vida tal y como se describe en el capítulo dedicado a la creación de personajes hasta que sentimos que lo sabemos todo sobre ellos.

Entonces empezamos a trabajar nuestro argumento. Ya conocemos la *trama*, ahora nos damos cuenta de que dependiendo del *punto de vista* que adoptemos tendremos una historia completamente diferente. Podemos adoptar el punto de vista de la mendiga. Arrebujada entre mantas sucias en una noche de invierno, tiene mucho frío y mucho miedo y recuerda su vida, todo lo que hizo hasta ahora y que la trajo hasta aquí. Entonces ve que los jóvenes llaman al cajero y les pide piedad.

O bien podemos adoptar el punto de vista de uno de los jóvenes: una chica insegura y tímida, ella no aprueba el comportamiento del grupo y contempla horrorizada cómo queman viva con gasolina a la pobre mujer, pero no se atreve a decir nada, toda su vida ha querido integrarse, ser una más y ahora se encuentra con que toda la pandilla depende de su silencio.

O podemos adoptar el punto de vista del cabecilla: un muchacho que lee en Internet panfletos neonazis, se siente insatisfecho con todo y con todos, no le gustaría ser como es ni sentir lo que siente, pero en noches como ésta tiene deseos de hacer daño, porque las noches como ésta le recuerdan a la única mujer que amó y que lo dejó por otro.

O podemos contar la historia desde el punto de vista de la madre de uno de los chicos: poco a poco descubre horrorizada indicios que apuntan a su culpabilidad, lo niega todo hasta que en el celular de su hijo ve la grabación del video de la agresión. Ante ella se abren dos caminos: denunciarlo o descubrirlo.

Por último podemos escoger el punto de vista de la mujer policía que investiga el caso. Está embarazada y entrevista a la hija de la mendiga, a los padres de los asesinos, ella podría ser la que contara la historia.

Como ves, según los personajes y el punto de vista se nos ofrecen historias muy diferentes. Podemos elegir utilizar todos los puntos de vista y hacer una novela en la que todos los personajes tienen su voz. Esto es lo que yo haría. Escribiría la novela en una tercera persona pasada por los pensamientos de cada uno de estos personajes. Cada capítulo, muy corto, nos cuenta lo que pasa por la mente de cada personaje mientras el drama sigue su curso.

Pero seguro que a ustedes se les ocurre otra versión muy diferente de la historia. Después de la primera fase de investigar y tomar notas sobre los personajes nos lanzamos a la escritura. Pronto descubrimos que el proceso de escribir modifica la historia. Si hemos hecho bien nuestro trabajo, es muy posible que alguno de los personajes decida cobrar vida propia y comportarse de un modo diferente al que nosotros hemos planeado, entonces sabemos que nuestra imaginación está trabajando. Si esto sucede, debemos dejarlo libre y permitir que se apodere de la historia aunque ello nos lleve a lugares insospechados.

Variaciones sobre un tema

Para ejercitarnos en la invención de tramas, argumentos y su interrelación con los personajes les propongo que tomemos aquel mismo protagonista aficionado a la jardinería y carente de vicios y amistades y tratemos de imaginar cómo alguien como él cometería un asesinato y a quién puede querer matar.

Como no tiene enemigos y es un hombre tranquilo y reservado sin amistades, ¿no podría acaso su vida estar fuertemente ligada a la de su esposa?, ¿no se han visto los hombres más templados abocados al asesinato a lo largo de la historia? Éstos son los pensamientos que podemos imaginar en la cabeza de ese hombre manso, responsable y rutinario, podemos imaginar esos pensamientos como una olla hirviendo que se acerca a su punto de ebullición a medida que nuestro protagonista culpa a su mujer por encarcelarlo en esta monotonía, sintiéndose engañado por ella por no ser la mujer deseable que antes había visto sin pensar que él también ha dejado de ser deseable para ella.

El resentimiento ha crecido también, alimentado por el éxito de sus compañeros de trabajo, una y otra vez han estado a punto de nombrarlo director y cada vez han nombrado a alguien más joven, menos preparado que él, menos válido, menos merecedor.

Vamos a llamar Eusebio a nuestro personaje porque es nombre propio de una persona bondadosa. Eusebio ve cómo todas las ilusiones de su vida se ven pospuestas y al final frustradas. Eusebio acaba volviéndose loco y culpando a la única persona con la que se relaciona de todos los males de su vida. Como Eusebio es lento y no tiene imaginación su crimen no será el propio de James Bond sino un crimen lento y tranquilo, revelador de lo taimadas que pueden ser algunas personas lentas y tranquilas.

La primera opción de asesinato que se nos revela es la del veneno. Como Eusebio es un gran jardinero conoce muy bien los herbicidas y los plaguicidas que pueden adquirirse con facilidad y que podría comprar en el centro de jardinería local sin despertar ninguna sospecha. Pronto descubriría cuáles son los herbicidas que contienen arsénico, y siendo lo suficientemente inteligente para llevar a cabo su trabajo sería lo suficientemente inteligente para descubrir los efectos del arsénico en el cuerpo humano mediante un libro de referencia en la sala de lectura de la biblioteca local porque no sería tan estúpido como para comprar libros sobre venenos y tenerlos en las estanterías o escondidos en algún lugar de la casa.

Sabría, pues, mediante la lectura de novelas policiacas que tantas veces han dado ideas a criminales, ya que es sabido que la realidad imita la ficción, que el arsénico no huele y apenas tiene sabor, especialmente si es administrado en pequeñas dosis durante un cierto periodo de tiempo, por ejemplo en una tacita de café que le prepara cada mañana a su mujer y que le sube al dormitorio antes de ir al trabajo. ¡Qué marido tan amable y devoto! «Dos terrones como siempre, querida Emilia, tanta azúcar acabará por matarte». Es un hombre tranquilo y educado y disfruta con la ironía de esta broma que sólo él puede apreciar.

Y no haría ninguna visita especial a la biblioteca para hacer sus investigaciones. Hombre de costumbres arraigadas, las haría cuando fuera a devolver sus libros y los de su esposa, como ha hecho cada semana desde el día en que se casó. Si alguna tarde regresaba más tarde de lo habitual después de haberse deleitado en la descripción de la lenta y horrible muerte provocada por el arsénico, diría que ha sido por conseguir para su querida Emilia su novela favorita de Agatha Christie.

Pero lo más probable es que no le hiciera falta ninguna excusa porque su bondadosa y aburrida mujer, que tanto había engordado en los últimos tiempos, ya se había dormido delante de la televisión y ni siquiera se daba cuenta del retraso.

Ésta es una historia verosímil, dado que 90 por ciento de los asesinatos los cometen las personas más allegadas a la víctima, pero a alguno de ustedes el veneno les habrá parecido un recurso femenino y prefiere inventar un crimen más espectacular para nuestro personaje. Un día se vuelve loco, monta en cólera y agarra el cuchillo jamonero para acabar con tantos años de humillaciones silenciosas. Esto sería dramático pero no conllevaría tanto suspense como un asesinato ingenioso y lento, porque un crimen con tanta violencia no podría ser disimulado ni parecer una muerte natural. Podría intentar explicar que un desconocido ha entrado a robar pero todas las sospechas se centrarían en él, al fin y al cabo 90 por ciento de los crímenes los cometen las personas más cercanas a la víctima; quien bien te quiere te acabará matando, dicen los autores de novela policiaca. Así que es más interesante la hipótesis del asesinato premeditado. Un historial de desórdenes estomacales y enfermedades desconocidas de la pobre Emilia, a la que Eusebio habría cuidado con esmero hasta el final, podría preparar el camino cuando lo inevitable ocurriera. Eusebio sería el más desconsolado de los viudos en público, mientras en privado su secreto comenzaría a crecer dentro de él. ¿Qué ocurriría? ¿Se saldría con la suya? o como todos los asesinos ¿habría dejado un cabo suelto? ¿Y si descubría que su vida sin Emilia era aún más insoportable que la vida con ella? Ten cuidado con lo que deseas porque podría hacerse realidad.

Éste es el ejercicio que puedes trabajar ahora, teniendo en cuenta que para que la historia sea convincente y no artificial todas las acciones deben salir del propio personaje.

Si crees que has salido airoso, prueba a sustituir a Eusebio por un personaje enteramente inventado por ti. Es un ejercicio importante, no sólo para alentar tu imaginación sino para evitar la tentación consciente o inconsciente de robar personajes de otros escritores. Una de mis autoras favoritas, Jean Rhys, escribió una de mis novelas favoritas, *Ancho mar de los Sargazos*, robando el personaje de Antoinette, la esposa loca creada por Charlotte Brontë en *Jane Eyre*, pero su novela no invade en ningún momento la de

Brontë. Al contrario, les aconsejo la lectura de las dos novelas para ver cómo el punto de vista cambia la historia por completo. En este caso de la historia aparentemente vulgar del amor de un caballero y una institutriz han nacido dos grandes novelas.

La revisión y el tema

Hemingway dijo: «Hay que matar a los seres queridos». Éste es el lema del escritor enfrentado a la parte más importante de su trabajo: la revisión.

La revisión es para mí la parte más dura y más dolorosa en la que debemos renunciar a frases que nos encantan pero que están proclamando a los cuatro vientos: soy una buena frase o páginas que nos gustan pero que son demasiado pretenciosas o simplemente lastran el curso de la acción. También deberíamos eliminar todos los adjetivos innecesarios.

En cuanto a mi método de trabajo, me encantaría que se cumpliera lo que dejó escrito Kafka (sin duda el mayor escritor del siglo XX), que una mano anónima y a ser posible invisible me dejara los alimentos y la bebida mientras escribo encerrada en un sótano al que no llega ningún ruido exterior.

El único cambio que yo haría es que preferiría un ático porque no soporto ni creo que sea buena para la literatura la falta de luz. Luz, más luz, dijo Goethe al morir, y ésta debe ser también la máxima del escritor: arrojar luz sobre lo que está oscuro.

La segunda máxima sería: trabajar y decir la verdad.

Mi método de trabajo es encerrarme lo más posible para producir de la forma más concentrada posible una primera versión. En esta etapa tienes que vivir para la novela. Ésta es la fase en la que voluntariamente una persona cuerda se vuelve loca en busca de esa intuición salvadora que en segundos puede convertir un bodrio en una obra maestra.

Esa vuelta de tuerca que da cuerpo y vida a las obras de ficción.

Si estás escribiendo un relato, recomiendo escribirlo de una sola sentada. Si estás emprendiendo una novela, esto no será posible, pero trata de trabajar con la mayor intensidad que puedas. Como muchos escritores, cada día releo todo lo escrito para que tenga unidad.

Una vez obtenida esa primera versión y como en la receta de un buen guiso —y les estoy dando la receta del guiso más exquisito de la tierra, el que además puede curar todos los males (por lo menos los males del escritor)—, una vez horneado ese primer manuscrito hay que dejarlo reposar. Un mes, dos meses, tres meses, incluso un año; con el reposo, como en la cocina, la grasa sube y las impurezas también. Transcurrido un tiempo suficiente para que deje de saberme mi texto de memoria procedo a corregirlo una vez más de la manera más encerrada posible. Y al mismo tiempo de la manera más cruel posible.

Casi siempre después de ese periodo te parece que eso no lo escribiste tú (aunque sí alguien cercano a ti); ésa es la sensación que quieres. De este modo matar a los seres queridos de esa otra persona será más fácil que matar a tus propios seres queridos. Porque la revisión es el reino de la crueldad. El sueño del inquisidor. Si no eres tu crítico más implacable, pronto encontrarás críticos implacables en todas partes.

Un pequeño truco: en esta fase corregirás el estilo y la gramática, pero sobre todo buscarás lagunas, incongruencias, especialmente incongruencias respecto a la motivación de los personajes y suprimirás todos los adverbios que puedas. Por muchos que suprimas, te lo aseguro: nunca es suficiente. El único adverbio bueno es el que no llegas a usar.

En esta segunda redacción encontrarás, si no lo has encontrado antes, el tema de la historia. La música que sigue sonando una vez que los personajes se callan. Cuando has encontrado eso, puedes reforzarlo con motivos literarios. Incidentes o imágenes que refuercen de un modo natural ese sentido último de lo que has escrito, al que llamamos tema. No hay que confundir el tema con la moraleja. Las obras escritas durante el socialismo real buscaban siempre una lección moral que convertía al escritor más grande en un panfletista. No estamos aprendiendo a escribir panfletos sino obras de arte.

También hay que eliminar todo aquello que nos conduzca a la dispersión. A veces hay que eliminar personajes superfluos. Esta necesidad es aún mayor en el cuento. En un cuento no puede sobrar ni faltar ni una sola palabra. He leído novelas excelentes a las que les sobraban trescientas páginas.

¿Cuántas correcciones? No hay una receta exacta, no menos de dos ni más de quinientas, pero depende de ti.

De *Los amantes tristes*, la primera novela que publiqué pero la quinta que escribí, llegué a hacer más de diecisiete versiones. De *Aunque seamos malditas*, más de veinte.

La mayoría de las revisiones conseguirán podar el original. Algunos escritores, por el contrario, necesitarán que se añada al original. No puedo saber qué clase de escritor eres tú, pero tú puedes llegar a saberlo. Un buen editor lo sabe al primer golpe de vista. La mayoría de los escritores que conozco (incluida yo misma) nos beneficiamos de ello.

Se ha llegado a decir que uno publica para dejar de corregir y no es incierto. Sin embargo, es un arte saber cuándo hay que dejarlo, cuando cada pequeño cambio no mejorará la historia sino que puede privarla de su fuerza y su encanto. Y las historias, las novelas o los cuentos pueden ser imperfectas a condición de que tengan encanto. Una de mis novelas favoritas, *Bajo el volcán*, de Malcolm Lowry, dista de ser ejemplar pero es un ejemplo por su magnetismo.

Porque ésta es la regla más importante: no hay reglas.

Todo lo que está escrito en estas páginas se puede obviar si uno es un genio o posee el talento suficiente para hacerlo.

Aquí damos un mapa de carreteras útil para la mayoría de los viajeros. Los que posean su propio platillo volador no tienen por qué hacerme caso.

El personaje crea la historia
(construcción de personajes)

Karen Blixen, la novelista danesa que firmaba con el seudónimo masculino de Isak Dinesen, decía: «Sólo si uno es capaz de imaginar lo que ha ocurrido, de repetirlo en la imaginación, verá las historias, y sólo si tiene la paciencia de llevarlas largo tiempo dentro de sí y de contárselas y recontárselas una y otra vez, será capaz de contarlas bien». Vamos a intentar llevar sus consejos a la práctica.

Se puede escribir partiendo de
a) la experiencia,
b) la observación,
c) la imaginación.

No todos los escritores eran notables en estas tres variables. Julio Verne jamás viajó a los lugares que describe, lo escribió todo desde su casa. Él es un ejemplo de escritor que usa la *imaginación*.

Conrad, en cambio, había viajado como marino por todo el mundo y supo reflejarlo de manera magistral en su obra. La *experiencia* era lo más importante para él. Casi todos los escritores usan la *observación*, pero podemos poner a Pérez Galdós como ejemplo de un incansable observador de su época.

Como ven, basta ser bueno con cualquiera de las tres para ser un buen escritor. Sin embargo, a menudo combinar algo de las tres resulta útil sobre todo en la fase esencial en la escritura de textos narrativos: la creación de personajes.

En casos normales un relato puede partir de una situación o de un personaje. En mis obras casi siempre parto de un personaje: el músico que se traiciona a sí mismo en *Los amantes tristes*, la mujer joven que ha perdido a su hermano y único amor en *La muerte blanca*, la cuarentañera que se salva de un cáncer y parte en busca del último hombre de Neanderthal con un chico veinte años más joven en *La edad secreta*, la abuela acusada de nazi y enamorada de una joven judía en *El otoño alemán*, la curandera que detiene la peste y es acusada de brujería en *Aunque seamos malditas*.

Mis historias versan sobre personajes que eligen ser personas. Personajes a los que les han enseñado una forma de ser felices y no les sirve y tienen que conquistar su propia forma de ser felices.

Creo que cuando me enamoro de un cuento o de una novela siempre es porque me enamoro de un personaje: *El lazarillo, La Celestina, La Regenta, Sherlock Holmes*... La mayoría de las personas que han sido determinantes en mi vida existieron sólo en las páginas de un libro.

Mario Vargas Llosa dice en *La orgía perpetua*, refiriéndose a su primer contacto con *Madame Bovary:* «Mi vida empezó aquí». Mi propia niñez cambió cuando me obligaron a leer para el colegio *El lazarillo de Tormes*, esa voz que atraviesa la historia de la literatura y que llega a los más ilustres y recientes hijos del lazarillo: *Huckleberry Finn* de Mark Twain y el narrador de *El guardián entre el centeno*.

Gracias a *El lazarillo* descubrí que la literatura me importaba más que la vida o, mejor dicho, que la literatura era para mí la condición para sentirme viva. Los personajes de las historias daban sentido a los personajes de mi vida. En todos los casos ése es el papel de la literatura: el autor regala al lector un pedazo palpitante de realidad al que nunca hubiera tenido acceso. Con los personajes de los libros nos sentimos piratas o vampiros, truhanes o señores, reyes o mendigos. Somos otros y los otros nos son.

Los grandes personajes crean arquetipos universales. Es el caso de *Don Quijote de la Mancha*, que ha consagrado en el inconsciente colectivo la figura del hidalgo idealista y la de Sancho Panza, mil veces copiada con éxito (por ejemplo, con Sherlock Holmes y el Dr. Watson, recreados recientemente en una serie de éxito como *House)*.

Las grandes historias nacen de los grandes personajes, pero ¿cómo encontrarlos?, ¿cómo crearlos?

Agatha Christie observaba a los comensales en el desayuno de los hoteles y los convertía en las víctimas de los asesinatos de sus novelas.

Yo no aconsejo tomar como modelo a ningún personaje real: es innecesario. Si eres capaz de crear un personaje convincente con motivaciones creíbles, acabarás encontrándotelo en alguna conferencia o presentación de tu novela. Una vez escribí un cuento sobre dos amigos: un médico y un veterinario. El médico drogaba al veterinario cada tarde para poder acostarse con su mujer. Al final de la historia el pobre veterinario moría loco. Encontraban su cadáver sentado delante de la televisión, una televisión que se había quedado encendida durante meses mientras él ya estaba muerto.

Todo esto era una pura invención; de hecho, el cuento me parecía bueno. Su único punto débil es que el argumento era un poco inverosímil. Pues bien, lo publiqué en un periódico y no pasaron ni cinco meses antes de que en una charla en una capital de provincias (de cuyo nombre no quiero acordarme) una indignada señora con moño y lentes violeta me increpara por contar con pelos y señales la verdadera historia de su pobre hermano.

Todo lo que uno escribe de verdad ya ha sucedido o está sucediendo o va a suceder.

En general los personajes de mis novelas se me aparecen no sólo en sueños sino en el metro, en el autobús, por la calle. Me persiguen para que escriba sobre ellos y yo intento negarme, sabiendo que se apoderarán de mi vida y de mi conciencia. No importa, los buenos personajes son lo bastante fuertes como para apoderarse de mí y de los lectores, y quedarse viviendo dentro de nosotros mucho después de que la novela haya terminado.

En cualquier caso, la motivación de los personajes es esencial.

Podemos creer cualquier cosa si los personajes a los que les sucede tienen una psicología creíble.

Las acciones y las reacciones de los personajes de tu narración no deben ser sólo fruto de la clase de personas que son, sino, a medida que la historia avanza, de la clase de personas en las que se convierten. Como en la vida real, la gente cambia debido a sus experiencias. Y lo mismo debe suceder en la ficción o desaparecerá la verosimilitud y con ella las ganas del lector de seguir leyendo.

Por este motivo el autor debe saberlo todo del personaje y debe ser lo suficientemente sabio para no contarlo todo.

Algunos escritores y algunos manuales aconsejan elaborar fichas o *dossiers* con los personajes: su edad, su sexualidad, sus motivaciones, su color de ojos, su olor, cualquier detalle que nos pueda refrescar la memoria y nos ayude a ver al personaje más real que la vida.

A pesar del ejemplo de Agatha Christie yo aconsejo no utilizar nunca personas reales para los personajes de las novelas. Aunque no lo hagas, tus seres queridos y tus seres odiados creerán siempre que hablas de ellos y en el peor de los casos te encontrarás con un juicio por difamación.

Todos los escritores hemos vivido dos tipos de situaciones, muchos de mis amigos me han dicho cosas como: «Me da miedo hablar contigo por si me incluyes en una de tus novelas».

Otros, por el contrario, te asaltan o te paran incluso por la calle para decirte: «Mi vida sí que es una novela».

En realidad nunca podemos crear personajes verosímiles de ficción a partir de personajes reales porque conocemos solamente una parte de su personalidad: la que nos muestran o la que muestran al mundo y de nuestros personajes de novela debemos conocerlo todo, como si fuéramos el dios que los juzga o los absuelve o simplemente los contempla.

Graham Greene, que escribió un libro maravilloso titulado *En busca de un personaje*, afirmaba que nunca podría modelar un personaje de ficción complejo a partir de un conocido real porque necesitaba saber mucho más acerca de los pensamientos y de los sentimientos más profundos del personaje de lo que jamás podría saber de cualquier persona viva por muy cercana que ésta fuera para él.

Recuerda siempre que en la ficción, a diferencia de en la vida, todo personaje que no haga avanzar activamente la historia o no revele algún aspecto fundamental para la trama debe ser eliminado. Si hay una pistola, tiene que disparar; si hay un personaje, tiene que cumplir una función: disparar el gatillo o encajar la bala u horrorizarse o descubrir al asesino.

Uno de los momentos más duros de la revisión es descubrir que un personaje del que nos habíamos enamorado debe ser suprimido.

El dios de la perfección es un dios cruel.

Y conciso.

Las motivaciones

Borges dice que todos los libros del mundo hablan de uno de estos dos personajes y que, por tanto, sólo hay dos historias que contar:

1. La historia del Cristo, del mártir, desde la primera página destinado a morir inocente.

Es el caso de novelas tan diferentes como *Crónica de una muerte anunciada*, de García Márquez, y *Tuareg*, de Alberto Vázquez Figueroa.

2. La historia de Ulises: la historia del viaje a través de peligros y etapas sin fin hasta llegar o no llegar a Ítaca. Es el caso de *Don Quijote de la Mancha*, el mejor libro de viajes jamás escrito.

Hablen de quien hablen los personajes de las historias deben tener una motivación convincente. Tradicionalmente se dice que el amor y la muerte son los temas y las motivaciones de todas las historias. En *Aunque seamos malditas* intento contar la historia de la humanidad como una historia de la envidia. La envidia como motor de la evolución humana y de la humanidad.

Hay otras muchas emociones que pueden hacer que los personajes actúen de un modo u otro.

Ésta es una lista no exhaustiva sino a modo de ejemplo. Como ejercicio intenta añadir otras motivaciones para tus personajes. Avaricia, celos, venganza, obligación, miedo, vanidad, odio, soledad.

Mostrar es mejor que decir. Mostrar a los lectores las causas del comportamiento de una persona, sea éste noble o censurable, pintará un retrato más vívido. Comienza con un retrato esquemático del personaje pero dale carne y sangre con los detalles de su pasado, las influencias de su niñez, la educación satisfactoria o insatisfactoria, los abusos que sufrió de niño. Cuanta mayor comprensión tengas de tu personaje, mayor simpatía generará. Y un personaje al que comprendemos es un personaje que vive.

Madame Bovary puede ser egoísta y vanidosa pero su sufrimiento es el nuestro porque comprendemos su hastío hacia la trivialidad de su vida de provincias. La amamos y la perdonamos porque Flaubert nos hace conocerla y reconocerla.

En *Aunque seamos malditas* el farero recoge objetos inservibles y los transforma en obras de arte porque él mismo es un hombre reciclado con las virtudes que otros llaman vicios. Él y el señor oscuro (que viola a Ainur y se entrega a los cultos indígenas, un vampiro emocional que vive sólo de noche y para la noche) son las dos caras de una misma moneda: el amor. Al principio es una resurrección y luego se convierte en un amor tóxico, cada uno revela una de las caras de Ainur, que no sólo es una mujer inocente víctima del *mobbing* sino que es también víctima de sus propias contradicciones.

Ejemplo de creación de una historia
a partir de un personaje

A los escritores noveles pueden resultarles útiles los *dossiers* de personajes. Se pueden realizar en una libreta o en un encerado; sin embargo, yo recomiendo las fichas biobibliográficas.

Los *dossiers* o fichas pueden ayudarnos a la *caracterización* de los personajes, a su *retrato* y a crear *situaciones* que nacerán de la naturaleza de cada personaje.

En cada ficha y a modo de esquema registraremos el nombre del personaje, sus rasgos individuales, su aspecto, su idiosincrasia, su pasado, sus amores, sus fobias, sus gustos, su actitud, sus creencias y cualquier otro detalle que pueda de otro modo ser olvidado o pasado por alto. El mero hecho de escribir todos estos detalles será un estímulo para ponernos a escribir y aumentará nuestro conocimiento de los personajes.

Y al conocer más a nuestros personajes nos podemos encontrar con enormes sorpresas. La más frecuente es que un personaje secundario se convierta en principal. También puede sucedernos que un personaje que no estaba previsto aparezca en la historia e incluso se adueñe de ella.

Si un personaje se nos aparece es una buena señal. Significa que la imaginación trabaja bien, que estamos pensando creativamente y que la historia ya está en marcha. Los personajes que aparecen así suelen hacerlo con un objetivo concreto que habitualmente contribuye a la acción, y es el tipo de personajes que necesita una buena historia. Conviene analizarlos y tomar notas sobre ellos de inmediato.

En cuanto a los personajes la máxima clásica es «La acción es más explícita que las palabras» y contiene una gran verdad, pero para poder mostrar a nuestros personajes a través de sus acciones tenemos que saber todo sobre ellos. En la llamada «vida real» a menudo nuestros conocidos nos sorprenden con acciones que no nos esperábamos, a nuestros personajes debemos conocerlos tan a fondo como sea posible para poder mostrar sus acciones de modo verosímil.

Para ello los *dossiers* o fichas individuales sobre cada personaje pueden ser de gran ayuda.

A pesar de ello el momento más emocionante en una historia es aquel en que los personajes se *independizan*, ése es el momento mágico en el que el autor está en contacto con sus personajes y éstos se hacen con el mando de la historia. Algunos novelistas llaman a ese momento «perder el control de la historia». No es así, el autor no debe ser como el titiritero porque sus personajes no pueden ser títeres. Es importante que conserven la naturalidad y es importante recordar que del mismo modo que en el teatro o en el cine incluso los personajes secundarios que no aparecen más que unos momentos deben ser convincentes y verosímiles.

Ellos también deben tener su ficha o su *dossier*.

Una división tradicional distingue *personajes planos* y *personajes redondos*. Los personajes planos no tendrían matices, serían meros arquetipos utilizados por el autor para sus fines y no cambiarían a lo largo de la historia. Los personajes redondos serían creíbles, plenos de matices y evolucionarían y cambiarían a lo largo de la historia.

Para mí sólo los personajes redondos son convincentes y pueden crear empatía, identificación en el lector, que reconoce en ellos sus alegrías y sus sufrimientos, y lo que es más importante: sus esperanzas.

Las acciones y las reacciones de los personajes de ficción no deben ser fruto sólo de las personas que son sino de las personas en las que se convierten. Los personajes de ficción cambian a lo largo de la historia y a consecuencia de la historia, y ello es lo que los hace verosímil.

A continuación veremos algunos rasgos que pueden ayudar al principiante (y al no tan principiante) a definir los personajes.

La edad

Todos mis amigos novelistas de gran calidad han recibido cartas en las que un avispado lector les recriminaba incongruencias con las edades y la cronología de los personajes; por ejemplo, que el personaje principal tiene 20 años al comenzar y 35 años más tarde. Y es que la cronología de una novela y las edades de los personajes son uno de los capítulos en los que es más fácil cometer errores y aún más fácil prevenirlos con un simple diagrama en el que escribimos las fechas de nacimiento de cada personaje, el año de cada acción importante, etcétera.

Esto es especialmente importante si la acción se desarrolla a lo largo de varios años.

Con la edad se visualiza el crecimiento de los personajes desde su niñez y a lo largo del tiempo. Toda esta información quizá no aparezca en la novela pero ayuda al escritor a formar una clara idea en su mente. Aunque no narremos su infancia y su juventud nuestros sentimientos hacia los personajes serán mucho más verdaderos si sabemos cómo y cuándo nacieron y cómo fue su vida durante los años de formación en los que inevitablemente se forjó su carácter.

La edad es también muy importante cuando imaginamos el comportamiento de los personajes. Dedica un especial cuidado a la voz. Los personajes más ancianos tienen una voz más grave o más aguda, temblorosa o jadeante. Además la edad puede influir en las actitudes de las personas, no sólo hacia los más jóvenes sino también por lo que respecta a la vida, la moral, la religión o la política.

Los adolescentes y los jóvenes pueden tener un comportamiento tímido o desafiante, revoltoso o malhumorado, inseguro o arrogante, descarado o sorprendente. En los adultos podemos ver la dependencia, la confianza o la autocomplacencia; en los ancianos y en los niños con problemas, el miedo.

La vida cotidiana nos ofrece las mejores oportunidades para trabajar nuestros personajes: vamos por la calle y nos paramos ante la señal de tráfico que anuncia un colegio. Vemos a los niños que se dirigen a la escuela. Unos van contentos y trotando. Otros arrastran los pies. Algunos corren en grupo, pero hay un niño rubio, despeinado, que camina solo.

Es muy interesante verlos con sus padres. ¿Cuántas veces has visto una familia unida? ¿Conoces casos en que el padre se desentiende y la madre está atrapada en el cuidado de los hijos? ¿Cuántas veces has visto un niño que camina solo y triste mientras sus padres lo ignoran?

Intenta detectar los *grados de intimidad* en las relaciones personales en las situaciones cotidianas. Préstales la máxima atención para acercarte a la comprensión de la naturaleza humana, que constituye uno de los fines de la literatura. Después anota los resultados de tus observaciones en la sección Edad de tu *dossier* o ficha biobibliográfica.

Ten en cuenta que el comportamiento y el protocolo social han cambiado de manera sustancial a lo largo de los años, de modo que si estás escribiendo una novela histórica realista la actitud de los jóvenes hacia los mayores, de los hombres hacia las mujeres y de las mujeres hacia los varones puede ser muy distinta en función del periodo histórico.

Si nuestra historia sucede en la época victoriana o en la de la Restauración, los jóvenes bien educados serán obedientes y respetuosos con sus mayores aunque puedan albergar sentimientos o pensamientos tumultuosos y díscolos.

Si la historia sucede en nuestros días, podemos ver exactamente lo contrario: opiniones y actitudes pueden expresarse con libertad, incluso con brutalidad aunque a lo mejor en el fondo admiren a sus padres. Este contraste puede darnos un gran juego narrativo.

La familia y sus relaciones es una de las fuentes primordiales de la narrativa. Las relaciones entre padres e hijos varían de generación en generación y representar estas variaciones de forma realista es imprescindible para elaborar un fresco creíble de la realidad histórica y social de nuestros personajes. La autenticidad es clave. Sin ella no podremos convencer. Y la convicción es parte esencial del artificio por el cual el lector entrará a formar parte de nuestra historia. Ahí entra en juego la investigación, de la que volveré a hablar más adelante.

Otro punto importante es la *adecuación:* el comportamiento y el diálogo de un personaje deben ser propios de su edad; no podemos hacer que un personaje se comporte como si tuviera treinta años menos a no ser que esto sea parte importante del personaje. Por ejemplo, si retratamos a una mujer hermosa que se niega a envejecer y se aferra a la juventud. Si es así, mostraremos este efecto cada vez que ella aparezca pero sin cargar demasiado las tintas. Alguien que simula ser más joven de lo que es puede convertirse en un pesado, así que seremos moderados al administrar nuestra dosis de información y diálogo. En esto como en toda la caracterización de personajes intentaremos proceder con *pinceladas*, que resultan más interesantes que un énfasis excesivo.

Y por último, al preparar el *dossier* de un personaje no olvidemos un aspecto del ser humano que no cambia con la edad: la capacidad de ser herido.

Con los años aprendemos a esconder mejor el dolor, pero las emociones no se moderan sino que se acentúan.

El ambiente y la educación

En el siglo XIX y durante buena parte del siglo XX el gran debate era si lo esencial en la formación del individuo era la herencia o el ambiente. Hoy en el siglo XXI sabemos que no existe tal dicotomía: los genes se activan o no dependiendo del ambiente. Por eso definir el ambiente y la educación en los que crecieron nuestros personajes es esencial para conocerlos y darles vida. Cuanto más detallado sea nuestro conocimiento de estos datos, más sólida será su imagen. Conviene tomar nota de cada detalle: si creció en el campo o en la ciudad, en una casa rica, pobre o de clase media, si fue feliz o infeliz y de qué manera le afectó.

¿Cómo eran sus padres? ¿Se querían o se divorciaron de manera traumática? ¿Cuántos hermanos y hermanas eran? ¿Se llevaban bien o discutían? ¿Por qué? ¿Qué tipo de educación recibió el personaje? ¿Era un buen estudiante ansioso de nuevos conocimientos o fracasó en la escuela? ¿Cuáles eran sus sueños infantiles? ¿Y sus traumas?

Debemos apuntar cada dato. Si a estas alturas la ficha o el *dossier* se nos han quedado pequeños, yo utilizo pequeños cuadernos de distintos colores para cada personaje.

No sólo debemos estar al corriente de la educación y el pasado del personaje principal, sino tener un conocimiento similar de sus amigos y parientes aunque no lleguen a participar en la historia. Viven en la mente de nuestro personaje principal y a través de esa mente llegará a conocerlos. Es mejor concentrarnos en uno en particular, que haya desempeñado un papel importante en los años de aprendizaje del personaje principal. A través de ese personaje la historia y el ambiente cobrarán verosimilitud.

Un detalle muy importante es el estado civil: casado, divorciado, soltero o viudo. A partir de él se pueden desarrollar escenas sentimentales dependiendo de las intenciones de nuestro relato.

La carrera, las ambiciones son muy importantes para conocer a nuestro personaje.

A estas alturas conocemos cada aspecto de nuestro personaje principal y de los demás secundarios y lo hemos reflejado en fichas, en un pequeño cuaderno o incluso en un diagrama. Y lo que es más importante: nuestros personajes están vivos para nosotros.

En este momento tenemos *demasiada* información. No vamos a utilizarla toda en nuestra historia porque resultaría farragosa y sobrecargada; sin embargo, el lector notará que lo sabemos *todo* de los personajes, que existen para nosotros. Todos estos detalles son los *colores* que utilizamos para que nuestra pintura se convierta en un pedazo de vida que regalamos al lector añadiendo vida a la vida, y ofrecer pedazos de vida que no hubieran estado nunca a su alcance por el mero hecho de abrir un libro es una de las funciones de la literatura.

Hay dos aspectos que no son necesarios para todos los personajes y para todas las historias, pero que han sido el motor de muchas de las grandes novelas del siglo xx: la sexualidad y las ideas religiosas.

Dependiendo del periodo histórico, las ideas religiosas han ocasionado guerras. En una novela es importante saber las opiniones religiosas (o su falta) en el personaje principal. La búsqueda religiosa es el motor de las obras de Graham Greene. La educación religiosa del protagonista y sus obsesiones determinan novelas como *La sombra del ciprés es alargada*, de Miguel Delibes, y *Halma*, de Pérez Galdós, llevada al cine por Buñuel con el título de *Viridiana*.

Por eso debemos saber si nuestro personaje ha tenido una educación religiosa o no. Una educación religiosa fanática o intolerante puede llevar al personaje al ateísmo. Y una familia devota puede ser una influencia que se atenúa con los años y resurge de forma inesperada para dar un nuevo giro a la acción. El conflicto religioso es la clave de muchos personajes y obras.

La sexualidad

Junto con la religión, el tratamiento de la sexualidad de los personajes es uno de los que más se ha modificado en los dos últimos siglos. La sexualidad desde las tragedias griegas ha sido uno de los motores de los personajes, la que configura obras como *Medea*, de Eurípides, *Edipo*, de Sófocles, o *Lisístrata*, de Aristófanes.

Para construir nuestros personajes es esencial conocer el desarrollo de su sexualidad por su influencia en la personalidad y en los conflictos y el comportamiento del mismo. La sexualidad no sólo despierta deseos y respuestas, sino que influye en las actitudes y en las opiniones de los demás. Con la sexualidad comienza el cálculo «¿Y si ella?», y la esperanza «Espero que sí, temo que no». De la sexualidad nacen los celos, los reproches y puede nacer el odio... y el amor.

El tratamiento de la sexualidad sufre un vuelco desde las heroínas victorianas y los héroes perfectos anteriores a la Segunda Guerra Mundial, donde un caballero perfecto tenía su antagonista en el sinvergüenza, su opuesto, los dos ajenos a la vida real; igual que la heroína perfecta y casta, prodigio de virtudes, y su antagonista, la mala pécora que acababa castigada. El héroe no osaba jamás demandar nada explícito de la protagonista. Después de las Guerras Mundiales el héroe dejó de detenerse a la puerta del dormitorio de la amada, una puerta a la que antes de la Primera Guerra Mundial no osaba llamar y que va a derribar a empellones después de la bomba atómica sobre Hiroshima.

En el siglo XX nacieron el antihéroe y la antiheroína, con las imperfecciones, las pasiones, los miedos y las dudas.

Hoy en día incluso en el género romántico muchos libros incluyen escenas de sexo explícito que hubieran sido consideradas eróticas en el pasado.

En cualquier caso la vida sexual (o su carencia) de nuestros protagonistas ha de ser creíble para nosotros. Ésta es la única forma de que sea también verosímil para los lectores de nuestra historia.

La investigación

En la ficción hay que evitar los tópicos: por desgracia no es tan fácil porque muchos tópicos son verdad. Uno de los tópicos sobre la novela habla del iceberg: la novela es como un iceberg. Hay más novela no escrita que novela escrita. Por eso la investigación es tan importante para dar autenticidad a la ambientación, pero, como en cualquier otro aspecto de la ficción, la única diferencia entre la medicina y el veneno es la dosis. Demasiada investigación puede convertir una novela en un tratado, demasiada poca destruirá la credibilidad.

Es posible, y lo más probable, que sólo sea necesaria una pequeña parte del material investigado para dar convicción al argumento y los personajes, pero esta pequeña cantidad debe estar apoyada por una gran masa de conocimientos. Cuando un escritor escribe con autoridad, se nota. Y si introduce solamente retazos de información esparcidos al azar, también se nota. Y en ese momento la credibilidad desaparece.

En general la investigación es uno de los primeros estadios de la creación y por cierto de los más placenteros.

El primer estadio de la escritura es aprender. Imaginemos que una noticia de periódico o una historia que nos han contado ha llamado nuestra atención hasta el punto de que creemos que hay una novela. Imaginemos que la historia sucede en Kerala, en la India. Nos ayudaría poder pasar algún tiempo allí, pero esto es imposible, así que lo aconsejable es leer sobre el lugar, buscar libros, folletos turísticos, ver películas y soñar tu retrato imaginario. Y después te pones a escribir y el resultado parece un libro de viajes y eso no es lo que queríamos, así que te prometes que nunca más escribirás sobre lugares que no conoces. ¿Has tomado la decisión correcta? No.

Emilio Salgari escribió las aventuras de *Sandokán, el tigre de Malasia* sin haber pisado Malasia y Julio Verne nunca salió de Francia para escribir *Veinte mil leguas de viaje submarino*. Muchos grandes libros han sido ubicados en países desconocidos físicamente por sus autores, pero éstos se han preocupado de hacer una investigación extensa e intensiva. No se han quedado con la lectura de un folleto turístico. Se han centrado en la historia del país, han estudiado la forma de vida de sus habitantes, su cultura, su arquitectura, su sistema de educación, su religión, sus tradiciones y todos los aspectos posibles. Todo esto y mucho más ha desembocado en una inmensa masa de material, que da fuerza y autenticidad al tema esencial de la historia, y lo eleva por encima de la superficialidad.

Cuando leemos *El paraíso en la otra esquina* de Mario Vargas Llosa es imposible distinguir si el autor ha estado en la Polinesia francesa en busca de Gauguin o si sólo ha investigado sobre ello, porque ha integrado los detalles de un modo que nos hace suponer que se ha pasado años en los Mares del Sur aunque sepamos que no es así.

Si queremos escribir sobre un ambiente industrial o artesanal o algo parecido, necesitaremos conocer en algún grado los factores sociales incluso cuando no afecten a la historia. El escenario de unos grandes almacenes, una fábrica, una escuela, una universidad pueden ofrecer espacio suficiente a cualquier trama si se centra en la competitividad del personal, las intrigas y los negocios, las relaciones personales secretas y no tan secretas, las animadversiones y las emociones subterráneas. Puede interrelacionar la historia de una docena o más de personajes en cualquier ambiente cerrado, éste es el modelo de algunos *bestsellers*, donde la ambientación es lo más importante, como *Hotel* y *Aeropuerto*, de Arthur Hailey, pero es también el caso de grandes obras de la literatura como *El vientre de París*, de Émile Zola.

La investigación es clave en *Los Episodios Nacionales* de Pérez Galdós, que contienen más información que muchos libros de historia pero administrada tan sabiamente que no se nota.

La investigación profunda es la base de muchos grandes libros, pero no debe ser agotadora.

Para escribir *Aunque seamos malditas* me dediqué a buscar durante cinco años todas las sentencias por brujería emitidas por la Inquisición española, me leí el *Malleus maleficarum* o *Martillo de las brujas* y muchos tratados de historia de la medicina. La investigación no tiene por qué ser un trabajo preliminar sino que puede ser una demanda de la obra a medida que necesitamos más conocimientos. Es divertido para el escritor levantarse de la silla y salir al mundo en busca de la biblioteca local o de la biblioteca nacional, o a incursiones en las librerías, sobre todo en las de segunda mano, donde tantas veces se encuentran tesoros. En la época de Internet nada tan placentero como llenar algunas estanterías de nuestra casa con obras de referencia, no sólo para ahorrar tiempo sino por la mera satisfacción de tener libros esenciales al alcance de la mano.

También es muy útil concertar entrevistas con expertos. Conozco escritores que basan toda su investigación en entrevistas. Tenemos que buscar expertos en el tema que nos ocupa y de todos los estratos hasta tener los blocs de notas repletos de información sobre todos los aspectos de la obra. Para *La edad secreta* entrevisté a más de cincuenta mujeres que habían sobrevivido a un cáncer para saber más sobre la protagonista. Parece difícil concertar entrevistas pero casi nunca o nunca nos las niegan. La gente es generosa y le encanta hablar de los ámbitos en los que trabaja y sobre todo de su participación en ellos. Es conveniente consultar a más de una persona porque en algunas cuestiones los expertos pueden tener posturas distintas. Tú debes valorar sus opiniones y decidir cuál aceptas. Al fin y al cabo tú eres el dios de tu novela.

En los puntos en desacuerdo y sobre todo si escribes sobre cuestiones controvertidas, como la muerte de Kennedy o la energía atómica, intenta conseguir una confirmación escrita de sus afirmaciones para poder citarlas en caso de ser puesto en cuestión. Lo adecuado es pedir permiso a los expertos antes de hacerlo. Si prefieren no ser citados, tienes un motivo para dudar de su fiabilidad. Si se muestran convincentes sin dudarlo, estás en terreno seguro, pero te conviene una prueba escrita.

Aparte de las bibliotecas puedes consultar hemerotecas públicas, museos, archivos de historia local y eclesiásticos, fundaciones privadas, archivos de periódicos.

Una vez que hayas reunido el material necesario para la ambientación, no lo incluyas en la historia en cantidades descomunales. Extiéndelo discretamente para que la ambientación se construya imperceptible y de forma natural. Recuerda siempre que no puedes estafar a los lectores. Si un autor introduce material de modo gratuito, los lectores sacarán sus propias conclusiones de ello: si exagera con sus conocimientos del teorema de Fermat, pensarán que está alardeando para impresionarlos con su cultura matemática, o en el caso de una ambientación exótica, que intenta dar a entender que está acostumbrado a hacer viajes de lujo. Estas ideas, por supuesto, están muy lejos de la verdad, pero ¿cómo van a saber que el autor no puede soportar la idea de desperdiciar tanta investigación?

Del mismo modo que debemos usar todo el diccionario sin que se note, debemos usar nuestra investigación con economía. Integrar las características del ambiente con la acción y la historia de modo realista. Introduce párrafos de esta naturaleza en el desarrollo de la trama y los lectores no sólo se dejarán arrastrar por el argumento sino que se verán absorbidos por el ambiente.

Pero no deseches la información acumulada: puede ser la semilla de otros libros o incluso el principio de un libro de ensayo; y desde luego si para ti ha sido un aprendizaje valioso, podría serlo para otros, tan sólo no caigas en la tentación de sobrecargar la novela con un exceso de información. Menos es más.

El tiempo en la novela

Dentro de cada novela hay un reloj, decía E. M. Forster.

Y he dicho en muchas ocasiones que la novela es la única máquina del tiempo que funciona. El cuento «El perseguidor», de Cortázar, es uno de los mejores ejemplos del verdadero milagro de la ficción narrativa: vencer el tiempo.

En los libros no existen limitaciones en el tiempo o en el espacio. Los libros pueden abarcar periodos tan cortos como mil años o tan largos como un segundo. En el segundo que transcurre desde que la bala que ha sido disparada sale del fusil hasta que llega al corazón del patriota, el escritor puede hacer transcurrir la historia de la humanidad.

Las novelas y los cuentos y todos los tipos de ficciones son trampas para capturar el tiempo, son artefactos para descubrir por qué las palabras son la única medicina para la enfermedad llamada muerte.

Este tiempo de la novela no tiene por qué presentarse de manera lineal u ordenada, sino que puede ser alterado libremente por el autor con finalidad estilística, argumental o estructural. Esta técnica consistente en alterar el orden lógico de la narración se denomina temporalización anacrónica y cuenta con dos recursos:

1. Analepsis o retrospección (*flashback*): es un salto hacia atrás en el tiempo de la historia.
2. Prolepsis o anticipación (*flashforward*): el autor adelanta acciones que aún no se han producido en el relato primario de la novela, es decir, se trata de un salto hacia delante.

La anticipación es un recurso muy ágil que se utiliza para provocar interés. Es básicamente igual que el *flashback* pero en general mucho más corto. Como vamos a ver, el abuso del *flashback* puede ser un peligro aunque es un recurso jugoso para la acción, lo mismo se aplica a la anticipación.

FLASHBACK

El *flashback* (del inglés: escena retrospectiva) o analepsis es una técnica utilizada tanto en el cine como en la literatura que altera la secuencia cronológica de la historia, conectando momentos distintos y trasladando la acción al pasado. En literatura *El ruido y la furia*, de William Faulkner, *El camino*, de Miguel Delibes, o *Pedro Páramo*, de Juan Rulfo, son tres ejemplos significativos. Un buen ejemplo en cinematografía es *Banderas de nuestros padres*, de Clint Eastwood. Y en la serie *Lost (Perdidos)*, donde se sabe algo del pasado de los protagonistas. Esta técnica se utiliza también en series japonesas de manga, como *Naruto*, en la que se cuenta la vida de los personajes a medida que avanza la serie.

El *flashback* es una vuelta repentina y rápida al pasado del personaje. Es diferente al *racconto*, que es también un quiebre en el relato volviendo al pasado, pero este último no es tan repentino y es más pausado en lo que se refiere a la velocidad del relato.

Veamos un magnífico ejemplo de flujo de conciencia y de *flashback* en la que probablemente sea la mejor novela del siglo pasado: *Pedro Páramo*, del mexicano Juan Rulfo: «El agua que goteaba de las tejas hacía un agujero en la arena del patio. Sonaba: plas plas y luego otra vez plas en mitad de una hoja de laurel que daba vueltas y rebotes metida en la hendidura de los ladrillos. Ya se había ido la tormenta. Ahora de vez en cuando la brisa sacudía las ramas del granado haciéndoles chorrear una lluvia espesa, estampando la tierra con gotas brillantes que luego se empañaban. Las gallinas, engarruñadas como si durmieran, sacudían de pronto sus alas y salían al patio, picoteando deprisa, atrapando las lombrices desenterradas por la lluvia. Al recorrerse las nubes, el sol sacaba luz a las piedras, irisaba todo de colores, se bebía el agua de la tierra, jugaba con el aire dando brillo a las hojas con que jugaba el aire.

—¿Qué tanto haces en el excusado, muchacho?

—Nada, mamá.

—Si sigues allí va a salir una culebra y te va a morder.

—Sí, mamá.

Pensaba en ti, Susana. En las lomas verdes. Cuando volábamos papalotes en la época del aire. Oíamos allá abajo el rumor viviente del pueblo mientras estábamos encima de él, arriba de la loma, en tanto se nos iba el hilo de cáñamo arrastrado por el viento. "Ayúdame, Susana". Y unas manos suaves se apretaban a nuestras manos. "Suelta más hilo".

El aire nos hacía reír; juntaba la mirada de nuestros ojos, mientras el hilo corría entre los dedos detrás del viento, hasta que se rompía con un leve crujido como si hubiera sido trozado por las alas de algún pájaro. Y allá arriba el pájaro de papel caía en maromas arrastrando su cola de hilacho, perdiéndose en el verdor de la tierra.

Tus labios estaban mojados como si los hubiera besado el rocío.

—Te he dicho que te salgas del excusado, muchacho.

—Sí, mamá. Ya voy.

De ti me acordaba. Cuando tú estabas allí mirándome con tus ojos de aguamarina.

Alzó la vista y miró a su madre en la puerta.

—¿Por qué tardas tanto en salir? ¿Qué haces aquí?

—Estoy pensando.

—¿Y no puedes hacerlo en otra parte? Es dañino estar mucho tiempo en el excusado. Además, debías de ocuparte en algo. ¿Por qué no vas con tu abuela a desgranar maíz?

—Ya voy, mamá. Ya voy.

—Abuela, vengo a ayudarla a desgranar maíz.

—Ya terminamos; pero vamos a hacer chocolate. ¿Dónde te habías metido? Todo el rato que duró la tormenta te anduvimos buscando.

—Estaba en el otro patio.

—¿Y qué estabas haciendo? ¿Rezando?

—No, abuela, solamente estaba viendo llover.

La abuela lo miró con aquellos ojos medio grises, medio amarillos, que ella tenía y que parecían adivinar lo que había dentro de uno.

—Vete, pues, a limpiar el molino.

A centenares de metros, encima de todas las nubes, más, mucho más allá de todo, estás escondida tú, Susana. Escondida en la inmensidad de Dios, detrás de su Divina Providencia, donde yo no puedo alcanzarte ni verte y adonde no llegan mis palabras.

—Abuela, el molino no sirve, tiene el gusano roto.

—Esa Micaela ha de haber molido molcates en él. No se le quita esa mala costumbre; pero, en fin, ya no tiene remedio.

—¿Por qué no compramos otro? Éste ya de tan viejo ni servía.

—Dices bien. Aunque con los gastos que hicimos para enterrar a tu abuelo y los diezmos que le hemos pagado a la Iglesia nos hemos quedado sin un centavo. Sin embargo, haremos un sacrificio y compraremos otro. Sería bueno que fueras a ver a doña Inés Villalpando y le pidieras que nos lo fiara para octubre. Se lo pagaremos en las cosechas.

—Sí, abuela.

—Y de paso, para que hagas el mandado completo, dile que nos empreste un cernidor y una podadera; con lo crecidas que están las matas ya mero se nos meten en las trasijaderas. Si yo tuviera mi casa grande, con aquellos grandes corrales que tenía, no me estaría quejando. Pero tu abuelo le jerró con venirse aquí. Todo sea por Dios: nunca han de salir las cosas como uno quiere. Dile a doña Inés que le pagaremos en las cosechas todo lo que le debemos.

—Sí, abuela».

Pedro Páramo es la novela-semilla de todo el realismo mágico y quizá el máximo exponente del *flashback*, al fin y al cabo toda la novela es un largo *flashback* en la que los muertos exponen sus razones.

El flujo de conciencia, el *flashback* o salto en el tiempo supuso un gran avance en la narrativa contemporánea porque imitaba el discurrir del pensamiento. La modernidad llegó con el *flashback*.

Sin embargo, el uso y abuso del *flashback*, de los saltos en el tiempo en muchas novelas y relatos han hecho que se convierta en un recurso sospechoso.

Los *flashback*s son muchas veces útiles, a veces esenciales, pero se convierten a menudo en formas de escapar de una situación difícil de solucionar. Dejar que un personaje viaje al pasado y se enfrasque en sus pensamientos puede ser una interesante digresión siempre que el lector no sienta que la historia no avanza y que se trata de un truco para eludir un verdadero interés.

Pero eso sólo ocurre cuando se hace un mal empleo del *flashback*: nunca debe ser un freno sino un aliciente. Debe ser retroceder unos cuantos pasos para trazar un rodeo que nos servirá para dar un salto adelante.

La magdalena de Proust es el ejemplo de *flashback* genial que no sólo cambia las novelas de Proust sino la historia de la novela.

Es un *flashback* emotivo, mucho más útil que una trivial enumeración de hechos.

Al fin y al cabo la regla más importante es que no hay reglas: incluso los tópicos que deben evitarse pueden ser un arma en manos de un escritor genial. La técnica de la ficción debe aprenderse para algún día poder olvidarla. Truman Capote decía que llevaba años darse cuenta de la diferencia entre escribir bien o mal, pero todos pueden llegar a ella, más años aún entender la diferencia entre escribir bien y muy bien y son muchos los que llegarán a entenderla; sin embargo, percibir la diferencia entre escribir muy bien y ser un genio, ésa es la cuestión.

TRANSICIONES

Las transiciones son uno de los problemas más acuciantes de los escritores noveles y uno de los más fáciles de solucionar. La magia de la novela o del cuento exige crear un puente en el tiempo para transportar los personajes de un lugar a otro, de una escena a otra.

Las transiciones tienen dos funciones:
1. Mantener la acción en movimiento.
2. Crear un estilo dinámico.

Mi transición favorita está en el principio de la novela *Luz de agosto*, de William Faulkner, cuando la protagonista recorre en una página una calle que cruza Estados Unidos y su vida: «Sentada en la orilla de la carretera, con los ojos clavados en la carreta que sube hacia ella, Lena piensa: "He venido desde Alabama: un buen trecho de camino. A pie desde Alabama hasta aquí. Un buen trecho de camino". Mientras piensa *todavía no hace un mes que me puse en camino y heme aquí ya, en Mississippi. Nunca me había encontrado tan lejos de casa. Nunca, desde que tenía doce años, me había encontrado tan lejos del aserradero de Doane...*».

Si no nos sentimos capaces de emular a Faulkner, deberíamos al menos leer y disfrutar de *Luz de agosto*, donde la transición de Lena es el motor que mueve la novela. Debemos por lo menos evitar las transiciones como ésta, un ejemplo de lo que no hay que hacer: «En cuanto se enteró de la muerte de Pedro, Carmen decidió llamar a Rosa lo antes posible. Abrió el armario del recibidor, cogió una bufanda al azar y salió a la calle convencida de que caminar, en lugar de ir en coche, la ayudaría a calmarse. Aquel día, sin embargo, la distancia se le hizo eterna. Caminó a lo largo de la calle de Serrano y descendió toda la calle Ayala, que nunca le había parecido tan larga. Después de muchos tropezones llegó a la esquina en la que vivía Rosa, pero a medida que se aproximaba a la casa la aprensión se apoderó de ella. ¿Y si era un error? ¿Y si nadie la creía?

Se detuvo acongojada por las dudas, pero siguió caminando con resolución. La misma resolución con la que apretó el timbre. Incluso entonces todavía era posible darse la vuelta y huir, pero la puerta se abrió y apareció Rosa con un delantal manchado.

—Carmen, ¡cómo me alegro de verte! Estaba pensando en ti».

Espero que el lector no se haya aburrido con esta transición tanto como yo me he aburrido al escribirla, si en este camino no hay nada importante para la historia, tantos detalles y un avance tan lento conseguirá únicamente acabar con la paciencia del lector y del escritor.

Compara el párrafo anterior con el siguiente: «En cuanto se enteró de la muerte de Pedro, Carmen llamó a Rosa. Se alegró de que le abriera la puerta tan rápidamente aunque hasta el último minuto sintiera el impulso de no decir nada y salir corriendo».

El exceso de prosa actúa como un freno. La sencillez es la más difícil de las lecciones. El lector es un ser inteligente que no quiere ni necesita ser llevado de la mano. Si está bien escrita, pueden imaginarse una situación y visualizar una escena sin una elaboración innecesaria. Si demoramos la acción con detalles triviales y palabrería, perderemos el interés y la acción.

Menos es más. También en este caso.

Puentes

Otra forma eficaz de manejar una transición es insertar un salto en la narración. Se llama «ruptura del espacio» y lo aconsejo para saltos horarios. En la historia que hemos inventado como ejemplo sería así:

«Para asegurarse de que Rosa estuviera en casa Carmen la llamó.

—¿Puedo acercarme a tu casa? Me gustaría charlar un rato.

No dijo nada de la muerte de Pedro ni de sus sospechas.

—Claro, genial, ven, hace un siglo que no quedamos.
Diez minutos más tarde Carmen estaba llamando al timbre».
Y la escena continúa...

Las transiciones parecen difíciles para el principiante pero son una ayuda para el escritor. En cuanto veas lo útiles que pueden ser empezarás a fascinarte por la técnica de la ficción, el revés de la trama donde lo importante es lo que no se ve.

La primera página (del resto de tu vida)

Éste es un consejo personal para escritores, lectores y editores: la primera y la última página de un libro son las más importantes y las más difíciles. Abrir un libro es como entrar en un universo nuevo, tenemos que conseguir que en diez líneas el lector se vea transportado a otro mundo, que tenga calor aunque haga frío, que oiga los sonidos de la jungla en lo más intrincado de Manhattan y le queme el hielo de la Antártida en el verano de Madrid.

Los escritores del siglo XIX disponían de muchas páginas para interesar al lector, Balzac se permite comenzar una novela con la descripción de un mueble que ocupa varias páginas y algunos autores como Stephen King postergan el comienzo de la historia, pero la mayoría de los libros no tienen tanta suerte: si la primera frase no es suficientemente buena, a menudo el libro ni siquiera será publicado.

Toda mi vida he querido escribir un principio como *Pedro Páramo:* «Vine a Comala porque me dijeron que acá vivía mi padre, un tal Pedro Páramo. Mi madre me lo dijo. Y yo le prometí que vendría a verlo en cuanto ella muriera. Le apreté sus manos en señal de que lo haría; pues ella estaba por morirse y yo en plan de prometerlo todo. "No dejes de ir a visitarlo", me recomendó. "Se llama de otro modo y de este otro. Estoy segura de que le dará gusto conocerte". Entonces no pude hacer otra cosa sino decirle que así lo haría, y de tanto decírselo se lo seguí diciendo aun después que a mis manos les costó trabajo zafarse de sus manos muertas».

«Desde que vi llegar a la pelirroja supe que no traería nada bueno. La pelirroja llegó al pueblo un día de tormenta. Llevaba semanas sin llover, pero, en el momento en que el coche de Gago

93

pasó la curva de Bramadoiro, se desató un aquelarre de rayos y no hubo manera de que escampara. Así que la pelirroja tuvo que apearse en medio de la lluvia y aquel día no nos dimos cuenta de lo flaca que estaba, aunque ya entonces nos pareció huesuda y malhumorada y todos deseamos que se quedara poco tiempo» (de *Aunque seamos malditas*).

«Se necesitan nueve meses para que nazca un niño pero basta un segundo para que muera un hombre. Un minuto fue suficiente para cambiar mi vida. El minuto en que sonó el teléfono y la voz lejana de Jean Charles me embarcó en una búsqueda en la que acabaría por perderme» (de *Los amantes tristes*).

«Si mi hermano no hubiera muerto, yo no sería quien soy ni escribiría lo que escribo. Preferiría que no se hubiera muerto, tal vez yo fuera mejor y dijera cosas más importantes. Pero está muerto y sólo tengo una cosa que decir. Éste es el libro. Escribirlo es un suicidio. Cuenta lo mejor y lo peor que me ha pasado. Las cosas suceden sin que nadie sepa por qué y uno no vuelve a ser el que era ni a sentir lo que sentía. Uno tiene que agradecer también al dolor por hacerle sentar a su mesa y darle de su comida. Éste es el libro que siempre quise escribir. Lo escribo para mí, pero, sobre todo, lo escribo para él» (de *La muerte blanca*).

«Todos tenemos la misma edad. Yo, ella, incluso tú. Porque la verdadera edad son los años que te quedan por vivir, y esos nadie los conoce. Ésos son la verdadera edad secreta. Un día, sin embargo, sin querer, conoces tu edad verdadera.

»Te dicen que vas a morir. Te lo aseguran sin el menor género de dudas. Te sientas a esperar la muerte y la muerte no llega» (de *La edad secreta*).

La vanidad y el alcoholismo son dos de las enfermedades profesionales del escritor; sin embargo, no es ninguna de ellas la que me ha llevado a añadir ejemplos de mis propios libros, sino por un lado el hecho de que poseo los derechos de toda mi obra y puedo compartirla con ustedes y por otro de mostrarles lo frágil del escritor. Somerset Maugham decía que uno no es el escritor que quiere ser sino el que puede ser.

Yo siempre he sentido que mi primera página no era la mejor página, que en mis novelas era más importante lo no escrito que lo escrito.

Como dice García Márquez (autor de la primera página que todos hubiéramos querido escribir): «Si cuando uno se sienta a escribir no se siente Cervantes, uno acaba por ser mucho menos que uno mismo».

Y al final las palabras son el camino más largo y el más corto para ser uno mismo, escribir no te traerá ni siquiera los quince minutos de gloria de Andy Warhol, pero te abrirá las puertas de un reino que nada ni nadie podrá nunca arrebatarte.

La paciencia es uno de los consejos más importantes, uno que yo no me siento capaz de darte, por eso prefiero que te lo otorgue Rilke en un texto que pertenece a *Los cuadernos de Malte Laurids Brigge:* «Se debería esperar y saquear toda una vida, a ser posible una larga vida, y después, por fin, más tarde, quizá se sabrían escribir las diez líneas que serían buenas. Pues los versos no son, como creen algunos, sentimientos (se tienen demasiado pronto), son experiencias. Para escribir un solo verso es necesario haber visto muchas ciudades, hombres y cosas; hace falta conocer a los animales, hay que sentir cómo vuelan los pájaros y saber qué movimientos hacen las flores al abrirse por la mañana. Es necesario poder pensar en caminos de regiones desconocidas, en encuentros inesperados, en despedidas que hacía tiempo se veían llegar, en días de infancia cuyo misterio no está aclarado aún, en los padres a los que se mortificaba cuando traían una alegría que no se comprendía (era una alegría hecha para otro); en enfermedades de infancia que comienzan tan singularmente, con tan profundas y graves transformaciones, en días pasados en habitaciones tranquilas y recogidas, en mañanas al borde del mar, en la mar misma, en mares, en noches de viaje que volaban muy alto y temblaban con todas las estrellas... y no es suficiente incluso saber pensar en todo esto. Es necesario recordar muchas noches de amor en las que ninguna se parece a la otra, de gritos de parturientas y de leves, blancas, durmientes recién paridas, que se cierran. Es necesario haber estado al lado de los moribundos, haber permanecido sentado junto a los muertos, en la habitación, con la ventana abierta y los ruidos que llegan a golpes. Y tampoco basta tener recuerdos. Es necesario saber olvidarlos cuando son muchos, y hay que tener la paciencia de esperar a que vuelvan.

»Pues los recuerdos mismos no son aún esto. Hasta que no se convierten en nosotros, sangre, mirada, gesto, cuando ya no tienen nombre y no se les distingue de nosotros mismos, hasta entonces no puede suceder que en una hora muy rara, del centro de ellos, se eleve la primera palabra de un verso».

Rilke habla de la primera palabra de un verso, pero todas las artes son el mismo arte y lo mismo puede decirse de la novela. Toda tu vida se agolpa para escribir la primera frase de tu primera novela.

Cada minuto que has vivido, cada amor, cada traición, cada muerte están ahí en esa frase agazapada que quiere ser dicha. El mundo entero está esperando a que la digas. Todo lo que has vivido ha sido para decirla.

Picasso, que durante unos años abandonó la pintura para intentar ser poeta, y luego se dio cuenta de que sus poemas estaban en sus pinceles, estaba un día en un restaurante cuando una señora sentada en la mesa contigua le pidió que por favor le firmara la servilleta. «A usted no le costará nada y para mí vale mucho dinero». «Cómo que no me cuesta nada, señora, a mí mi firma me ha costado mi vida entera».

Eso es lo que quería decir Rilke: al escritor cada palabra le cuesta la vida entera pero también le justifica la vida entera.

Con estas páginas sobre la primera página quiero invitarlos a que escriban aquí las primeras palabras de su propia obra maestra. Al fin y al cabo las combinaciones de consonantes y vocales no son infinitas como las estrellas. Miguel Ángel decía que sus estatuas ya estaban en la piedra, sólo había que quitar lo que sobraba. Y en algún lugar del teclado ya está escrita la frase más genial del mundo, aquella con la que comenzarás a ser escritor.

SABER NARRAR EN PERIODISMO
JUAN CRUZ RUIZ

En memoria de Feliciano Fidalgo,
que convirtió en leyenda su pasión por el oficio

El buen oficio y sus límites

Periodista es gente que le dice a la gente lo que le pasa a la gente.

¿Y periodismo? ¿Qué es periodismo? Es lo que intermedia entre la realidad y el lector. ¿Para qué le sirve a éste? Para saber qué ocurre, para tomar decisiones, para seguir atento, para votar con conocimiento de causa, para seguir viviendo, para saber qué se piensa de la película, de los libros, de la música que quiere ver, leer o escuchar... Es un examen global de la realidad siempre que ésta resulte interesante. En primer lugar, que interese al periodista. El periodista es el testigo que el público envía a la vida. Es un enviado especial en la vida. Ahí, en la vida, toma notas y las traslada al papel, a la radio, a los informativos de televisión, a las páginas web, a Twitter, a las distintas redes sociales... Un enviado especial a la realidad. Eso es el periodista.

El periodismo es, en definitiva, la consecuencia de lo que hacen los periodistas. Por tanto, si el periodista es un testigo tan humilde que únicamente está ahí para dar testimonio de lo que ocurre, el periodismo es un elemento primordial del servicio público, y es un servicio humilde aunque algunos periodistas se consideren más primordiales que la realidad. La realidad es lo que importa; el periodista es un vicario de la realidad. Y la cuenta para saciar una muy concreta apetencia: la del lector, que quiere saberlo todo, incluso lo que el periodista cree que no tiene importancia. En la gestión de los detalles (la intuición del lector) está la calidad del periodista.

El periodismo es un servicio público; idealmente, debe estar ajeno a intereses políticos, económicos o de cualquier tipo, y sirve a los demás con el propósito exclusivo de narrar la realidad de una localidad, de un país o del mundo. Se basa en algunos supuestos, o materiales, o instrumentos, que resumieron mejor que nadie Bill Kovach y Tom Rosenstiel en *Los elementos del periodismo* (Aguilar, 2012). Ellos resumieron en estos nueve puntos el desarrollo de un largo debate de expertos en periodismo reunidos en Harvard:

1. La primera obligación del periodismo es la verdad.
2. Debe lealtad ante todo a los ciudadanos.
3. Su esencia es la disciplina de la verificación.
4. Debe mantener su independencia con respecto a aquellos de quienes informa.
5. Debe ejercer un control independiente del poder.
6. Debe ofrecer un foro público para la crítica y el comentario.
7. Debe esforzarse por que el significante sea sugerente y relevante.
8. Las noticias deben ser exhaustivas y proporcionadas.
9. Debe respetar la conciencia individual de sus profesionales.

Quienes desarrollan o practican este oficio son seres humanos, naturalmente; sujetos, como tal, a presiones, humores, etcétera. Como los abogados en su oficio o los médicos en el suyo, la vida pasa por ellos, con sus tormentas emocionales, con sus altibajos y también con sus etapas de bonanza, pero frente a toda contingencia han de mantener el pulso firme para defender o para curar. El periodista, atacado por las mismas adversidades o emociones, ha de mantener siempre el equilibrio ante las presiones externas o ante la expresión de sus propios conflictos, porque ha de narrar la realidad sin quebrarla en función de su humor o de sus intereses. Pero el periodista es un ser humano, no está alejado, por tanto, de fenómenos sentimentales o personales como la vanidad, el egocentrismo, el lugar común, la parcialidad, etcétera; el periódico (el medio de comunicación en general) es el gran crisol en el que esos defectos posibles tienen que discernirse para que el producto que reciba el lector (el consumidor de medios) cumpla esos nueve puntos y los puntos que ahí faltan: la imparcialidad o la objetividad, por ejemplo. Los periódicos se han dotado en las últimas décadas, además de los mecanismos de control del trabajo periodístico ya habituales, que van desde la dirección al redactor jefe y al corrector de estilo, de figuras como los *ombudsman*, que actúan como la conciencia del lector o, en definitiva, la conciencia de lo que es esencial en periodismo: el respeto a los hechos, que no han de ser tergiversados en ningún momento de la elaboración de las noticias, por lo cual el periodista ha de sentirse vigilado y ha de actuar como si ésa fuera la vigilancia de la conciencia del periodismo.

Gabriel García Márquez ha dicho (y lo han dicho otros también antes que él) que es el oficio más bello del mundo. Para algunos (para los que sufren el mal periodismo en sus carnes, para los que han sido vilipendiados o insultados injustamente desde las páginas de los periódicos) puede ser el oficio más abyecto del mundo. Pero en teoría, sí, es el oficio más bello del mundo, porque narra, o debe narrar, generosamente lo que sucede en el mundo con el propósito de relatar alegrías o dramas, y lo hace en soportes muy baratos, lo que hace expresamente democrático el acceso a esa información, conseguida de manera muy costosa por los periodistas o por sus empresas. Pero no seamos grandilocuentes: el periodismo es un oficio como otro cualquiera y se rige por algunas máximas que valdrían también, en el terreno ético, para abogados o para médicos, por seguir con los paralelismos que marcan estos oficios. El abogado defiende independientemente de sus ideas, el médico cura sean cuales sean las ideas de su paciente. Esos mismos códigos éticos marcan la tarea del periodista: tú informas sin que se transparenten tus ideas, tú narras aunque el protagonista de la perversión (o el éxito) que estás contando sea de tu propia familia personal o política. Y tú narras diciendo desde qué perspectiva estás contando. El periodista riguroso es aquel que no levanta sospechas, el que ofrece todos los datos que se requieren para que su pieza sea creíble. Un periodista que desata sospechas tiñe por completo no sólo lo que escribe sino el periódico en general. Por eso ha de indicar sus fuentes, ha de expresar sus incertidumbres y ha de guardarse los datos sobre lo que no está seguro. Como en los diagnósticos médicos, un periodista no se fía de las suposiciones, ni las pone en papel, ni siquiera como suposiciones, pues una duda expresa sobre alguien puede ser una sombra ya para siempre. En la nueva formulación de las web o los agregadores de prensa una noticia falsa dura ya toda la vida (a no ser que, después de un proceso farragoso, el agregador acceda a eliminarla), y un dato falso sobre una persona o una institución ya persiste ahí aunque se hayan hecho todos los desmentidos posibles. Las nuevas tecnologías han puesto en marcha una posibilidad infinita de información, y a la vez han creado una posibilidad infinita de engaño, pues son fácilmente manipulables, como se ha demostrado con la perversa utilización que muchos hacen de los materiales de Wikipedia, donde cualquiera puede ingresar para variar las biografías o los trabajos de personalidades de distintas disciplinas. En gran parte es cierto que Wikipedia ha demostrado (para su mal) que los textos son más manipulables que nunca, pues cualquier indocumentado puede entrar en ese sistema a añadir mentiras a los perfiles de las personas que figuran en ese enorme vademécum. Aunque es cierto que cada vez se arbitran más controles para impedir que ese desmán haga despeñar un proyecto, por otra parte, de increíbles dimensiones y posibilidades.

El periodismo, en sus diversos soportes, es ahora más accesible, pero también más manipulable que nunca. En algún momento esa capacidad de manipulación se hizo explícita, cuando en algunos medios se pidió a los ciudadanos que actuaran como periodistas. El periodismo ciudadano. Ésa fue una buena ocurrencia que se encontró enseguida con un problema: ¿y quién verifica que lo que el ciudadano ha retratado o descrito se corresponde con la realidad y no con sus intereses a la hora de mirar la realidad? Por muy sospechoso que sea el punto de vista de un periodista, siempre será el punto de vista de un hombre o de una mujer que está familiarizado con los elementos del oficio. Pero no condenemos el periodismo ciudadano: ha hecho una gran contribución al periodismo, ha abierto las puertas del oficio a muchísima gente que, como testigo, quiere aportar su experiencia. Depende de los instrumentos del oficio que esa contribución siga siendo fructífera. ¿Cuántas veces hemos rectificado un artículo desde el primer momento (en Internet) gracias a que un lector ha detectado el fallo?

Es un oficio que requiere, pues, un enorme equilibrio. Y no sólo eso: el periodismo requiere una gran dosis de respeto al prójimo, sea éste protagonista de las noticias o simplemente lector. Para respetar al otro (protagonista, lector) el periodista ha de respetarse sobre todo a sí mismo, es decir, ha de respetar el oficio como el reflejo de la realidad. Quien malversa los elementos del periodismo destruye la más grave de las obligaciones del periodista, por las que viven él y su medio: la credibilidad. La credibilidad se logra respetando algunos principios éticos que no son exclusivos de este oficio: es más creíble quien no engaña. Y para no engañar tienes que disponer de una buena información. Esto sirve para muchos de los oficios que hemos venido citando en paralelo al oficio de periodista. Si el abogado no es bien informado por su cliente, éste terminará no siendo creíble para su defensor, y éste hará un mal trabajo. Una mentira a un médico redunda en perjuicio inmediato de la persona a la que se supone que debe estar curando. En el caso de la medicina, hay instrumentos que revelan enseguida la verdad. Y el periodismo no está lejos de sufrir el mismo fenómeno de verificación. La verdad siempre prevalece, pero hasta que se revela pueden circular muchos malentendidos que arrojen sombra sobre ella.

Periodista es, pues, gente que le dice a la gente lo que le pasa a la gente. Pero, si narra, la gente lo ha de creer. Si el periodista no es creíble, su medio se desfonda, pero él se desfonda primero. En la reciente diatriba española sobre las consecuencias que podría tener la Conferencia de Paz celebrada en San Sebastián por algunas personalidades mundiales, un periódico de Madrid tituló «Los cachés de los mediadores». Y en grandes caracteres de su primera página el citado periódico desgranó los pagos que esas personalidades mundiales cobraban por sus intervenciones en lugares distintos del mundo. La evidencia era que esos señores se habían embolsado una increíble (o por lo menos muy suculenta) cantidad de dinero por juntarse para emitir un comunicado bastante hueco que luego resultó esencial para conducir a ETA al anuncio del abandono de la violencia. Pero lo que importaba ahí, más que calificar el hecho mismo de la Conferencia de Paz y sus estímulos posibles, era descalificar, por mezquinos o interesados económicamente, a los mediadores, que se embolsaban semejantes cantidades (desde 140.000 euros hasta 40.000 euros) por decir a ETA (y a los Estados francés y español) lo que tendría que hacer. Una vez conseguido el objetivo de encandilar con las cifras, el periódico (repito: en su portada) señalaba, en un recuadro de letra muy pequeña, que eso era lo que cobraban de forma habitual, lo que no quería decir necesariamente que en esta ocasión hubieran cobrado dinero alguno...

En periódicos provinciales de los días subsiguientes leí o vi comentarios al hilo de lo que había sugerido ese periódico de referencia: aunque el desmentido estaba en la misma página (esas personas no cobraron necesariamente eso) ya algunos comentaristas se agarraron, con el evidente propósito de criticar a los reunidos, a esas cifras para proclamar, con la ironía que propiciaba el caso, que ellos también querían ser mediadores...

Así pues, el periodismo es la manifestación ideal de independencia, rigor, análisis, imparcialidad y otras tantas virtudes que nacen, todas, de la buena voluntad del que ejerce el oficio. Pero hay mucho ruido alrededor, y a veces los periodistas nos dejamos llevar por nuestras propias veletas y hacemos añicos esos materiales que nos obligan a defender la decencia y la honestidad de un oficio que está obligado a ser decente y honesto para servir al propósito de servicio público que lo anima.

El periodista, por tanto, es un ser humano sometido a todo tipo de presiones, y la primera presión que sufre es la propia. La de su conciencia, o la de su mala conciencia, que le permite una conducta laxa que incluye la posibilidad de escribir o decir, impunemente, aquello que sabe que no es cierto con el objetivo único de engañar y de manipular.

Conviene, entonces, que en el uso de esa magnífica definición, «periodista es gente que le dice a la gente lo que le pasa a la gente», no veamos sólo el estímulo de la grandeza del periodismo, que existe; conviene contrastarla con la realidad del oficio, que a veces desbarata las buenas intenciones.

En todo caso, vayamos a las buenas intenciones, al periodismo como querríamos que fuera, que tiempo habrá para contar el periodismo como es de veras.

Stendhal decía que una novela es un espejo en el borde del camino. El periodismo es un espejo en el borde del camino; un espejo que ve y no se ve. Y el periodista es el que lleva ese espejo en la mano. Por eso no se le ve, no tiene por qué ser visible; cuanto menos visible es un periodista mejor será su testimonio. El periodista ha de saber, pero sobre todo ha de saber preguntar para saber. La intuición la propicia la cultura; no hay intuición sin sabiduría. El que no sabe no tiene materiales detrás de sus preguntas; un periodista ha de saber, pero sobre todo ya no sólo tiene que saber: tiene que saber preguntar. El ser humano consiste de preguntas, decía Peter Handke.

Quién puede ser periodista

¿Periodista lo puede ser cualquiera? Sí, con la condición de que sea periodista.

Se suele decir, y es mentira, que el oficio de periodista se puede desempeñar con escasos materiales. Basta con que sepas escribir, se dice. No es cierto. Hay grandes escritores que jamás serían buenos periodistas. ¿Por qué? Porque no tienen un verdadero interés por saber todo lo que hay alrededor de una noticia. Les interesa el hecho, acaso, la emoción que éste suscita, la narración misma del acontecimiento, luctuoso o festivo, y lo narran. El periodista tiene una obligación suplementaria, que el escritor puede obviar. El periodista ha de saber por qué ocurrió, a quién le ocurrió, cómo ocurrió, cuándo pasó, qué consecuencias tuvo esto que está describiendo, cómo lo cuentan quienes lo vivieron, qué hubo antes y después en el lugar o en el protagonista o en los protagonistas... Al escritor le basta saber qué ocurrió, y a partir de ahí puede poner a funcionar su imaginación y los otros recursos (la metáfora, la suposición, el monólogo interior...) e instrumentos que adornan la libérrima esencia de su oficio.

El periodista, sin embargo, está en otra situación mucho más comprometida y socialmente mucho más responsable. El escritor puede adoptar un punto de vista, y éste puede ser legítimo, e incluso muy legítimo; se sitúa como quiere ante el suceso, lo describe con libertad, lo convierte en una materia de ficción, en una metáfora, y siempre ese punto de vista será del todo irreprochable, independientemente de criterios estéticos o formales. Mientras que el periodista ha de ponerse en el lugar del lector: al periodista se le pide imparcialidad, datos, para que el lector se haga la composición de lugar que lo conduzca a obtener su propio juicio. Se cuenta que cuando a Ernest Hemingway lo mandó su periódico a la guerra civil española el redactor jefe le dijo: «¡Mándeme verbos!». Quería acción. El periódico ya pondría los adjetivos. El periodista, viene a significar esta anécdota, ha de huir de los adjetivos. Porque el lector no los soporta: ya los pondrá él. El lector necesita los hechos: cuanto más en los huesos esté una noticia, cuanto menos adjetivos tenga, más suculenta será para el lector si contiene hechos. ¿Y un comentario, una opinión? Cuanto más basada en hechos, más interesante; cuanto menos se aleje de lo que ocurre, más sugerente será para el lector.

Así que el periodista no es un escritor, aunque sus materiales sean en gran medida los de un escritor. Es un testigo obligado por su oficio a dar testimonio de lo que ve con la misma actitud con que el gran poeta José Hierro contó aquel funeral que narra en su célebre poema «Réquiem»: sin vuelo en el verso, sencillamente. Azorín lo decía: hay que ir «derechamente» a las cosas; el periodista ha de ser sencillo y veraz; es más, cuanta más sencillez emplee, más veracidad desprenderán sus historias.

EL PERIODISMO ES UN OFICIO CRUEL

Esa definición que he glosado en esta introducción, «periodista es gente que le dice a la gente lo que le pasa a la gente», se la escuché a Eugenio Scalfari, primer director del diario italiano *La Repubblica*, hace ahora veinte años. El entonces ya veterano periodista hablaba ante los cuarenta alumnos de una promoción del Máster de Periodismo de *El País* y la Universidad Autónoma de Madrid. Los alumnos, los profesores y los periodistas asistíamos a esa sesión en la que el periodista más polémico de Italia después de Indro Montanelli desplegaba con enorme sabiduría los materiales de su larga experiencia. Cuando llegó a esa frase yo sentí que hablaba de mí, de mi experiencia, de mis deseos muy tempranos de practicar este oficio. Porque lo que yo quería con viveza desde mi adolescencia era precisamente decir a la gente lo que pasaba. Él lo dijo, evidentemente, de una manera sencilla y clara, como corresponde a un director de su eficacia y de su profundidad. Pero estaba resumiendo un oficio, estaba metiendo en un puño millones de palabras que hubieran significado lo mismo.

Muchos años después fui a verlo a Roma para una entrevista sobre el porvenir del oficio. Para documentarme leí algunas intervenciones suyas más recientes, y hallé que, más de veinte años después de aquella hermosa definición ante los estudiantes, el autor de los editoriales más temidos por Silvio Berlusconi había dicho esta frase lapidaria: «El periodismo es un oficio cruel».

Entre una definición tan plausible y una denuncia tan difícil de asimilar por un periodista (pero tan real al mismo tiempo) hay todo un trecho que traté de recorrer con él cuando lo vi en su despacho de Roma. «Es verdad», me dijo, «en mi último libro hay un capítulo sobre mi experiencia periodística titulado "Un mestiere crudele". Veinte años después de lo que usted recuerda hay un cierto cambio de mi punto de vista sobre el periodismo. El periodista no es sólo quien escribe lo que piensa la gente, sino que hay una crueldad en este oficio».

Entonces le pregunté al maestro cuál es esta crueldad. Y me respondió, pausadamente, juntando sus dedos de músico: «En cierta manera, nos atrae el hecho de tener que ver a los personajes de la actualidad, de los que hemos de ocuparnos, al desnudo, intentando saber cómo son más allá de la apariencia. Y esto es cruel porque a la gente no le gusta que la desnuden y que la describan en su desnudez, en su realidad, la que nos parece a nosotros, que no quiere decir que sea la verdadera realidad. Por tanto, hay algo de crueldad en esto que ha llegado a crear un proverbio sobre lo que es una noticia».

Le pregunté por ese proverbio. Y dijo Scalfari: «Que el perro muerda al hombre no es noticia; que el hombre muerda al perro es noticia. A los hombres no les gusta verse descritos mientras muerden a un perro; ésa es la crueldad». Referido al mismo al periodismo, maestro, ¿cuál es el límite de esa crueldad? «El límite es muy subjetivo», me dijo Scalfari. «No hay una regla y no puede haberla, porque cualquier regla sobre este punto disminuiría la autonomía del periodismo, así que la regla se remite al sentido de la responsabilidad del periodista. No todos los periodistas y no todos los periódicos tienen este sentido de la responsabilidad».

Estaba Scalfari llegando al fondo de lo que he querido decir en esta introducción: tenemos un gran oficio en las manos (contar lo que le pasa a la gente), pero podemos derrumbarlo desde los cimientos, con las suposiciones, con los insultos, con las intromisiones en la intimidad, con la crueldad del cotilleo... De eso me había hablado su colega, y casi coetáneo, Jean Daniel, el director eterno de *Le Nouvel Observateur*, el amigo de Camus. Decía Daniel que este poder del periodista, de intromisión en la vida ajena, de exageración de su influencia en la investigación de lo que hacen los otros, puede ser muy peligroso para la vida privada. Y dijo Scalfari: «Esto, desde luego, debería tenerse en cuenta. La vida privada no tendría que formar parte de esta desnudez, porque, precisamente por ello, está protegida por el derecho a la intimidad. Periódicos responsables (y me citó *El País*, mi periódico, y *La Repubblica*, el suyo) nunca han entrado, que yo sepa, en la vida privada, salvo cuando la vida privada se entrelaza con la vida pública. El objetivo de sacar a la luz virtudes y defectos, hechos y fechorías, de la vida pública, cuando además la investigación tiene que ser completa, hace que se entre también en la vida privada; es por tanto la prolongación de la investigación sobre la vida pública, pero la vida privada debería ser excluida. Existen, por el contrario, periódicos, habitualmente de un nivel bajo pero también de alto nivel, que entran en la vida privada, publican cotilleos...».

Narrar, y el límite de lo que se narra. Me interesa mucho decir qué pienso de esta coincidencia, que dos veteranos, como Jean Daniel y Eugenio Scalfari, dos maestros, se hallen preocupados en paralelo por el poder que el periodista tiene para inmiscuirse en lo que no le importa a la gente, aunque le excite. Significa que el periodismo (con el amparo también de las nuevas tecnologías) está entrando en aguas turbulentas que desnaturalizan esa raíz del oficio que tan bellamente describía Scalfari: periodista es gente que le dice a la gente lo que le pasa a la gente. Me hablaba de los límites del periodismo a partir de su reflexión acerca de la relación del periodista con el poder. «El poder fascina», me dijo. «Fascina a los periodistas muy a menudo porque si tienen el gusto por la literatura quieren saber cómo se hace la historia... La historia: los pueblos la sufren, los dictadores (o los poderosos) la hacen y los periodistas la contemplan para describirla». ¿Y qué pasa, qué hacemos ante el poder? «Los periodistas están entre el poder y la historia. Y han de saber cómo funciona el poder con la condición de que la fascinación no caiga en la complacencia, la indulgencia y la corrupción... Con esas condiciones es muy interesante ver cómo funciona un hombre que detenta todos los poderes. En este momento hay que desconfiar de todo, hasta del más mínimo detalle».

El poder te quiere comprar, te quiere corromper, pero tú no ves esos hilos hasta que ya te has enredado en ellos. La madeja del poder es muy sabia. ¿Cómo se las arreglaba usted, le dije a Jean Daniel, para salir de ese garabato envilecedor? «A mí siempre me invitaban, siempre, y tenía un método: rechazaba la invitación, pasaba una nota cuando era políticamente correcto o la aceptaba haciéndolo notar. Una vez me invitó el rey de Marruecos a un gran hotel de Marrakech, y me dijeron que sería ofensivo si pagaba yo la cuenta. Acepté la invitación e hice un donativo por ese importe para obras benéficas de la ciudad, e hice público el gesto». Así que él recolectaba las facturas que tendría que haber pagado y hacía donativos por la suma de los importes. «De lo contrario», explicaba Jean Daniel, «al final tomas la costumbre de aceptar regalos, y eso es muy peligroso. Es muy difícil juzgar con rigor y objetivamente a gente que tienes frente a ti. Tiene que haber una disciplina, sobre todo si estás muy interesado en esas personas; y debes cuidar en todo momento cada detalle, y más aún las relaciones entre el poder y el periodismo».

A él le ofrecieron casas en México, en Túnez... «He tenido la tendencia a ser más crítico cuanto mejor me recibían. Pero la relación del poder con la prensa es un problema en los dos sentidos. He conocido periodos en los que había corrupción entre los periodistas; pero he conocido periodos en los que se acosaba a los periodistas. Un hombre con poder es un hombre que esconde algo y hay que descubrirlo. Hay que descubrir el delito». ¿Qué delito?, se preguntó el propio Jean Daniel. «No se sabe, pero hay que descubrirlo. Es una actitud equivocada pensar que siempre hay un delito. Existen los dos excesos, y ahora existe el exceso de la transparencia: no se sabe qué delito pero hay que descubrirlo. La filosofía de la transparencia se ha convertido en la vergüenza de nuestra profesión».

Esa inquietante reflexión de Jean Daniel, que arroja sombra sobre algunos de los aspectos centrales del oficio, sobre ese ámbito de crueldad del que hablaba Scalfari, tiene su corolario en las palabras del francés-argelino: «Es cierto que un dictador lo esconde todo, y nuestro papel es descubrir qué esconde. Pero se han traspasado los límites: la filosofía de la transparencia, cuando se lleva hasta el extremo, por virtud o por vicio, raya en la violencia de la vida privada, en su búsqueda de la vida íntima de los hombres que hacen la actualidad e incluso de los otros».

Y existe una intromisión nueva, añadió Daniel, «la intrusión de la fotografía en la vida íntima... Cuando se traspasan los límites, se llega a aberraciones». Entonces se refirió a un caso que fue célebre, y que se puede añadir a centenares de casos de manipulación sin límites: el caso Milan Kundera. «Mire lo que ha pasado ahora con Milan Kundera, el gran novelista checo, acusado de haber denunciado a un compañero... En aquel tiempo él tenía 20 años, ahora tiene 70. No había pruebas. Los periodistas se fueron a Praga y no encontraron pruebas. Pero hubo un titular junto a una gran foto de Kundera: "Kundera *habría sido*...". Y con ese condicional la enorme foto y el titular es ya "Kundera es"... El texto en sí era honesto, pero el lector se fija tan sólo en la imagen y en la fuerza del condicional. El fin del periodismo es escribir, el texto es el fundamento. Pero en esa información existe sólo la fuerza de la imagen, la fuerza del título y la fuerza del condicional. Quizá el periodista fuera honesto, pero mire usted el resultado».

Se me ocurrió que el maestro Jean Daniel estaba hablando de una de las amenazas más graves que contiene la conversación periodística contemporánea: la amenaza de la calumnia. «Absolutamente, salvo que la calumnia ahora se apoya en las nuevas tecnologías». Las nuevas tecnologías ayudan a la dispersión de los rumores, le dije. «No es exactamente eso. Hace algunos años sí se producía la difusión del rumor, un término que arranca de Beaumarchais. Pero ahora lo nuevo es la presentación de las noticias. Enciendes el televisor y ves una cara. ¿Qué ha hecho? Y después de la cara alguien dice: "Ha sido acusado de...". Sin pruebas. No es sólo la difusión del rumor, es la fuerza que se da a la presentación del rumor».

Ese poderoso instrumento ha cambiado la relación del periodista con su producto, y ha dado a la gente un nivel de acceso inédito a la información, pero también al rumor; lo multiplica, lo acerca tan machaconamente al destinatario que éste termina (como en la famosa metáfora de Goebbels) asumiéndolo como la verdad más incontrovertible. Si esto es así, si esta influencia es real, ¿cuál es el porvenir del oficio tal como lo habíamos conocido o practicado? Jean Daniel se echó hacia atrás en su asiento, miró hacia el techo blanquísimo de su cuarto de trabajo y exclamó: «¡Si yo lo supiera!».

Luego añadió: «Saberlo es muy importante para mucha gente, también para los editores de periódicos. Es verdad que existe una crisis de la prensa; puede ocurrir que los periódicos de hoy sean suplementos de Internet mañana. La realidad será Internet. Es una posibilidad...».

Jean Daniel me dijo sobre lo que aporta Internet al periodismo: «A los periodistas les aporta el gusto por la velocidad. La posibilidad de que cualquiera pueda contestar a cualquiera. El hecho de que todo el mundo pueda ser un periodista y, en este caso, que los propios periodistas ya no crean en ellos mismos, porque se les cuestiona en todo momento. Se está produciendo un descrédito de la función del periodista».

De esas dos conversaciones, con Scalfari y con Daniel, dos históricos del periodismo histórico, me fui desconcertado, convencido de que el oficio estaba entreabriendo una puerta hacia un abismo de dimensiones impredecibles.

Pero me fui también con la convicción de que el oficio regresaría a lo básico; que esta excursión acaso imprescindible por los retos impuestos por las nuevas técnicas no impedirán la vuelta a aquellos nueve principios (y podría haber nueve más, por lo menos) que informan la esencia del oficio para que éste siga respondiendo a la primitiva definición de Scalfari: periodista es gente que le dice a la gente lo que le pasa a la gente.

Somos periodistas para contar lo que pasa. Será mejor periodista el que lo cuenta mejor. Da igual dónde, si es en una página web, en un *blog*, en un periódico de papel, en la radio, en la televisión o en un panfleto colgado en la pared de la universidad. Lo importante es narrarlo. Lindo haberlo vivido para poderlo contar, decía el cantante argentino Jorge Cafrune. Lindo o triste, apasionante o decepcionante: lo importante es saberlo contar. Honesta, directamente, «sin vuelo en el verso».

Leer el periódico

He visto a muchos escritores leyendo el periódico, en cafés, en aviones, en trenes, en los parques, en sus casas, en la calle. Una vez vi en la casa colombiana de Gabriel García Márquez, acaso uno de los mejores periodistas del siglo XX en lengua española, un ejemplar solitario de *El País;* el periódico estaba sobre su mesa de trabajo, solitario; en aquel espacio impoluto no había un solo papel. Le pregunté a qué se debía aquella soledad, por qué el periódico descansaba allí tan en solitario, tan fresco (era del día), tan terso, tan reciente... Me dijo: «Es que es un rito. Me gusta leer el periódico sin otra interferencia».

Sin música, sin radio, sin conversación alrededor. El periódico como interlocutor respetable; lo que viene ahí, me dijo, es sustento de mi imaginación; la mayor parte de sus artículos (los que se basan en la realidad, los que alcanzan la categoría de leyenda) provienen de las páginas del periódico. Así que ésa es una referencia casi religiosa: el periódico en el santuario de madera, esa mesa sólo tiene, a esa primera hora de la mañana, ese habitante estólido pero repleto de vida.

Siempre he tenido en mi memoria esa imagen del periódico en la mesa de trabajo de García Márquez. Si lees luego sus artículos, que fueron legendarios hasta la década de 1990, cuando dejó de escribirlos, te das cuenta de que es cierto que la mesa está libre de cualquier otro papel que no sea el papel prensa ya escrito y publicado, sino que la mente del mítico periodista está lleno de recortes, de referencias que convierten ese alimento periodístico en base esencial de su trabajo.

Con otros dos escritores (premios Nobel como García Márquez) he tenido la experiencia de ver leer la prensa. Günter Grass, el novelista alemán, lee muy temprano el *Frankfurter Allgemeine Zeitung*. Como su colega colombiano, lo hace como si asistiera a una especie de ceremonia de iniciación. Página a página, desde la primera. Sigue un rito consciente y constante: despliega el enorme ejemplar sobre una mesa grande, al lado tiene algo que beber, una bebida caliente, humean la bebida y la pipa olorosa que fuma como si el tabaco fuera consustancial con su respiración y con su vida, y se lanza a leer. Atentamente, como si estuviera preparando unas oposiciones. En su caso, al contrario que lo que solía ocurrir con la lectura de García Márquez, Grass no buscaba material ni para sus libros ni para sus artículos (escribe muy pocos); era como si se sumergiera en la realidad para regresar (fundamentalmente) a la ficción o a la memoria, que es la sustancia principal de su obra literaria.

Un tercer lector, al que he visto muchas veces enfrascado ante la lectura de prensa, es Mario Vargas Llosa, el premio Nobel peruano. En este caso, el escritor se encierra con periódicos durante un par de horas después de su carrera matinal por los parques o por las calles de las ciudades donde va residiendo en su incesante trayecto por el mundo. Lee un periódico inglés, un periódico francés y uno o dos periódicos españoles cuando reside en España. Los lee de cabo a rabo, minuciosamente, como un maniático de la letra impresa, pues es un maniático de la letra impresa, y probablemente no será nunca un lector de periódicos en instrumentos de otra naturaleza. En su caso, la lectura de prensa sí es instrumental, para sus debates, para sus artículos de periódicos, para su conversación habitual con amigos o con contrincantes en las polémicas que a veces él mismo alimenta en las comidas o en las sobremesas. Se diría que Vargas Llosa lee periódicos para discutir con la vida, para nutrirse de noticias pero también para leer cómo le rebaten sus propias opiniones, pues he conocido a pocos autores o ciudadanos que sean tan proclives a aceptar como es debido la existencia de otros que le lleven la contraria. Lee periódicos, me parece, para que le lleven la contraria.

En los tres he hallado el mismo sentido reverencial ante los periódicos; y viéndolos relacionarse con lo que hacemos los que hacemos periódicos he sentido el latido de una responsabilidad. Si se lee con tanta atención, si es tan importante y tan indeleble la letra impresa, cómo no sentir ante ella (escribiendo, leyendo) la misma reverencia que estos lectores de tanta resonancia.

La pasión

Un gran escritor argentino, Tomás Eloy Martínez (García Márquez me dijo de él, cuando se supo que había muerto, a principios de 2010: «Era el mejor de todos nosotros»), hizo confluir en su personalidad una mezcla que es frecuente aunque no siempre es fructífera: era narrador al tiempo que periodista, contar historias (reales) era su vocación, y la convirtió en un oficio. Y en ese oficio fue un maestro. Un día, cuando ya la vida se le iba acabando, me contó el nacimiento de esa vocación, que explica su posterior relación de fidelidad con los periódicos, con la letra impresa en los diarios o en las revistas.

Le pregunté: «¿De qué viene esta pasión, Tomás Eloy?». Y me dijo, tranquilo, reposando la cabeza en una mano, consciente acaso de que estaba rememorando por penúltima vez los momentos felices de su inquieta vida de periodista y de narrador: «Desde que tengo memoria he querido contar historias. Como no me pagaban por hacerlo, me desvié hacia el periodismo, donde eso era posible. Escribí crónicas y, como tuve un éxito modesto en esos ejercicios, cuando me propuse escribir novelas no quise dejarme llevar por la facilidad del oficio que había adquirido. Quise componer novelas puras, de espaldas a toda brizna de realidad, y no existen las novelas puras. Yo quería negar todo lo que era (el periodista, el crítico de cine, el investigador de las crónicas de Indias), y de hecho lo negué en mi primera novela, que data de 1967 y que no he querido volver a publicar».

Tomás Eloy empezó en el periodismo por necesidad, «porque mis padres y yo mismo desconfiábamos de que el trabajo universitario y la literatura me permitieran vivir. Así que empecé trabajando en *La Gaceta de Tucumán* como corrector».

Para él ésa fue «una escuela formidable, porque allí estaban todos los profesores desaprobados por el peronismo. Había un gran filósofo francés, Roger Labrousse; una extraordinaria profesora de Historia, María Elena Vela; otra profesora de Filosofía, Selma Agüero... Teníamos conversaciones muy ricas mientras discutíamos los problemas de la gramática o de las separaciones de sílabas. Ésa fue mi primera forma de educación periodística. Si cuidas el lenguaje, la ética viene en consonancia, porque la responsabilidad empieza por la herramienta que manejas. Desde el principio supe que no había una sola verdad; sé que hay una sola verdad y que si tú y yo narramos lo que estamos viendo en este momento lo contaremos de forma diferente».

Esa que dice Tomás Eloy es la enorme verdad del periodismo, y es también la enorme verdad de la literatura. Nada es verdad o mentira; la verdad, advertía Antonio Machado, es la suma de muchas verdades, de modo que necesitamos muchas fuentes para llegar a una verdad aproximada, y la de uno solo no vale porque no es la verdad, es tan sólo una opinión en torno a una verdad difusa. Mario Vargas Llosa tiene un libro, *La verdad de las mentiras*, donde sustenta su opinión sobre la ficción: se basa en el sueño, es decir, en la ficción, y, por tanto, en la mentira; el periodismo se basa en la realidad, pero también deja entrar la mentira (es decir, lo supuesto, lo inventado, lo que no es seguro que sea cierto) por una rendija, que es por donde se cuela el lector con su interpretación de los hechos.

En aquella conversación sobre el periodismo y la literatura (o el periodismo traspasado por la literatura) lo mencionó Tomás Eloy, evocando un suceso que conmovió los cimientos de las dos columnas vertebrales del periodismo norteamericano. Estábamos hablando de lo que pasó en Internet cuando se anunció la muerte del escritor J. M. G. Le Clèzio un minuto después de que se le hubiera otorgado el premio Nobel de Literatura. Era falsa la noticia, naturalmente, pero a eso nos estaba acostumbrando la zona oscura de la red. Y a eso aludió el escritor argentino para hablar de su propia relación con la verdad de las mentiras y con «el periodismo verdadero», si es que se puede aceptar este pleonasmo provisional.

«Bueno, eso pasó con Le Clèzio y eso pasa cientos de veces con muertes, con divorcios, con separaciones, con amoríos... Y no sólo sucede en Internet, sucede también en el periodismo de papel. Hay ejemplos memorables. Recuerda lo que pasó en *The Washington Post* con Janet Cooke, la periodista que se inventó la historia de un niño que se inyectaba heroína con el permiso de su madre..., y que era una historia falsa. Y la de aquel periodista mitómano que hizo caer a toda la cúpula de editores de *The New York Times* porque no advirtieron que, por pereza, estaba creando una realidad completamente falsa. A este tipo de tropiezos está expuesto también el periodismo que ahora consideramos verdadero».

Llegado a ese punto, Tomás Eloy quiso contar una anécdota personal que en realidad nos traslada al principio de su vocación narrativa mezclada con su vocación periodística, lo que podría ser su descubrimiento personal de lo que entonces aún no se llamaba «nuevo periodismo».

«En mi primer día en *La Nación* me encargaron el obituario de Sacha Guitry. La necrológica era un género muy cuidado en el diario; la escribí con los datos del archivo y con lo que yo recordaba. Me solté el lenguaje, no me fie sólo de los datos, y don Bartolomé Mitre, el director, vino a felicitarme. Sentí entonces que ese eco de un periodismo diferente podía tener cierta repercusión en los lectores. Después me nombraron crítico de cine y empecé a escribir críticas iconoclastas, disconformes. Un día nos quitaron la publicidad las grandes productoras; el periódico quiso que reformara mis criterios y yo retiré mi firma. Me mandaron a ver muertos, a una sección que se llamaba Movimiento Marítimo, sobre los ahogados en el Río de la Plata. Era un castigo. Me fui. Y malviví hasta que apareció *Primera Plana*, la revista de Jacobo Timerman. Allí unos jóvenes dimos rienda suelta a nuestro apetito por narrar y descubrimos otro país. Timerman se fue al año y medio. Nos quedamos al frente de la redacción tres jóvenes rebeldes».

Y pusieron en marcha el nuevo periodismo en lengua española, que luego tendría jóvenes e ilustres herederos. Pero, en ese momento, la década de 1960, se estaba inventando en Estados Unidos. Le pregunté por eso a Tomás Eloy Martínez cómo fue eso de juntar literatura con periodismo, para narrar desde dentro y desde fuera la realidad que veían, cómo juntar lo objetivo con lo subjetivo para conseguir una narración como aquella célebre crónica de Truman Capote, *A sangre fría*. Me dijo: «Eso nació entre nosotros por instinto, por pura necesidad de narrar, por el vicio de leer novelas y por estar disconformes con el modo que se tenía de narrar la realidad. ¿Por qué no podemos narrar en periodismo como en las novelas? En dos de mis primeras novelas trabajo el nuevo periodismo: en *La novela de Perón* narro de modo novelesco una investigación muy seria, en *Santa Evita* decido invertir los términos del nuevo periodismo. Si en la primera había contado, con los recursos de la novela, lo que me parecía periodísticamente cierto, en *Santa Evita* narro con los recursos del periodismo una ficción absoluta que la gente se creyó».

«Se mezclan las aguas», le digo.

«Y eso te obliga a tener un cuidado ético muy severo. El lector no debe sentirse confundido: la ficción es ficción y el periodismo es periodismo, porque corres el riesgo de pervertir ambos géneros. Mucho cuidado con confundir», me dijo el maestro argentino, una especie de apóstol de los grandes cronistas (narradores de la realidad con las armas de la literatura) que vendrían luego, como Jorge Fernández Díaz, Leila Guerriero o Martín Caparrós, en el ámbito del periodismo argentino; Juan Villoro, Sergio González, Julio Villanueva Chang, Jesús Rodríguez, John Carlin, Héctor Abad, Francisco Peregil, Pablo Ordaz..., en otros ámbitos de la lengua española... Mucho cuidado con confundir, el periodismo es una materia delicada: «Yo parto del hecho de que el periodismo es ante todo un acto de servicio, un servicio al lector. Con el periodismo tú sirves a un lector; le presentas una realidad con la mayor honestidad posible, con los mejores recursos narrativos y verbales de que dispones. Pero en todo momento tienes que dejar bien claro que ésa es la realidad que tú has visto, en cuya veracidad confías... En la ficción, en cambio, tienes que dejar en evidencia que esos datos que das no son confiables. Por eso puse la palabra novela debajo del título de *Santa Evita*».

Le hice una apelación imposible, pero recogió el guante. Le dije que hasta en Jorge Luis Borges, su ilustre paisano, se mezcla esa pasión que la literatura contagia al periodismo y viceversa. Y me dijo: «Borges empieza siendo un periodista; dirige un suplemento cultural en el diario *Crítica*. ¡Imagínate, el diario más popular de Buenos Aires! Ahí él arranca haciendo un periodismo de imaginación. De hecho, su *Historia Universal de la Infamia* está basada en hechos reales que él transforma en ficciones».

Y así llegamos a García Márquez, que siente por el dato (aunque a veces abuse de él, tan sólo para dar credibilidad a lo que escribe) una obsesión equivalente a la que se aprecia en el Truman Capote de *A sangre fría*...

«En el caso de García Márquez», me dijo Tomás Eloy, «es porque a él le importa mucho la creación de un universo verosímil, aun en las novelas. El lector se identifica más con lo que narras si le parece verdadero... García Márquez es un obsesivo de la información; yo le he visto trabajar en *Noticia de un secuestro* con una obsesión por la información precisa que va más allá de todo cálculo. Ya era en ese momento un escritor de primera línea, había recibido el premio Nobel y estaba trabajando en ese libro-reportaje como en cualquiera de sus novelas de otro registro. No hay que descreer de un solo dato. En cambio, no le creas ni un solo dato de *El general en su laberinto*: es todo invención e imaginación».

En su libro imprescindible *El estilo del periodista* Álex Grijelmo recoge esa pasión por el dato que evoca Tomás Eloy Martínez: «El gusto por el detalle se puede apreciar en la obra de García Márquez. Como fue periodista antes que Nobel, sabe muy bien que el rigor del dato transmite verosimilitud». Y alude Grijelmo al análisis que de su época de reportero hizo Pedro Sorela en su libro *El otro García Márquez. Los años difíciles.* Dice Sorela, y es muy interesante anotarlo aquí: «Cuando hace *Balance y reconstrucción de la catástrofe de Antioquía,* García Márquez humaniza hasta convertir en personajes a los protagonistas reales de la tragedia, y lo hace mediante el dibujo de detalles que sólo ha podido captar una atención despierta.

"Empezó a trabajarse con pesimismo: en ocho horas de heroicos esfuerzos, no se había logrado rescatar ni siquiera el par de zapatos nuevos que Jorge Alirio Caro recibió dos meses antes como regalo de cumpleaños, y que la mañana anterior había dejado junto a la cama, cuando regresó de la iglesia". Naturalmente, tamaña precisión en el detalle —sobre todo ciertos detalles de muy difícil comprobación— no deja de levantar la sospecha sobre su autenticidad. O bien García Márquez trabajaba con una profesionalidad extraordinaria, o bien se permitía ciertas licencias de invención en los detalles, como si realizara nuevo periodismo, que postula la no esclavitud al reflejo exacto de la realidad por considerar que ciertas situaciones-tipo o personajes-tipo son más exactos que ejemplos concretos».

La calidad

Particularmente soy contrario, con contadas excepciones, al uso de presunciones de datos como si fueran datos. En el caso de García Márquez los asumimos, me permito considerar, en función de la alta calidad de los materiales que obtiene con su pulimento. Ante él mismo, como recoge el minucioso y excelente trabajo de Grijelmo a lo largo de aquel libro *El estilo del periodista,* se lo han dicho alguna vez, y él ha defendido la pertinencia de sus datos. Lo recoge Grijelmo de una crónica que hizo Jan Martínez Ahrens en *El País* (10 de septiembre de 1995), a partir de una conferencia que el Nobel ofreció en la Escuela de Periodismo del citado periódico: «Un vaso de veneno no mata a nadie. O por lo menos eso ocurre en la escritura de Gabriel García Márquez, donde, como él mismo recuerda, se muere con mucho mayor detalle, por ejemplo, con un vaso de cianuro con olor a almendras amargas. Ese amor por el dato, por la cifra exacta frente a la redonda, anida en el origen mismo de la literatura: el reportaje. Una palabra mayor para el Nobel colombiano: "El reportaje es el cuento de lo que pasó, un género literario asignado al periodismo para el que se necesita un narrador esclavizado a la realidad. Y ahí entra la ética. En el oficio de reportero se puede decir lo que se quiera con dos condiciones: que se haga de forma creíble y que el periodista sepa en su conciencia que lo que escribe es verdad. Quien cede a la tentación y miente, aunque sea sobre el color de los ojos, pierde"».

Volviendo a García Márquez, en todo caso, se puede creer y descreer al mismo tiempo: algunos que han investigado en sus numerosos datos que parecen verdaderos sienten que el gran escritor (y gran lector) de periódicos tiene tal reverencia por la credibilidad asociada al ritmo que es capaz de ofrecer datos impares y supuestamente fidedignos con tal de no perturbar la musicalidad de sus textos. En todo caso, le digo a Tomás Eloy Martínez, que el periodismo y la ficción se retroalimentan; esa retroalimentación dio origen a la más fértil de las adjetivaciones del periodismo puro, el nuevo periodismo, que nos ofreció genios como el Gay Talese de *Honrarás a tu padre*. Él está de acuerdo. El nuevo periodismo, en primer lugar, ha propiciado «un mayor y mejor acercamiento del lector al hecho tal como es. Porque proporciona una identificación entre el lector y los personajes a los cuales estás aludiendo. El viejo periodismo decía: "En el tsunami habido ayer en el sudeste asiático murieron equis personas; una gran ola avanzó kilómetros y alcanzó aldeas y ciudades"…, mientras que el nuevo periodismo empezaría así una noticia como ésa: "La señora Tapa Raspatundra estaba en la orilla de su pueblo en Java cuando un enorme nubarrón en el horizonte le hizo prever la catástrofe; tomó a sus niños en brazos y escapó de una tragedia que causó equis muertos". Cuentas el horror de la ola e identificas al lector con un personaje que vive en primer plano la tragedia. El relato introduce al lector en la historia».

Ese punto de vista convirtió al periodista en narrador, en escritor asociado a las metáforas que depara la realidad; él fue un adelantado y lo vio venir. «Siento que en el periodismo tradicional», me dijo el autor de *Santa Evita*, «se trata al lector como si tuviera

12 o 14 años; en lugar de alzar a los lectores hacia la inteligencia de su medio rebaja su lenguaje. Se trata de masificar el periodismo, y ésta es una de las enfermedades de esta época».

Digamos que Tomás Eloy Martínez es de esos escritores de los aledaños de la generación periodística y literaria de Gabriel García Márquez que dieron origen a una reinvención del periodismo como elemento literario, que ya había conocido esplendores pasados en la lengua española de la década de 1930 (Corpus Barga, Chaves Nogales). Y luego, después de Tomás Eloy, o con Tomás Eloy, una generación muy pletórica de jóvenes que tuvo un magisterio intermedio, la mexicana Alma Guillermoprieto, que escribe (en inglés) para *The New Yorker* y para *National Geographic*, que son elementos insustituibles de la formación de un buen periodista. Ella ha hecho de su periodismo un camino de perfección hacia la excelencia narrativa, y eso la ha llevado a extremar el rigor de las metáforas. Con ella hablé de ese manifiesto por la calidad que es su escritura periodística.

Fue periodista por casualidad; porque un día estaba viendo, en su casa de México, las noticias sobre la revolución que nacía en Nicaragua, y se dijo: «Yo quiero estar ahí». Un amigo le encargó crónicas, empezó a hacerlas, y hasta ahora. En medio sintió, con la timidez que acaso la ha ayudado a seguir en la brecha de las mejores periodistas del mundo, que era una escritora. Y de eso le pregunté, de dónde le viene la escritura, esa voluntad de narrar bien, con los instrumentos de la realidad pero con la capacidad de darle a ésta la esencia del ritmo literario. De dónde le viene la escritura. Y me respondió: «De nación». En ti, seguí diciéndole, hay una voluntad de estilo; en tus crónicas hay una voluntad de estilo, no son crónicas para salir del paso. Dices que son crónicas de «estar». Y esto me dijo: «Sí, lo reconozco, tengo ese impulso. Desde chica me decían que tenía que escribir, que tenía que ser escritora. Y yo decía que no, que para qué servía eso de escribir. Yo quería ser bailarina: era bailarina, en realidad, eso era lo único que me interesaba. Así que no escribí hasta que apareció en mi vida John Rettie (el amigo que le encargó las crónicas de la revolución sandinista). El mismo John Rettie sabía que yo podía escribir sin haber leído jamás nada mío. Y no me he tomado en serio lo de escribir ni lo de ser reportera durante años. Entraba en un país, y cuando me preguntaban por mi oficio decía que era una bailarina fracasada o una traductora simultánea, que fue con lo que empecé a ganarme la vida. ¿Qué soy? Durante años no pude poner reportera... Y luego tampoco podía poner escritora. Y eso es lo que soy en *The New Yorker:* "writer". "Soy escritora". Me cuesta mucho decirlo».

Tuvo un pálpito, leyendo una colección de magníficas entrevistas, publicadas por *The Paris Review*, que deberían leer todos los periodistas que aspiran a hacer de su escritura la transpiración de una voluntad de estilo... «Te contaré una cosa que me ocurrió en El Salvador en medio de la espantosa guerra. En el hotel Camino Real había una tiendita donde se encontraba de todo, ¡y tenían una colección de *The Paris Review!* En medio de la sordidez de ese país y en ese momento ¡cuatro números de *The Paris Review...!* Excelentes entrevistas a escritores... Me las leí todas. Y leyendo esas entrevistas me dije: "¡Ah, yo puedo hacer esto!". Fue la primera vez que se me ocurrió a pesar de todo lo que me habían dicho. Hasta entonces nunca pensé con tanta convicción que yo podía ser una escritora. Al leer las entrevistas me decía: "Claro, yo también me pongo así cuando me siento a escribir; a mí me gusta escribir con cuaderno y con pluma, pero tiene que ser tal pluma...")».

Es una cuestión de actitud y de convicción: la pieza bien escrita es periodismo, y la pieza bien escrita es buen periodismo; ¿viejo, nuevo? Bueno. Alma Guillermoprieto, Tomás Eloy Martínez, Gabriel García Márquez, ejemplos fabulosos de una manera de concebir el periodismo como el grado mayor de la escritura. Manuel Vicent, que también reinventó el género en España, combinando literatura y periodismo, dice que el periodismo es el gran género literario del siglo XX. Lo es, lo sigue siendo, y ahora más que nunca, porque escribir es mucho más que contar datos, reflejar hechos: para estos periodistas que glorifican la escritura el ritmo es fundamental, y ése es un valor de la literatura.

Pero la literatura no ha de confundir la inteligencia básica del periodismo. En medio de la Guerra Mundial y la batalla contra los nazis Albert Camus dirigió *Combat;* convirtió el periódico en una pieza esencial de la Resistencia en París; cuando el periódico era excelente, o así lo veía, reunía a sus compañeros de redacción y brindaba con ellos: «¡Vale la pena brindar por este oficio!», gritaba mientras chocaba su copa con las copas de sus amigos. Y en medio de esa satisfacción redactó un pequeño manifiesto que debe estar detrás del escritorio de cualquier joven periodista de cualquier tiempo. Lo recoge Jean Daniel en su libro sobre Camus, su amigo, *A contratiempo.*

Éstas son, según Camus, «las cuatro obligaciones del periodista»:

1. Reconocer el totalitarismo y denunciarlo.
2. No mentir, y saber confesar lo que se ignora.
3. Negarse a dominar.
4. Negarse siempre, y eludiendo cualquier pretexto, a toda clase de despotismo, incluso provisional.

Se dirá que son expresiones antiguas de una vieja lucha por mejor el periodismo en tiempos oscuros, como decía Bertolt Brecht, pero sin tener en cuenta esos supuestos es posible que el completo edificio que nos ampara se disuelva como un terrón de azúcar.

Y muchas veces se rompe el edificio. Cuando García Márquez le entregó el premio de su Fundación de Nuevo Periodismo al gran comunicador español Iñaki Gabilondo hizo uno de sus últimos discursos públicos, o una de sus últimas apelaciones a la honra del oficio. Dijo el maestro de Aracataca que, ahora, cuando lee periódicos, «sufro como un perro». ¿Y por qué? «Porque tengo la impresión de que a los periodistas no les dan tiempo para nada. Leo los periódicos y creo que no les dieron tiempo, que cerraron antes de tiempo...». Y explicó aún más su rabia («como un perro») ante el deterioro visible del oficio: «El periódico impreso es lo que verdaderamente sale del alma, porque lo demás son máquinas, aparatos, pero antes existía la ventaja de que el periódico era más difícil de hacer y las máquinas no funcionaban tan rápido, por lo que había tiempo para hacer las cosas más despacio».

¿Y para qué necesitaríamos tiempos? Para escribirlo mejor, para hacer realidad la aspiración del Nobel: que éste sea, verdaderamente, el mejor oficio del mundo. «El periodismo es una pasión insaciable», escribió García Márquez en el texto que tituló así, «El mejor oficio del mundo», «que sólo puede digerirse y humanizarse por su confrontación descarnada con la realidad. Nadie que no la haya padecido puede concebir siquiera lo que es el pálpito sobrenatural de la noticia, el orgasmo de la primicia, la demolición moral del fracaso. Nadie que no haya nacido para esto y esté dispuesto a vivir sólo para eso podría persistir en un oficio tan incomprensible y voraz, cuya obra se acaba después de cada noticia, como si fuera para siempre, pero que no concede un instante de paz mientras no vuelve a empezar con más ardor que nunca en el minuto siguiente».

Según el autor de ese texto, que en realidad resume la ambición literaria del oficio, «la prisa y el espacio han minimizado el reportaje, que siempre fue la estrella», el arquitrabe literario de la pasión periodística; enredados en el edificio de la tecnología, ha dicho García Márquez, los periodistas andan extraviados... Los salvará, dice el escritor, la buena escritura...

Es un manifiesto. Como el que coloca, en la introducción de su libro fundamental, *Cómo se escribe un periódico*, el maestro español Miguel Ángel Bastenier. Dice el ex subdirector de *El País* y profesor de la Escuela de Periodismo de *El País* y de la Fundación Nuevo Periodismo: «Nuestra lealtad primera como periodistas profesionales ha de ser a la lengua castellana, la materia prima con la que nos ganamos la vida, interpretamos la realidad, facilitamos un producto más o menos digerido al lector, y, en definitiva, existimos. La lengua es mil veces más importante que todo el periodismo del mundo, que todos los periódicos, que todos los autores, que todos los empresarios de prensa. Por eso, hemos de defender el canon, seguros de que con ello no sólo no limitamos nuestra capacidad expresiva, sino que la estamos depurando, porque se da la circunstancia feliz de que la lengua española o castellana le viene como anillo al dedo a lo periodístico; ese bello tríptico sujeto-verbo-predicado es el orden natural en el que el interés del lector orienta sus preferencias de conocimiento».

Atención: es la lengua el soporte, la realidad es la sustancia, el ritmo es el aliado. No importan los instrumentos: con un papel y un lápiz, nuestros viejos materiales, se puede hacer el mejor periodismo del mundo. «El periodismo en castellano», añade Bastenier, de cuya pasión han bebido numerosos estudiantes y redactores, entre ellos quien esto redacta, «está contenido en el propio acopio de la lengua; no le es una realidad exterior, paralela o ajena, y desde su interior nuclear nos interesa preservarlo por razones no ya académicas, sino eminentemente prácticas, para que el rebote eterno de nuestro trabajo sea igualmente válido en todas las tierras que van desde Río Bravo hasta Tierra del Fuego, con un regate hacia el este que englobe a la península Ibérica. No puede haber buen periodismo en contra de la lengua castellana».

En ese libro recoge Bastenier una conferencia que pronunció ante profesionales de la prensa en 2002 el primer director de *El País*, Juan Luis Cebrián. Se refería Cebrián al futuro de los periódicos. Y lo que dijo, según recoge Bastenier, causó escándalo entre los presentes: «Los periódicos son una consecuencia de la sociedad industrial. En la forma como han llegado hasta nosotros se integran entre los fenómenos de socialización de las colectividades modernas y han sido siempre parte fundamental del funcionamiento de los sistemas políticos, tanto en las democracias como en los totalitarismos. Esto lo comprendió bien, entre nosotros, el libertador Simón Bolívar, que fundó y dirigió media docena de periódicos y no fue tan sólo un gran estratega militar, sino también un monstruo de la comunicación. En la medida en que la sociedad digital cambie nuestras formas de vida, y se vean afectados la naturaleza del poder y los sistemas de control del mismo, la prensa también se transformará. Aunque algunos impacientes empiecen a dudarlo, la aparición de la sociedad digital constituye en gran medida un cambio de civilización. Los periódicos son, desde muchos puntos de vista, un producto del pasado. Desde el siglo XVIII hasta nuestros días apenas han evolucionado y una constante de su historia es la correlación que guardan con las instituciones políticas. Si los periodistas pertenecemos al *establishment*, es porque, desde su inicio, los diarios formaron parte del mismo: el debate y la confrontación».

En esa diatriba entre periodismo y poder (y saber escribir, es decir, literatura) no me resisto a recoger lo que me dijo el legendario Gay Talese en una charla ante un numeroso grupo de alumnos de Periodismo en la Universidad Complutense de Madrid: «Se suele hablar con los vencedores, con los poderosos..., pero no con los perdedores y con los oprimidos. La gente famosa y poderosa es la que ocupa las portadas de todas las revistas. Porque a la gente y a los periodistas les encanta el poder. A mí, sin embargo, nunca me interesó cubrir el Capitolio de Washington porque ahí los periodistas están seducidos por el poder. A lo que voy es que alrededor hay muchos personajes más: los asistentes, el técnico de la luz, la gente que rodea a los famosos. Hay que hablar con la gente que todos los días ve cómo los famosos viven de la fama y del poder. Ahora bien, publicar la historia de alguien que no sea famoso es una labor más ardua: tienes que esforzarte más a la hora de reportear y escribir. Y también en convencer al editor de que la publique. Pero si está bien contada no tendrás problema. Por eso cuando un editor mete presión hay que recordarle que si quiere calidad, un reportero necesita tiempo para crear un producto bello».

Y la literatura; se pueden reinventar, se está reinventando, pero se tiene que escribir. Y sin escritura no hay periodismo.

127

Sin la convicción de la escritura, y sin el respeto a los supuestos que marcan la ética del periodismo, el oficio perderá credibilidad y ascendiente, sobre los lectores y sobre los propios jóvenes que quieran acercarse a él como periodistas. Y dejará de ser significativo para la sociedad. Joseph Pulitzer, legendario periodista norteamericano que ahora es más conocido por los premios que llevan su nombre que por sus ideas en torno al oficio, dejó dicho hace más de un siglo: «Nuestra república y su prensa triunfarán o caerán juntas. Una prensa capaz, desinteresada y solidaria, intelectualmente entrenada para conocer lo que es correcto y con el valor para perseguirlo, conservará esa virtud pública sin la cual el gobierno popular es una farsa y una burla. Una prensa mercenaria, demagógica y corrupta con el tiempo producirá un pueblo tan vil como ella. El poder de modelar el futuro de la república estará en manos de los periodistas de las próximas generaciones. Por esa razón», terminaba Pulitzer, «ruego a mis colegas que apoyen este importante experimento».

El «experimento» al que aludía era, precisamente, el de un taller de formación, en la escritura y en el oficio, de nuevos periodistas.

Búsqueda de ideas propias

¿Y qué hacemos ahora?, preguntó Augusto Delkáder cuando Juan Luis Cebrián lo nombró director adjunto de *El País*. Uno de los redactores con los que se reunió para celebrar su nombramiento le dio esta idea: cierra los teletipos. Él sonrió y no hizo caso, por supuesto. (A estas alturas de la vida hay que explicar, quizá, qué eran los teletipos, pues ya sólo figuran en las salas de redacción de los museos del periodismo, como las linotipias o los tipos móviles: eran esos aparatos increíblemente pesados que escupían, en clave o en abecedario legible, las noticias que se producían en cualquier lugar del mundo, y estaban guardados en medio de mamparas de cristal en zonas bien visibles de las redacciones. Eran nuestro material de trabajo, la computadora de entonces, en cierto modo: ahí estaba todo lo que pasaba, pero en lugar de recibirlo directamente en una pantalla, como ahora, tenías que levantarte de la mesa, ir a esa sala y recortar cuidadosamente las noticias para pasárselas a tu redactor jefe).

Escuché esa idea y pensé sobre ella. ¿De dónde vienen las ideas, de dónde vienen las noticias? Noticia es aquello que alguien en alguna parte no quiere que se sepa. Pero ¿cómo lo sabemos? Hay multitud de fuentes: un vecino, un testigo, alguien que lo supo por casualidad, alguien interesado, alguien interesado en que se sepa lo que alguien ha hecho mal, alguien interesado en que se sepa que hizo el bien.

¿Y las ideas propias de dónde vienen? ¿Qué pasaría si cerráramos los teletipos? Las ideas propias vienen de nosotros mismos, naturalmente; hay periodistas brillantísimos que nunca han dado noticias, pero han dado ideas. Un buen reportaje, una buena entrevista o una buena crónica no son necesariamente objetos noticiosos, pero son el resultado de buenas ideas. Si decidimos que algo nos interesa a los periodistas es que va a interesar, casi necesariamente, a los lectores. El periodista está entrenado para convertir sus ideas en materia periodística.

¿Cómo nacen?

En primer lugar del calor de la redacción, del contacto con los otros periodistas, de un desayuno de trabajo, de un almuerzo, de una película que hayamos visto, de un libro que estemos leyendo. El oficio de periodista es un oficio de vigilia, pues la materia con la que trabajamos, que se parece a la materia de los sueños de la que hablaba Bogart en *El halcón maltés*, está siempre diluida y presente en la vida si estamos ahí para verla aparecer. El periodismo no es un oficio de espera, sino de adelantamiento. Se parece al oficio de la soltería: se te tiene que ver en la cara que estás solo, y entonces alguien va a acercarse, o te acercarás y serás reconocido como un solitario que necesita amparo. Las ideas están ahí, pero te han de encontrar trabajando; en el periodismo no hay sueño, todo es vigilia. Ben Bradlee, el más mítico de los editores contemporáneos, porque con él se reivindicó el oficio al hacer posible, con insistencia y con convencimiento, el caso Watergate, dice en su impagable autobiografía *La vida de un periodista*: «Siempre he trabajado mejor (...) cuando me enfrento a las tareas más sucias; cuando todo se acumula en medio de la carretera, por así decirlo, y tengo una buena pala...». Las buenas ideas no se extraen de una probeta en un laboratorio, están bullendo en la redacción, en el interior de un avión, en la escalerilla de un barco, en una morgue, en la puerta de un juzgado.

Las ideas propias son esenciales en el periodismo. En un tiempo los periódicos reflejaban casi únicamente lo que ocurría en la sociedad, lo que ésta provocaba: resultados electorales, leyes, casamientos, muertes, movimiento de buques, resultados de la actividad humana en sus más diversas facetas, que eran requeridas y celebradas por los lectores como el reflejo inmediato de lo que hacía la comunidad. El periodismo moderno genera noticias que no son bienvenidas por sus protagonistas, y ése es el resultado de la depuración del oficio, que ahora depende de las ideas de los periodistas más que de los impulsos exclusivos de los ciudadanos. De ahí, de las ideas propias, nacen la crónica, la entrevista y el reportaje, fundamentalmente, además del comentario, la columna, los editoriales, etcétera.

Las ideas propias son las que provienen de lo que no está escrito, de lo que nadie nos ha dicho pero que nosotros percibimos en el aire, o en la nata, de la actualidad. Cuando aquel periodista le dijo a Delkáder que cerrara los teletipos estaba aludiendo precisamente a eso, a que obturara la fuente obvia de donde venían las noticias para que las ideas fluyeran libremente, sin esas perchas de las que suelen colgar los periódicos. Un periódico no es tan sólo un receptáculo de noticias. Un periódico depende de las ideas propias, como cualquier medio de comunicación. Cuando los periódicos se parecen los unos a los otros (con los matices ideológicos que sean inevitables) es que la profesión está en crisis de ideas. Y no es lo mismo ideas que ocurrencias. Un periódico con grandes ideas será un gran periódico; un periódico con ocurrencias será un periódico que brillará en los días mediocres, pero que se hundirá en los días en que las ideas sean imprescindibles. Uno de los grandes éxitos de *El País*, en medio de un aluvión informativo sin precedentes, el que se produjo el 23F, cuando el golpe de Estado hizo tambalear la España de la Transición, fue pedir a Rosa Montero que juntara todo lo que había venido por teletipo y todo lo que habían recopilado los redactores para hacer la gran novela de aquel episodio que pudo haber sido trágico y que también tuvo sus ribetes cómicos. La gran periodista (y novelista) agarró todos esos materiales y con ellos hizo un relato que ahora figura como una de las contribuciones más lúcidas al periodismo de aquellas jornadas. ¿Qué funcionó? El punto de vista: Rosa Montero se situó en un ángulo, coincidió con el lector en que quería enterarse de todo, pero no de todo abigarradamente, sino dentro de un orden narrativo lógico e interesante, y ella lo condujo de forma admirable. Siempre cito aquel esfuerzo como una de las ideas gracias a las cuales un periódico se distingue de los otros.

De igual manera, cuando se produjeron los gravísimos atentados del 11M en Atocha, Madrid, el periódico en el que trabajo determinó que un grupo de redactores reconstruyera «las vidas rotas» de aquellas personas que habían sido víctimas de tamaña masacre. Lo hicieron con una enorme profesionalidad, como si estuvieran reescribiendo las biografías de personas muy conocidas, con la minuciosidad y los detalles adecuados para que esa reconstrucción no sólo fuera dramática sino también interesante. El resultado demostró que aquélla había sido una buena idea. Y fue, sobre todo, una buena idea extender el encargo a jóvenes estudiantes de la Escuela de Periodismo, reclutados de manera excepcional para un acontecimiento sobrecogedor y, por supuesto, excepcional.

Pero esas ideas no vienen por agencia, no las traen los teletipos. Es preciso pensar como lectores para que las ideas interesen a los lectores. Y no hay mejor lector de periódico que el periodista que desconecta de las fuentes que le influyen y se queda solo con la materia de su oficio: la curiosidad, el interés, la capacidad de entendimiento de la realidad como algo simbólico y no sólo como el conjunto abigarrado de unos datos que nos vienen, como un torrente, por el tubo de los teletipos.

Argumentación de la idea

En periodismo una idea vale más que mil palabras. Nadie está libre de una idea, por fortuna; pero no todos la saben argumentar. Una de las tareas más difíciles que he tenido para poner en marcha un proyecto, que partía de una idea, es la de convencer a mi redactor jefe, a mi director adjunto o a mi director de que lo que se me había ocurrido tenía interés. ¿Por qué? Porque el periodista, en determinadas posiciones, siempre es como un lector suspicaz. ¿Por qué querrá contar eso? He tenido muy buenos jefes, que han entendido rápidamente la razón de una idea, cuando ésta era interesante, pero siempre hay una esquina de resquemor. ¿Por qué se le habrá ocurrido, qué interés lo mueve? ¿Quiere hacer un viaje y en función de eso me trae la idea? Periodismo y suspicacia van juntos, y sólo la calidad de nuestras ideas va derribando esa barrera sutil que nunca se expresa pero que está ahí, latiendo, en el fondo de cualquier discusión en torno a un proyecto. De modo que para *vender* una idea hemos de ser muy convincentes. Pero la convicción sobre la idea que llevamos comienza en nosotros mismos. Los reporteros del Watergate eran redactores de la sección Local de *The Washington Post*, eran jóvenes, probablemente todavía no muy documentados y tuvieron la intuición de que las irregularidades detectadas en el famosísimo hotel Watergate (famosísimo después del escándalo que le costó la presidencia y el honor a Nixon) contenían metralla suficiente como para constituir la base de una historia mayor. Pero tuvieron que convencer, con los filamentos de esa idea que era todavía una intuición, a toda una cadena de mando que finalmente aceptó que se investigara a fondo el suceso. Esa cadena de mando, que se tomó su tiempo para reflexionar sobre la perentoriedad del caso desde el punto de vista periodístico, es la que al final da valor a la idea que manejaron los reporteros, y la que en definitiva concede mérito al trabajo. Si *The Washington Post* no hubiera llevado tras de sí una larga historia de credibilidad, probablemente los lectores habrían apreciado en el suceso una simple nota sobre ladronzuelos pillados con las manos en la masa por unos policías rutinarios que los habían llevado, a su vez, a la comparecencia rutinaria de un juez aburrido. Pero era *The Washington Post* (y no sólo unos reporteros intrépidos e imberbes) el que ponía todo su peso detrás de esa investigación. El resultado no fue, simplemente, consecuencia de la insistencia de los periodistas, sino del trabajo que el periódico les permitió hacer. Pues el mejor argumento para poner en marcha una idea brillante es que te ampara el periódico. En solitario un periodista puede ser brillantísimo, pero para ser eficaz debe tener el amparo del periódico.

Un gran periodista de *El País*, Carlos Mendo, que provenía del fértil mundo de las agencias, decía que un lead era el argumento para que el lector (y, por tanto, el director, el redactor jefe o el director adjunto) se creyera una historia. Si tu *lead* (o entradilla) funciona, el lector sabrá que te has tomado el trabajo suficiente como para convertir tu material en un depósito digerible de carburante de buena calidad informativa. ¿Y cuál es la esencia del *lead*? La rapidez en la narración de los hechos, que será señal de rapidez digestiva para el lector. Ralph Blagden, uno de los directores que tuvo Ben Bradlee antes de que éste fuera el director de *The Washington Post*, le dijo un día que la esencia de este oficio es la superficialidad... Y me contó Bradlee sobre esa propuesta que parece extravagante: «Ralph era un filósofo, y lo dijo cuando yo estaba escribiendo una historia sobre los veteranos de la guerra; describí el asunto con tanto detalle que me dijo que era demasiado, y entonces soltó esa frase: "La esencia del periodismo es la superficialidad. Cuenta la historia, pero no entres en detalles, porque entonces la historia terminará muerta"».

Corolario: una idea se defiende con sencillez si es buena. Y si no es buena no merece la pena ni que se la cuentes al director, pues si él pone mala cara en realidad estará poniendo la cara del lector. Ah, ¿y cómo terminar una noticia? Sería conveniente volver al lead: ahí seguro que uno encuentra el fleco, o la costura, que la última línea del trabajo resuelve como si a un plato le pusieras el perejil (o el adorno) adecuado. El lector tiene que sentir que, al final, has seguido pensando en él y no has dejado nada descolgado.

Desarrollo de la objetividad

La objetividad no existe, es mentira. Miguel Ángel Bastenier propone sustituir objetividad por honradez, y tiene razón. ¿Cómo vamos a ser objetivos si no somos objetos? Somos la consecuencia de miles de influencias: nuestro origen, nuestra condición social, nuestras ideas sobre los demás, nuestros prejuicios en suma. ¿Cómo puede un periodista considerar que puede ser más objetivo que cualquier otro ciudadano? Igual que no existe la sinceridad, y si existe es tan sólo la expresión de una grosería, no existe la objetividad. A lo sumo, como explica el maestro Bastenier, existe la honradez, la expresión pública de nuestros conocimientos con las dudas que uno establece en torno a cualquier convicción propia. Dijo Bastenier, en una entrevista en la que prolongó las ideas de su libro, que la honradez «es jugar absolutamente limpio. Significa tratar de dar cuenta de aquello que entiendo, tratando de que sea la versión más útil para la sociedad y que ayude a su conocimiento». Estamos expuestos a cualquier tipo de influencias, los periodistas no vivimos recluidos en una vasija de cristal: nos influyen nuestras propias ideas, que nos dignifican pero que también nos contaminan. Y nos influye la velocidad a la que trabajamos, que muchas veces nos nubla el entendimiento. Contribuimos al futuro, divulgando noticias sobre la condición humana, pero estamos expuestos a que esa velocidad que nos impone el periodismo nos haga entrar por el lado equivocado de la historia. Si acertamos habremos hecho una gran contribución, pero si fallamos esa contribución habrá sido un fiasco. De nuevo Bastenier afirma: «Periodista es el intérprete del futuro, porque está cambiando el mundo a una velocidad tal que esa misión solamente puede hacerla alguien que vive la urgencia, lo inmediato, la velocidad, que vive la agilidad, y eso debe hacerlo el periodista. Los filósofos tardarán treinta años en dar esa explicación. Y no tenemos tiempo de esperar tanto». Pero debemos esperar, al menos, a estar seguros de que el blanco móvil no se nos mueva demasiado.

El estudioso A. M. Rosenthal dijo con respecto a la objetividad: «El deber de todo reportero y editor es luchar para conseguir tanta objetividad como sea humanamente posible». Pero ésa es la honradez de la que hablaba Bastenier: «Distancia, exclusión de puntos de vista personales e inclusión de todos los puntos de vista». Bernardo Marín, periodista de *El País*, antiguo alumno y ahora profesor de su Escuela, me pasó esta cita de Marcel Proust que es pertinente para explicar la relación del que escribe con el lector, y sobre los ejercicios de credibilidad de éste: «En realidad, mientras lee todo lector es el lector de su propio yo. La obra del escritor no pasa de ser un mero instrumento óptico que ofrece al lector para darle la posibilidad de discernir aquello que, sin su libro, tal vez nunca habría experimentado en sí mismo y que el lector reconozca en su propio yo aquello que dice el libro es la prueba de su veracidad».

En realidad sólo es objetivo, si se puede llegar a establecer esa categoría imposible, el que es honesto; y si se ha de ser honesto conviene que el lector conozca enseguida en qué sitio se sitúa el periodista: si lo vio directamente, si lo conoce por unas fuentes diversas y contrastadas, si estas fuentes no son anónimas (lo cual puede llevar a la sospecha de las fuentes inventadas), si el periodista no tiene nada que ver con ninguno de los actores de la trama, etcétera. Ser objetivo sería tanto como disponer de la verdad absoluta sobre los hechos. Y, como decía Antonio Machado, la verdad de uno no vale nada, vale la verdad que hemos ido haciendo con otros, y aun ésta es imposible de verificar... En su libro autobiográfico Bradlee recoge una frase similar de Albert Camus, y la pone en lo alto de sus memorias: «No existe la verdad, sino verdades...». Con tanta literatura autorizada sobre la objetividad imposible, ¿qué nos lleva a insistir en la improbable virtud de las verdades absolutas?

Diferencias entre géneros

La columna

Libérrimo espacio en el que, en un determinado número de líneas o caracteres, a ser posible no excesivo, un escritor o periodista expresa sus puntos de vista acerca de lo que ve. El mejor columnista es aquel que combina información, humor y punto de vista. El ejemplo máximo, desde mi manera de verlo, es el mexicano Jorge Ibargüengoitia: publicó sus columnas en las décadas de 1960 y de 1970; murió en un accidente de aviación en Madrid, y sus libros de recopilaciones de textos periodísticos siguen reeditándose en América y en España; últimamente, el escritor Javier Marías, que es además editor y rey de Redonda, publicó una recopilación de textos periodísticos de Ibargüengoitia. Debiera ser nombrado el santo de los columnistas, alguien a quien deberían encomendarse todos los que quieren hacer de ese espacio un lugar de mirada obligatoria para el lector que no busca noticias sino puntos de vista, que además estén condimentados con sentido del humor y con una buena interpretación de lo que ocurre. Una columna, por definición, es como un subrayado de la realidad, pero no aspira a contarla, sino a apuntar allí donde la realidad es más cómica o más surrealista.

Durante muchos años desarrolló en *El País* su oficio de columnista Javier Pradera, fallecido en noviembre de 2011. Su última columna se publicó precisamente el día de su fallecimiento, el 20 de noviembre, fecha de las elecciones en las que retomó el poder el Partido Popular de Mariano Rajoy. Se titulaba «Al borde del abismo» y trataba del día después del previsible desmoronamiento del Partido Socialista Obrero Español, que hasta ese día había estado en el Gobierno, con José Luis Rodríguez Zapatero al frente. Pero, como ejemplo de este género periodístico, no he elegido ese artículo de Pradera, sino otro anterior, publicado el 9 de noviembre, once días antes de esa fecha electoral.

Lo elijo porque recoge, de una manera a mi juicio magistral, algunas de las características que considero imprescindibles en el formato de las columnas: información, punto de vista, sentido del humor, concreción de objetivos.

Una columna no es un artículo cualquiera. Es una construcción que debe estar formada por los siguientes elementos: claridad de exposición, sentido de la orientación en el juicio y constituir materia de común interés. En este caso Pradera, en su columna «Sentido común y mandato de Dios», hacía una disección muy ingeniosa de la capacidad del líder del PP, que así hizo su exitosa campaña, de encomendarse a su propio sentido común y a la existencia superior del mandato de Dios para resolver los graves problemas que debía asumir en cuanto desbancara a Zapatero. En este caso Javier Pradera comenta la intervención del líder conservador español en su debate televisado con el candidato socialista, Alfredo Pérez Rubalcaba. No es un comentario inmediato a la diatriba entre ambos, pues éste se celebró el 7 de noviembre y Pradera publicaba dos días más tarde. La columna requiere de esos espacios de reflexión (dos días) mientras que el comentario puede ser un apunte a bote pronto, que el periódico puede incluir de inmediato en su página web o en la edición de papel inmediata. Pradera escribe una columna y cumple escrupulosamente los mandatos del género: información, humor, profundidad, estilo.

De inmediato el columnista ha de situar al lector en el plano de su pensamiento; y ese emplazamiento ha de ser sencillo, didáctico. Decía Pradera al principio de su texto: «Los buenos aficionados a las intervenciones parlamentarias, los discursos mitineros y las entrevistas de Rajoy están familiarizados con dos célebres frases hechas que le sirven de muletas en momentos de vacilación, apuro o desconcierto».

En general el columnista no ofrece una información: subraya la información, se nutre de ella para conducir al lector, quizá, a compartir su propia opinión o a enriquecerla. No explica tan sólo lo que siente, dice lo que sabe, que probablemente es lo que sepa ya el lector, pero añade su manera de pensar y esto lo tiene que hacer de modo interesante y metafórico. No vale con decir, brutal o sutilmente, lo que piensa sin más, ha de elaborar. Una columna es una construcción sintáctica compleja, requiere de estilo; el estilo del columnista (como el estilo del periodista) es una distinción, por eso busca el lector al columnista, porque distingue el estilo de lo que dice, no busca en él particularmente ninguna información.

He aquí cómo desarrolla el maestro Pradera aquella suposición que comparte con todos (Mariano Rajoy entroniza el sentido común y se encomienda al mandato de Dios): «La apelación al "sentido común" (en tanto que órgano privilegiado de conocimiento) y al procedimiento de "como Dios manda" (para llevar a buen puerto las instrucciones recibidas de esa inteligencia superior) constituyen sus principales aportaciones a la neojerga política».

El columnista no adoctrina, no debe adoctrinar: describe con la intención de subrayar. Lo debe hacer con la exhibición de sus conocimientos; por tanto, de sus propias referencias, de su cultura. Así, dice Pradera, con un estilo que caracterizó su trabajo: «El refuerzo de autoridad brindado por esos latiguillos cognitivo-teológicos explica tal vez que, en teoría simple, "challenger" para el título de campeón de los pesos pesados en el combate político-pugilístico de anteayer fuese premiado con la victoria por puntos frente a Rubalcaba, pese a sus negativas a explicar su programa».

El columnista está obligado (si no quiere caer en los riesgos de la demagogia) a aportar razones (o datos) para apuntalar su sarcasmo, no basta con dar al lector por enterado de que eso que explica es así, ha de retrotraerlo a la información, refrescarle la memoria, convencerlo de que no está haciendo demagogia o suposiciones. Pradera lo hace: «En el debate Rajoy mencionó varias veces el "sentido común" como si fuera el tribunal supremo aplicado a las prestaciones sanitarias y de jubilación del Estado del Bienestar».

Pero el columnista, además, ha de explicar la raíz de sus sospechas sobre el uso (para él, sobrante) de tanta referencia al «sentido común». Y acude (es habitual en Pradera, y sería obligatorio en las columnas) a un criterio de autoridad: «Pero un breve repaso al respetado *Diccionario de filosofía*, de José Ferrater Mora nos enseña que el concepto no se presta a la definición intuitiva que suelen manejar los abuelos con los nietos revoltosos o los curas con los alumnos díscolos, sino que tiene una compleja genealogía intelectual contraria a su aparente simpleza».

Ya el lector sabe qué quiere decirle el columnista; éste le ha abierto el apetito, así que ahora ya no basta con apuntarlo. Ha de desarrollarlo. Y al columnista no le basta, para atraer al lector a su razonamiento, con apelar a Ferrater Mora, que es una autoridad, por así decirlo, demasiado actual. Pradera era magistral en esto, sabía, como buen editor que fue, que cuanta más sabiduría mezclara con la suya propia, mejor acentuaría su estilo de columnista, más convincente sería. Así que apuntó aún más lejos (y más alto): «Si la noción aristotélica de lo que fue llamado posteriormente *sensus communis* resume una vasta masa de doctrinas, las posteriores adaptaciones escolásticas también muestran notables discrepancias. La concepción tomista, en cualquier caso, se refiere a las aprehensiones de un mismo sentir por "varios individuos" que alcanzan un acuerdo universal respeto a ciertos principios o verdades aceptables por la racionalidad de todos los seres humanos».

Como ante cualquier hecho u opinión, el columnista tiene un punto de vista, que proviene a veces de la satisfacción o del rechazo, pero ni en un caso ni en otro ha de hacer evidente sus sentimientos; por eso, entre las virtudes que ha de tener una columna están el distanciamiento o el sentido del humor. La ironía es también un buen instrumento para hacer llegar al lector el estado de ánimo con que se aborda un asunto aunque ante la ironía tengo una especial prevención. Por ejemplo, en la radio no se aprecia, y en la prensa escrita ha de ser extremadamente inteligente para traspasar el terreno que requiere la comprensión lectora. Decía José María Pemán que la ironía es peor que el fascismo. Pues eso: mucho cuidado con la ironía.

Pradera tiene cuidado, mucho cuidado, como lo demuestra en esta columna o artículo que estamos tomando como ejemplo del género. Una vez que ya ha situado el primer tópico (el «sentido común») al que acude el político, se apresta a analizar uno aún más utilizado por él en la campaña electoral en la que estaba inmerso desde hacía meses: «Rajoy no consideró necesario, en cambio, apuntalar anteayer el templo del sentido común con la ingeniería sacra del "como Dios manda". Sin embargo, seguramente el arriscado y combativo sector de la ultraderecha que vivaquea en el campamento de Esperanza Aguirre echaría de menos una respuesta contundente a la pregunta del candidato Rubalcaba sobre el tratamiento que daría Mariano Rajoy a algunas leyes aprobadas o proyectadas en las dos legislaturas socialistas anteriores si los populares conquistaran el poder: aceleración del divorcio, matrimonio homosexual, modificación de la ley del aborto, muerte digna, conciliación laboral y libertad religiosa. ¿Tendrían los ateos, los agnósticos y los politeístas vela en este entierro? ¿Y a quién confiaría su mandato Dios: a Rajoy, a Esperanza Aguirre o a Rouco?».

La habilidad de Pradera como columnista consiste, pues, en la concreción de sus objetivos (lo que quiere decir está dicho en seiscientas palabras); como quería Azorín, un maestro del género, ha ido «derechamente» a las cosas, pero no ha usado el trazo grueso: ha usado la metáfora, ha generado un lenguaje culto («vivaquea») para expresar sus puntos de vista acerca de los políticos que evidentemente no son de su agrado, pero en ningún momento entra en las aguas cenagosas de la descalificación, el insulto o la burla. ¿Cómo lo consigue? Desde mi punto de vista, como lo ha de conseguir un buen columnista: buscando documentación, sabiendo cuál es la raíz del periodismo de opinión: la información.

Pradera era, sin duda, el periodista de *El País* que de manera más habitual y constante usó el servicio de documentación del periódico. Se ha contado que, en una de sus graves recaídas, alojado en la UVI de un hospital, prefirió consultar la sentencia constitucional sobre el Estatuto de Cataluña que ver (y eso que era un gran aficionado) un partido de futbol. El columnista es un sacrificado del dato, pero no ha de abrumar con ellos. Ahora bien, si no los conoce, la columna en algún momento dejará aviso de que el que la escribe tiene ingenio, quizá, pero es un ignorante. Y la ignorancia rompe el estilo del columnista.

LA ENTREVISTA

Rosa Montero reinventó el género en España. Cuando fui editor, le pedí que prologara una recopilación de grandes entrevistas internacionales que había compilado Christopher Silvester y que publicamos en español en El País-Aguilar. De ese prólogo de Rosa, cuyas entrevistas pudieron haber estado también en esa recopilación fundamental para entender el género, la periodista (y novelista) española destaca su punto de vista que, como habitual practicante del género, comparto absolutamente: «(...) Hay entrevistadores que "quieren entender" a sus entrevistados, que se esfuerzan en atisbar sus interiores, en deducir cuál es la fórmula íntima del interlocutor, el garabato esencial de su comportamiento y su carácter, y en esto, en el afán de comprender y de saber, el periodista es como el novelista, que, al desarrollar sus personajes, está explorando los extremos del ser e intentando desentrañar el secreto del mundo».

Y sigue Montero: «Esta vertiente literaria es la que a mí más me interesa de las entrevistas, tanto a la hora de leerlas como a la de hacerlas. Por eso detesto al periodista *enfant terrible*, al reportero fastidioso y narciso cuya única ambición consiste en dejar constancia de que es mucho más listo que el entrevistado cuando en realidad siempre es mucho más tonto, porque no aprende nada».

Totalmente de acuerdo. Añadiría algunos puntos de vista, esencialmente prácticos. El periodista va a saber, no a enseñar. Va a preguntar, no a adoctrinar. Va a tratar de mostrar curiosidad aunque ya sepa. Si no tiene curiosidad, mejor que no acuda a la cita, pues él representa la curiosidad del lector, no su propia curiosidad. Cuando un periodista pregunta es como si preguntara una multitud en la que se combinan sabidurías e ignorancias. Nadie sabe más de una persona que el propio personaje, así que no hay que dar nada por supuesto. El periodista que no hace preguntas por el qué dirán (sobre su ignorancia, por ejemplo) es mal entrevistador. El periodismo, como la gente, consiste en preguntas, y el entrevistador representa mejor que nadie esa categoría del oficio.

Algunos consejos prácticos. No es imprescindible leer *dossiers* exhaustivos. Es mejor hacer las preguntas propias que las preguntas que ya se hayan hecho. Hay que acelerar la curiosidad antes que el conocimiento absoluto. Con demasiada información no se hacen entrevistas, pues se apabulla al entrevistado. La entrevista ha de ser fielmente recogida. Yo siempre grabo. García Márquez dice que la grabadora destruye la esencia del lenguaje, pues convierte en escrito lo que es oral. Una vez entrevisté a Isabel Preysler, la famosa belleza inteligente que vino de Filipinas. Como iba cargado de prejuicios, no transcribí, sino que reelaboré con lo que recordaba una especie de perfil acerca de su figura. Me dijo, al leer el resultado, sin publicar aún, que había vertido ahí mis prejuicios, que había dado al lector la interpretación que quise sin dejar que ella se explicara con sus propias palabras. Tenía razón Isabel; desde entonces sigo grabando las entrevistas, pero además las transcribo y las reproduzco, en la medida posible, sin otro añadido (o supresión) que lo que mandan los cánones de la escritura.

Existe lo que Grijelmo llama la entrevista objetiva; no es tan fácil de practicar, aunque consista tan sólo de preguntas y respuestas; la practicó, y es legendario en el género, Manuel del Arco, un periodista de *La Vanguardia* de la década de 1960, y ahora en el mismo periódico catalán la desarrollan, con gran éxito, Lluís Amiguet, Ima Sanchis y Víctor Amela. Feliciano Fidalgo y Karmentxu Marín han sido (y es, en el caso de Karmentxu, Feliciano lamentablemente murió) grandes cultivadores del género (con su genio diverso y divertido) en la última página de los domingos de *El País*.

De nuevo sobre la entrevista objetiva, que dice Grijelmo. Esas que acabo de evocar son de pregunta-respuesta directas, pero tienen un sentido más metafórico, totalizador, no van a buscar (o rebuscar) noticia en un personaje de actualidad. Así que son, si quieren llamarla así, entrevistas-metáfora. Y esas entrevistas-objetivas son, en palabras de Grijelmo, aquellas en las que «el periodista se limita a exponer su conversación con un personaje mediante el sistema de pregunta y respuesta. A diferencia de otro tipo de entrevista —que no consideramos puramente informativa—, excluyen en ella los comentarios o las descripciones interpretativas en torno al entrevistado».

Pero las entrevistas de ese género que cita Grijelmo tienen sus normas, como todo en periodismo para ser considerado dentro del género en el que justamente se encasilla. Las entrevistas así han de tener también su entradilla, con todos los datos relativos al personaje con el que se conversa; entre esos datos, la edad, la situación laboral que ocupa, sus méritos y, a ser posible, una referencia lo más aproximada posible al titular que se haya puesto a la entrevista. Si una entrevista no tiene un buen titular, generalmente no será una buena entrevista.

Pero vayamos a la entrevista más compleja, la entrevista psicológica, o entrevista-perfil, que en España ha cultivado como nadie, me parece, Rosa Montero.

Las entrevistas del género que cultiva Rosa Montero son, como dice el *Libro de estilo* de *El País* (esta gran obra que inició Julio Alonso, que culminó Álex Grijelmo, el autor de *El estilo del periodista*, y en la que colaboró Clara Lázaro), «entrevistas en suplementos». «Las entrevistas en suplementos (dominicales u otros)», se dice en esa definición, «podrán consistir en una mezcla» (de entrevista-perfil y de entrevista de declaraciones)... «El autor tiene la oportunidad, en este caso, de escribir una extensa introducción en la que figuren algunas expresiones del entrevistado que resulten significativas y que incluso aparezcan posteriormente durante la conversación estricta. Asimismo, podrá intercalar comentarios o descripciones, documentación o datos biográficos. En este caso es viable la coletilla final, siempre que responda al contenido de la entrevista y no establezca conclusiones aventuradas o editoriales».

Creo que esa última anotación (que al periodista-entrevistador se le permita establecer una coletilla) resulta sumamente aventurada y peligrosa, pues en mi criterio la entrevista se hace para dar la palabra al entrevistado y, valga la redundancia, éste ha de tener siempre la última palabra.

Dije antes que entre las mejores entrevistadoras que ha dado la lengua española está Rosa Montero. Cuando pensé en un ejemplo de entrevista, recordé una que quizá tenga muchos de los ingredientes que no pueden faltar en una conversación transcrita para ser materia periodística. Es la que le hizo a Orhan Pamuk en 2006 y que publicó *El País Semanal* el 24 de septiembre de ese año, un mes antes de que el novelista turco obtuviera el premio Nobel de Literatura. Este último es un hecho capital de la entrevista, pues ésta ha de incluir siempre la expresión de un riesgo por parte del entrevistador.

En este caso el riesgo adoptado por Rosa Montero alcanzó los niveles de la osadía profética. La entrevista comenzaba así: «He aquí un hombre que, con bastante probabilidad, ganará el Nobel de Literatura en los próximos años».

Lo tuvo ese año, unas semanas después. ¿Por qué estaba tan convencida la entrevistadora? Lo cuenta, claro; un entrevistador no debe dejar ningún dato (dónde fue celebrada la entrevista, qué aspecto tenía el personaje, qué impresión le produjo: el lector debe estar allí, como la entrevistadora o el entrevistador, y ha de entrar enseguida en situación) fuera de foco. Así que de este modo explica Rosa Montero su convicción de que el hombre que tenía ante ella iba a ser premio Nobel: «En primer lugar porque es un escritor original y poderoso, pero además porque, como figura progresista y lúcido eslabón entre Oriente y Occidente, cumple a la perfección el perfil político de un galardón cada día más descaradamente politizado».

El entrevistador ha de ser conciso en las presentaciones, pero no ha de ser tampoco complaciente. El personaje le produce impresiones, el lector las debe conocer. Y en este caso Rosa Montero está ante un ser humano que le produce estas sensaciones: «He aquí también una persona con un inusitado afán controlador; los primeros cinco minutos, nada más encontrarnos, me somete a un férreo y minucioso interrogatorio: ¿no viene un fotógrafo con usted?, entonces ¿qué fotos van a utilizar?, ¿dónde va a salir la entrevista?, ¿cuántas páginas ocupará?, ¿el suplemento de *El País* tiene formato de revista o de periódico?, ¿va a ser una entrevista o un perfil?, ¿será todo pregunta y respuesta o habrá textos escritos por usted?, ¿sólo un texto al principio o también observaciones intercaladas entre las preguntas?».

Y añade la periodista Rosa Montero: «En más de treinta años de profesión nunca me había encontrado un entrevistado tan necesitado de saberlo todo».

Y, sin embargo, el entrevistador tiene la obligación de explicárselo todo; e incluso el *Libro de estilo* de *El País* obliga a los entrevistadores a hacerles llegar el texto de sus declaraciones a los entrevistados; algunos de los periodistas (Karmentxu Marín, que realiza una famosísima entrevista dominical en *El País*) cumplen ese precepto escrupulosamente; otros lo hacen si el entrevistado lo exige, y no siempre es así.

En todo caso Rosa Montero estaba haciendo una entrevista para la revista del periódico, y este tipo de entrevista tiene unas reglas que están bien recogidas en el tan citado *Libro de estilo* (quizá a partir, precisamente, de las propias entrevistas de Montero): en las entrevistas en suplementos (dominicales u otros) «el autor tiene la oportunidad (...) de escribir una extensa introducción en la que figuren algunas expresiones del entrevistado que resulten significativas y que incluso aparezcan posteriormente durante la conversación estricta. Asimismo, podrá intercalar comentarios o descripciones, documentación o datos biográficos. En este caso es viable la coletilla final, siempre que responda al contenido de la entrevista y no establezca conclusiones aventuradas o editoriales».

Rosa Montero no cae en estas últimas tentaciones. Pero en esta entrevista con Pamuk que nos está sirviendo de ejemplo de una buena entrevista periodística lo que quiere es acercarnos a las características del personaje sin hurtarnos algunos elementos que le resultan a ella al menos llamativos de su manera de ser, que tan relevante es en un creador literario.

En cuando al afán controlador que observa en él, «es bastante ineficaz...» porque «para tenerlo todo de verdad bien atado hubiera debido negociar la entrevista antes de hacerla». Y ahí revela la periodista algunos elementos de su oficio que tienen que ver con las entrevistas, generalmente a grandes personalidades, que de tanto ser pactadas terminan siendo de cartón-piedra, con los actores, por ejemplo, o con escritores muy cuidadosos de su imagen, o con políticos muy pertrechados de asesores y guardaespaldas. Dice Montero: «A veces se acuerdan previamente las fechas de publicación, las fotos, detalles así. Pero ahora que he atravesado medio mundo y he venido hasta Estambul para hablar con él su capacidad de maniobra es más bien pequeña. De manera que puede que todo esto no lo haga en realidad por controlar, sino por cierta predisposición a ser un pejiguera y dar la tabarra».

El lector quiere saber más. Un personaje así, al que Rosa Montero ve como Premio Nobel inminente, es, además, un pejiguera. ¿Qué le ha hecho, además de ponerle sobre la mesa todas aquellas preguntas para controlar el resultado final de la conversación que se presume que van a tener? «Nuestra cita ha sido inusual, como de espías de la Guerra Fría: yo debía tomar un barco a las 12.45 en un determinado embarcadero a las puertas del Bósforo y bajarme una hora después en una islita del mar de Mármara, en donde él estaría esperándome». Rosa, novelista al fin, despeja la incógnita que ya sobrecoge al lector de su relato: «Y ciertamente estaba: un poco retirado, medio oculto en las sombras, dejando que desembarcara todo el mundo. Alto y delgado, de huesos elegantes y aspecto juvenil (no aparenta sus 54 años), con penetrantes ojos verdes tras las gafas metálicas. Sin duda atractivo».

Una descripción perfecta, digna de la periodista que la hace y digna del género. Las personas son de carne y hueso, tienen manías, además de escribir muy bien (en este caso), y tienen apariencia, eso es muy importante. No basta la fotografía. La percepción del periodista que tiene delante al personaje es fundamental para el lector. Y Rosa Montero subraya algunos caracteres que (como se verá) serían baladíes a la hora de redondear la figura si en el diálogo no se sustanciaran esas impresiones.

Así que añade la periodista, ya ante el hombre de carne y hueso, después de afirmar que es «Sin duda atractivo»: «Y también (es) refunfuñón, impertinente e irritable. Al menos, a ratos. Este espléndido escritor tiene un carácter racheado y mudable, como de tormenta veraniega. De pronto ríe a carcajadas, bromea, resulta cercano y seductor. Y de pronto se convierte en un hosco gruñón».

Claro, todo eso quedaría en un exabrupto sentimental de la autora si no siguiera, de inmediato, el diálogo entre ella y el personaje: «Mire, me preocupa un poco de qué vamos a hablar, porque...».

«¡Ah, pero ése es su problema, usted sabrá qué quiere preguntar!». «Claro, no me refiero a eso, me refiero a la situación en la que usted vive en Turquía. Hace unos meses, cuando estuvo a punto de ser juzgado "por insultar deliberadamente la identidad turca", un supuesto delito por el que podrían haberlo condenado a tres años de cárcel, el origen del conflicto fue unas declaraciones suyas a un diario alemán. De manera que temo no controlar bien la situación y que alguna pregunta acabe siendo peligrosa». «Descuide. Como yo estoy mucho más preocupado que usted al respecto, ya tendré buen cuidado de vigilar lo que digo. Le voy a contar una historia graciosa. El otro día estaba paseando por la calle, a mi aire, y me acerqué a una tienda y pedí una Coca-Cola, porque es una bebida que me gusta. Y el vendedor dijo: "¡Oh, eres Pamuk!, ¡pensé que estabas en la cárcel!". Contesté: "¡Me acabo de escapar, deme una Coca!"».

Para mí esta entrevista (aquel perfil, este principio) representa algunas de las virtudes principales del género: garra (para que el lector sepa qué le espera de la conversación que sigue), información (pues en pocas líneas Rosa Montero ha situado al personaje), curiosidad satisfecha (la entrevistadora ha leído al escritor, sabe de qué va a preguntarle, y eso lo percibe el lector), y polémica, no va a ser una conversación complaciente, de modo que el lector (como la entrevistadora, en este caso) está en guardia.

Hay un aspecto de las entrevistas de Rosa Montero (de ésta y de otras de las muchas que ha hecho) que acoge aspectos de los distintos subgéneros (ésta, la entrevista para el suplemento, es uno de la entrevista en términos generales. Por ejemplo, aquí hay detalles de lo que sería un perfil. La entrevistadora no presenta escuetamente al personaje, hace un retrato de él. Dice el *Libro de estilo* sobre la entrevista-perfil: «Este tipo de entrevista admite una mayor libertad formal al no ser necesaria la fórmula pregunta-respuesta. En este caso se pueden incluir comentarios y descripciones, así como intercalar datos biográficos del personaje abordado».

Tiene, además, la entrevista de Rosa Montero a Pamuk la virtud de presentar a un escritor entonces conocido sobre todo por ser perseguido como un escritor que, además, merece el reconocimiento del Nobel. Sólo una periodista de la capacidad de percepción de Rosa Montero es capaz de arriesgarse con una suposición de ese calibre en la primera línea de su entrevista. Por eso, entre las otras cosas que quedan reseñadas, propongo como ejemplo de entrevista esta pieza de la autora de *Te trataré como a una reina*.

La crónica

Es el género de los géneros. Parte de un hecho que el periodista (el escritor de periódicos) combina con detalles que no son necesariamente pertinentes en una noticia pura y dura. Se basa en lo que se ve, en lo que se colige hablando con personas que hayan tenido que ver con el suceso (como testigos o como protagonistas), acepta y requiere una fórmula expresamente literaria, y combina todo tipo de géneros: el humor de la columna (si es pertinente), la duda y, por tanto, la subjetividad... Una crónica es un punto de vista arriesgado pero lleno de sentido en un periódico que aspire a distinguirse, en la narración de lo que pasa, de lo que hacen los periódicos de la competencia. Según el ya citado *Libro de estilo* de *El País*, «puede emplearse el estilo de crónica cuando se trate de informaciones amplias escritas por especialistas del periódico en la materia de que se trate, corresponsales en el extranjero, enviados especiales a un acontecimiento o comentaristas deportivos, taurinos o artísticos». ¿Límites de la crónica? La honradez: no se pueden usar datos incompletos o inexactos para aliviar el estilo de una crónica; una crónica no es un ejercicio de imaginación sino que es la explicación pormenorizada del ambiente que hay en torno a un suceso real del que se está informando a los lectores con todos los elementos precisos para hacer una buena información.

Un día comenté a Manu Leguineche, acaso el mejor cronista de su generación en España, lo que sentía ante sus crónicas (de conflictos mundiales, de sucesos en España, de todo lo que vio en su largo caminar). Le dije: «Cuando uno mira tan sólo tu bibliografía, independientemente de lo que has escrito en periódicos o revistas, o de lo que has hecho para la televisión, halla ahí como la caja negra de lo que ha ocurrido en el mundo desde que empezaste a olerlo como periodista y como viajero. Estabas preocupado por Asia, por Vietnam, por las revoluciones europeas, por el fascismo que volvía o que terminaba, por Irak, por la revolución pendiente en África... Has abrazado el mundo en cuarenta años, y has hecho de redactor jefe de ti mismo...». Y el maestro español de la crónica me dijo simplemente: «Está bien visto: una caja negra, el redactor jefe de ti mismo... Está bien visto».

Y siguió mirando los periódicos que tenía apilados en un rincón de su cuarto, rememorando, acaso, sus mejores crónicas, hechas con los materiales humildes de la vida. Sin vuelo en el verso, agarrando la vida en un puño para ofrecerla a los lectores con la solvencia del buen periodismo.

Entre los buenos cronistas que ahora abundan en el periodismo de habla española quiero tomar como ejemplo a Pablo Ordaz, que después de distintas incursiones locales o regionales en el periódico *El País*, ha sido corresponsal en México y ahora es corresponsal en Roma. Para ilustrar qué creo que debe ser una crónica (experiencia de un momento de la vida, contada con rigor, profundidad y buena literatura) me gustaría traer aquí una narración-crónica que produjo una enorme impresión cuando se publicó, el 11 de febrero de 2007.

Se titula «Dos mujeres contra el odio» y narra con enorme sencillez (factor primordial de una crónica: una crónica es un espejo al borde del camino) la historia de la madre de una etarra (el terrorista Iñaki de Juana Chaos) que fue cuidada antes de morir por la esposa de un militar asesinado por esa banda.

La historia tenía todos los elementos que producen en el lector el escalofrío de lo sorprendente o lo inédito. Pero ha de ser contado con esa misma relevancia para ser convertido en una pieza periodística de primer orden.

Así presenta Ordaz su descubrimiento: «Todas las tardes dos mujeres mayores se sientan frente a frente en un salón de un piso del barrio de Amara de San Sebastián».

Una crónica no es una noticia, es un relato y, como tal, su presentación ha de ser libérrima, a condición de que el lector se sienta de inmediato concernido. Es probable que usted no viva en San Sebastián, ni sea una mujer mayor, pero en su entorno se pueden dar circunstancias que conviertan en cotidiano ese escenario. Así que usted seguirá leyendo, pues esa historia va de usted, en cierta manera. ¿Qué sucede?

Ah, lo que pasa es muy emocionante, muy habitual, pero al final es sorprendente. Ordaz ha sabido dosificar el ambiente para que el lector entre suavemente (como se debe entrar en una crónica) en un drama vital que ha de sobresaltarlo mientras descubre las maravillas que produce el conocimiento del alma humana.

Las dos mujeres «son vecinas y consuegras. Una de ellas le va dando con una cucharilla y mucha paciencia un yogur de café a la otra, enferma de Alzheimer. La primera es viuda de un comandante asesinado por ETA en 1977. La segunda es la madre del terrorista Iñaki de Juana Chaos».

Como decía José Hierro de algunos de sus versos más desnudos, esto está escrito «sin vuelo en el verso»; y se lee así, como un puñetazo en el aire. Ordaz ha conseguido el clima, lo ha hecho magistralmente. Ya el lector está en la historia, conseguir eso es el valor de la crónica. El segundo párrafo, el primero, como mandan los cánones de la crónica, no tiene más de cinco líneas, ya explica las circunstancias y la historia de este drama que representa tan bien la sociedad vasca del último medio siglo: «La escena se repite cada día durante el último año y medio hasta que, el 27 de enero, Esperanza Chaos Lloret muere. Tenía 83 años y había nacido en Tetuán, donde su padre, un militar del Ejército español, estaba destinado entonces. Luego se casaría con un médico, Daniel de Juana Rubio, oriundo de Miranda de Ebro (Burgos), que también hizo la guerra como teniente asimilado en las tropas de Franco, por lo que fue condecorado con una medalla de campaña, dos cruces rojas y una cruz de guerra. De todo ello da fe un carné de Falange Española y de las Jons expedido el 16 de octubre de 1943, donde aparece sonriente a sus 35 años. Daniel de Juana y Esperanza Chaos tuvieron dos hijos, Altamira y José Ignacio, que nacieron y se criaron en una casona de Legazpia donde el doctor pasaba consulta a los trabajadores de Patricio Echevarría, una de las principales acerías de Guipúzcoa. La vivienda estaba al lado de la casa cuartel de la Guardia Civil y por las tardes José Ignacio jugaba al fútbol con los hijos de los guardias».

La historia, la raíz del insólito encuentro, está contada sin dramatismo, como un director de orquesta debe dirigir un concierto imponente: sin imponerse, la música se defiende sola.

A partir de ahí Ordaz decide explicar la relación que existe entre el ámbito normal en el que se desenvolvía el hijo de Esperanza y la historia posterior. Y se permite (es lícito en una crónica) adivinar un diálogo al que él no asistió, evidentemente, pero que sin duda se puede deducir. Así plantea el periodista el meollo de la cuestión, la naturaleza que hace dramática la crónica: «"Soy Chacho. Hola, mamá". Durante las dos últimas décadas, unas veces los lunes y otras los miércoles, el terrorista Iñaki de Juana Chaos, encarcelado en las prisiones más alejadas de Euskadi por asesinar a veinticinco personas —entre ellas, diecisiete guardias civiles—, empleaba esa fórmula, casi siempre la misma, para iniciar la conversación con su madre. Los cinco minutos reglamentarios de charla versaban sobre cuestiones triviales, el tiempo o un jersey verde que el terrorista quería que su madre le hiciera llegar, pero jamás hablaban de política y mucho menos de ETA. Sencillamente porque Esperanza Chaos, a la que en familia llamaban Nina, nunca justificó los crímenes de su hijo ni formó parte del colectivo de apoyo a los presos de ETA. Tampoco llegó a saber jamás qué o quiénes influyeron en él para que a principios de la década de 1980 abandonara su trabajo en la Ertzaintza y se fugara a Francia».

El cronista ha cumplido los preceptos: información, narración, intriga. Y factor humano.

Así prosigue su relato: «Cuentan personas que la quisieron mucho que Esperanza cayó redonda al suelo el 16 de enero de 1987 cuando le contaron que a su hijo lo acababan de detener en Madrid. La fotografía que al día siguiente vio publicada en los periódicos no se parecía en nada a las que de él guardaba en el álbum familiar. En ellas aparece de corbata en el bautizo de su sobrina o jurando marcial la bandera española tras el periodo de instrucción en Alcalá de Henares. Nada en la trayectoria del hijo hacía presagiar un futuro cercano a ETA. Más bien al contrario. Cuando De Juana regresó del servicio militar llevaba consigo un diploma, expedido por el Ayuntamiento de Madrid el 27 de mayo de 1977, en reconocimiento por su valiente lucha contra un incendio que sufrió la capital entre el 15 y el 20 de abril de aquel año. Más tarde ingresó en la segunda promoción de la policía autonómica vasca. "Aún faltaban unos años", recuerda un familiar, "para que De Juana, muy propenso siempre a los amoríos, ennoviara con una enigmática mujer llamada Helena y residente en Bayona"».

La crónica es, decía García Márquez, la historia en un puño. Para contar la historia del terrorista, y del terrorismo etarra, se necesitaría una enciclopedia negra; pero su raíz, la raíz sentimental de este movimiento perverso, está contada ahí por Ordaz con una perturbadora sencillez. Sin vuelo en el verso, de nuevo, como decía Hierro.

A ese antecedente (la militancia terrorista) le sigue la consecuencia que da aún más dramatismo a la vida posterior de la madre, que el cronista cuenta así: «El caso es que Esperanza Chaos jamás volvió a ver a su hijo en libertad. Ya por entonces viuda, inició una difícil carrera por mantener viva la relación con su hijo al tiempo que rechazaba una y otra vez las invitaciones para integrarse en el colectivo de apoyo a los presos de ETA».

Una crónica no es una noticia. Por eso Ordaz intercala gradaciones que van adelante y atrás en el tiempo, como le sugiere el ritmo narrativo que quiere dar a su historia. Que sigue así: «La madre del terrorista más famoso recorrió más de trescientos mil kilómetros en coche —le aterrorizaba el avión— para ver a su hijo preso. Su llegada a las distintas cárceles, según recuerdan funcionarios de prisiones, nunca pasó inadvertida».

La crónica es la de una sombra rara, el único elemento (por decirlo así) realmente positivo de una vida oscurecida, la de De Juana, por el asesinato y la venganza. Ella era, en ese contexto, una presencia extraña que los funcionarios de prisiones distinguían bien, y el cronista indaga en esa visión. "Venía como a una boda, con anillos y collares, elegante y alegre, siempre educada y cordial con nosotros, nada que ver con el carácter frío ni la mirada agresiva del hijo ni mucho menos con la actitud desafiante de la mayoría de los presos de ETA". En una ocasión un guardia civil, aun sabiendo a quién iba a visitar, se atrevió a pegar la hebra con ella. "De Tetuán, ¿eh? Usted es hija de funcionario o de militar". "De militar, agente". "Pues permítame que la acompañe"».

En ese diálogo el cronista alcanza, con una síntesis que le deberían premiar las antologías de periodismo, el grado máximo al que debe aspirar una crónica: el encuentro de dos mundos en el borde mismo de una emoción contradictoria, la que los enfrenta y a la vez los acerca desde lugares distintos pero que la vida en algún punto pusieron al lado. Ese grado de dramatismo está ahí, en esas cuatro líneas, sublimado por la sencillez, que es la exigencia máxima de la crónica.

La crónica no requiere más explicaciones informativas que las que son precisas para la comprensión del lector. Ordaz cumple la norma y he aquí cómo continúa este preciso recuento de una historia rara y sentimentalmente conmovedora: «La última vez que vio a su hijo fue el 7 de julio de 2005 en la cárcel madrileña de Aranjuez. Esperanza ya apenas podía caminar. Había seguido manteniendo la costumbre de mandarle ciento cincuenta euros mensuales, que rebañaba con trabajo de su pensión, e incluso llegó a hablar con un taxista de San Sebastián para que fuera a recogerlo en cuanto obtuviera la libertad. Pero entre las nieblas del Alzheimer y una mano oportuna que apagaba la televisión en el momento justo Esperanza se fue alejando de la realidad de su hijo en huelga de hambre».

Es una crónica perturbadora, y un modelo. Por este motivo, además, el periodista coloca los datos allí donde procede. Esperanza no envía a su hijo determinada cantidad de dinero; le envía ciento cincuenta euros; no lo va a ver un determinado día del verano de 2005, lo va a ver el 7 de julio de ese año; no recorre un montón de kilómetros, recorre trescientos mil kilómetros; no organiza el viaje de su hijo en cuanto éste salga en libertad, habla con un taxista de San Sebastián para que el hijo vuelva a su casa... Una crónica no es tampoco un reportaje, no precisa (de manera explícita) de relación de fuentes, de declaraciones, de datos exhaustivos que convenzan al lector de que lo que escribe el cronista responde a la realidad que ha investigado. La crónica es un ejercicio de convicción narrativa; si el periodista es capaz de deglutir esos datos para ofrecerlos de manera que el lector los asimile como propios de la narración a la que asiste, el cronista lo habrá convencido de la pertinencia de todos los elementos. Y la crónica será un éxito. Como ésta.

Pero, como Alfred Hitchcock hacía con sus películas (y como ha citado tantas veces un gran columnista, Juan Cueto), las crónicas tienen su *mcguffin*, su línea argumental, como una novela pequeña, como aquellos magistrales artículos-crónicas de Gabriel García Márquez. Y he aquí que el cronista Ordaz regresa al punto de partida, a la escena que da sentido a su investigación, allí donde se quedó congelada la imagen de las dos mujeres, la viuda del militar, la madre del etarra, aquélla dándole de comer un yogur de café a la señora que vivía en las nubes del Alzheimer: «Las dos ancianas están sentadas frente a frente. Una se quedó viuda el 2 de enero de 1977, a las ocho y media de la mañana. Tres pistoleros de ETA se apostaron frente a su marido, el comandante del Ejército José María Herrera, y lo acribillaron con disparos de metralleta en la misma puerta de su casa. Pasado el tiempo, el hijo del militar se casó con una muchacha llamada Altamira de Juana. La anciana enferma es precisamente la madre de Altamira y de Iñaki de Juana Chaos».

Es una historia tremenda, pues otro adjetivo daría por supuestas otras consideraciones. Una historia tremenda que la vida a veces hace habitual. Hay un detalle, de todos los que marca Ordaz, que llama la atención por lo magistral de su uso: cuando el cronista señala la hora en que se quedó viuda la esposa del militar. Nada ha habido más dramático en la vida de los agentes de seguridad destinados en Euskadi (militares, policías, guardias civiles, ertzaintzas) o políticos de aquella tierra que esas horas menudas de la mañana, cuando, como decía Franz Kafka hablando de otras cosas, despertar se convierte en un riesgo... Y es «a las ocho y media de la mañana» cuando esa mujer, la esposa de Herrera, perdió a su marido a manos etarras. Y ambas, la madre de De Juana y la madre del hijo del militar asesinado, están unidas por el parentesco: son consuegras.

Ordaz mantiene la sobriedad de su estilo para remarcar estos detalles que convierten su crónica en una pieza verdaderamente ejemplar, simbólica de la vida en Euskadi (al menos hasta 2011, cuando los etarras decidieron que no matarían más): «Lo que une a estas dos mujeres, más allá de la familia o incluso de la fatalidad de una vida marcada por ETA, es el interés común, tácito, de que el odio no prolongue el trabajo de las pistolas. El País Vasco está lleno de historias así. Madres de hijos que matan y mujeres de hombres que mueren tejiendo una red invisible de afecto imposible de fotografiar, indetectable para el radar de los telediarios».

Ordaz no dice cómo llegó a la historia que sirvió de sustento a la crónica, no es imprescindible en un trabajo periodístico así. Una crónica es también el subrayado de una nebulosa; cuantos más datos innecesarios, menos interés para el lector. Lo que importa, en este caso, es el valor del símbolo, y Ordaz lo expone en este estrambote mitad informativo mitad metafórico, la mezcla perfecta que exige la crónica para hacerse creíble: «Al día siguiente del fallecimiento de la madre del terrorista las asociaciones vinculadas a los presos de ETA publicaron en *Gara* hasta diez esquelas en su memoria. Una de ellas aparecía firmada por Helena, la enigmática mujer de Bayona. En todas se refieren a Esperanza Chaos como "la madre de un preso político vasco". Tal vez ignorando, o tal vez no, que la única familia política de Esperanza Chaos era, lo que son las cosas, la viuda de un militar asesinado por ETA».

Recuerdo, como lector, algo que sucede cuando lees una pieza importante del periodismo: el sitio donde lo leí, la situación en la que estaba el periódico, el clima que hacía (hacía sol, corría la brisa, estaba ante el mar, en El Médano, Tenerife), y sé que me levanté del asiento, miré al horizonte y disfruté de la sensación de que sabía algo más, y más hondo, de la vida.

Eso es lo que se le pide a una crónica leída en un periódico, y ahora que me han pedido que ilustre mi idea de la crónica con un ejemplo no se me ocurrió uno mejor que aquella crónica de Pablo Ordaz que ahora se convierte, otra vez, en metáfora de la vida rara en Euskadi.

LA NOTICIA

He aquí la madre de todas las batallas: la noticia.

Una gran definición está contenida al principio mismo del libro *El estilo del periodista*, de Álex Grijelmo, que fue periodista de agencia, luego fue periodista de periódico y volvió a ser, como presidente de Efe, periodista de agencia; un experto, por tanto, en la materia prima del periodismo. He aquí lo que dice Grijelmo: «La noticia en estado puro viene dada siempre por un acontecimiento sorprendente, estremecedor, paradójico o trascendental y, sobre todo, reciente. Una noticia, sin embargo, puede carecer de algunas de estas características y ser digna igualmente de publicación. Pero irá perdiendo fuerza cuanto más se aleje de tales premisas».

Yo me crié creyendo que todo lo que había en un periódico eran noticias. En aquel tiempo, los años del franquismo, en los diarios se publicaban muy pocas columnas; estábamos a la espera de las noticias (cuando venían del extranjero), o de los comunicados, que eran en gran parte las noticias que se producían en el interior, sometido a una censura más o menos férrea. Mi periódico tinerfeño había sido del Movimiento y guardaba en las baldas del taller una de aquellas noticias del exterior que siempre servían, en aquel diario de páginas tamaño sábado, para atenuar la sequía noticiosa nacional. Aquella noticia, invariable, hecha del plomo y de plomo, por así decirlo, tenía este titular asimismo invariable: «Hambre en Moscú».

«¿Qué hay de noticias?», le preguntaba un viejo periodista, Luis Álvarez Cruz (viejo: tenía menos años que los que tengo yo mismo cuando escribo estas líneas), a mi primer director en *El Día de Tenerife*. Y el director le decía: «Las que tú me traigas». Estamos en la calle, y en las redacciones, para saber qué ocurre y contarlo luego a los lectores. Y lo que debemos contar es noticias. Ya lo hemos dicho: noticia es algo que alguien en algún sitio no quiere que se sepa. La noticia es algo que nos sorprende y, por tanto, merece ser contada; como las ideas de las que habla Ángel Ganivet, hay noticias redondas y picudas, noticias que no tienen vuelta de hoja, que hay que contar con los materiales evidentes, noticias que son exclusivas o que conoce todo el mundo, pero que hay que publicar porque los periódicos son las expresiones del mundo que pasa. Y hay manera de contar las noticias, aunque lo que digan las noticias sea siempre (si los periodistas usan los materiales adecuados) lo que la noticia dice. Si un perro ha sido mordido por un hombre es mejor decirlo así, sin buscar otro subterfugio. Y si es el perro el que muerde al hombre quizá es mejor no decir nada, porque eso no es noticia. En todo caso, el siempre sabio *Libro de estilo* de *El País* hace unas precisiones que son imprescindibles para poner en orden los materiales de los que se nutre una noticia: «En un texto informativo el uso de la técnica de la pirámide invertida (de mayor a menor interés) es conveniente, pero no obligatorio. Siempre se ha de comenzar por el hecho más importante, que estará recogido, a su vez, en el título. No obstante, el párrafo siguiente puede constituirlo una frase que explique la entradilla o contenga los antecedentes necesarios para comprender el resto del artículo; así se rompe la relación de hechos. Lo mismo puede suceder con párrafos sucesivos». Y dice, con mucha sabiduría, el célebre manual: «Hay algunas formas de entradilla (primer párrafo de la noticia) totalmente nefastas: una larga lista entrecomillada, que obliga al lector a esperar varias líneas para saber quién es el autor de la frase. (...) La entradilla de estilo notarial de narración (descripción puramente factual de los hechos). Un ejemplo es el siguiente: "El Consejo de Ministros decidió ayer, 30 de diciembre, conceder una ayuda de mil millones de pesetas para los damnificados por las últimas inundaciones..."».

Una noticia es, en definitiva, la nuez del periodismo; debemos cuidar que no se nos atragante y se convierta en un fárrago de datos. Lo que le decía a Ben Bradlee uno de sus directores, antes de que él mismo fuera director: la esencia del periodismo es la superficialidad. Pero si en la superficie están todos los datos el lector se sentirá satisfecho. La abundancia de datos no garantiza la pertinencia de los mismos.

La configuración de una noticia, su escritura, ha variado en virtud de las novedades que ha introducido en el periodismo la existencia de Internet. A causa de la increíble velocidad que ha adquirido este nuevo sistema de comunicación, que ha revolucionado no sólo la industria sino la propia escritura, ya todo el mundo sabe, en términos generales, qué ha sucedido cuando el periódico se presenta, generalmente de madrugada, en los quioscos, de manera que los periódicos han de presentar, en su edición impresa, novedades de enfoque que impidan la obsolescencia del producto con el que acuden en busca del lector.

En las últimas elecciones generales *El País*, junto con otros medios, naturalmente, tuvo que luchar contra estas contingencias de prontitud que ha puesto en el camino la exigente existencia de la red.

En un tiempo récord el Gobierno y sus servicios de recuentos dieron enseguida el resultado de las elecciones generales, que en realidad no ofrecían alto grado de incertidumbre. Como la situación política del Gobierno se había deteriorado desde hacía más de un año, se había consolidado como fuerza muy probablemente ganadora la presidida por Mariano Rajoy, líder del Partido Popular, y la duda que tenían los españoles era si el PP obtendría o no mayoría absoluta. Que perdía el PSOE, el partido que había gobernado hasta entonces, era más que previsible, pero ¿por cuánto ganaría el PP?

Esa incertidumbre fue despejada enseguida, ante la televisión, en la radio, a través de las redes sociales y a través de los medios que se difunden por Internet, incluidos los medios tradicionales.

Así pues, para que la noticia tuviera relevancia propia en los medios impresos éstos tenían que procurarse una interpretación propia, distinta, por otra parte, de la noticia misma, que ya estaba dada, y de la interpretación imprevisible de los otros medios.

El País optó por este título: «La crisis da todo el poder a Rajoy».

De ese modo, el diario decía varias cosas que no necesita explicar en exceso.

Y ésa es la esencia del titular de una noticia: no se tiene que explicar. Ha de ser simple, y ha de ser entendido enseguida. Si un titular precisa explicación es que es directamente defectuoso.

Pero los medios tienen capacidad para explicar las grandes noticias aunque éstas se expliquen por sí solas. Así resolvió sus explicaciones fundamentales *El País*, enfrentado a la necesidad de adelantar su posición informativa ante el tsunami político que se avecinaba, y del que ya habían sido advertidos sus lectores en las ediciones de los días y las semanas y los meses anteriores. Así ofreció el periódico esas explicaciones: «El PP logra el mejor resultado de su historia con una mayoría absoluta superior a la de Aznar • La gestión económica provoca un retroceso sin precedentes de los socialistas en el Parlamento • Rubalcaba reclama un congreso urgente del PSOE».

En el argot periodístico esas explicaciones se llaman sumarios y se utilizan para calmar, por decirlo así, la contundencia de los grandes titulares. En este caso el periódico decide adelantar a sus lectores algunos efectos estadísticos de la victoria de Rajoy (186 escaños frente a 110 del PSOE, la mejor marca y la peor marca, respectivamente), que dejan al presidente del PP por encima de su antecesor en el partido, José María Aznar, que hasta entonces había usado sus éxitos políticos para tratar de tutelar el trabajo de su sucesor, al que él nombró, además. Y, en segundo término, el periódico reflejaba en dos trazos muy precisos la terrible soledad en la que se había quedado el PSOE, que había llegado a sus mínimos históricos.

Resuelta, a grandes rasgos, la posición informativa del periódico, la noticia tenía que alcanzar la dimensión tradicional; es decir, tras el titular, aunque éste lo diga todo, la noticia tiene que aparecer en sus términos precisos. La noticia como siempre la hemos conocido. Pero es que la noticia ya no puede darse como siempre la hemos conocido. Más arriba recogíamos lo que dice el *Libro de estilo* con respecto a la estructura de la noticia: «Siempre se ha de comenzar por el hecho más importante, que estará recogido, a su vez, en el título». Ahora ya no es tan imprescindible seguir este dictado, porque la noticia YA SE SABE. Pero en grandes ocasiones como ésta es conveniente que los periódicos recuerden el carácter de escritura para el récord que tienen sus páginas. Aún escribimos pensando en las hemerotecas, y ésta, la de las elecciones generales que dieron de sí el cambio de Gobierno de 2011 en España, es una noticia de obligada consulta en el futuro, en Internet o en papel. Es decir, es carne de hemeroteca.

Así se la planteó el periódico que estamos consultando, y a mí me parece impecable: «El PP logró ayer el mejor resultado de su historia —186 diputados, con casi el cien por cien de los votos escrutado— y el PSOE, el peor desde los inicios de la Transición democrática (110 frente a los 118 de 1977; los 121 de 1979 y los 125 de 2000). Con la holgada mayoría absoluta obtenida ayer por los populares los españoles han depositado en Mariano Rajoy un poder sin sombra a nivel municipal, autonómico y estatal para gestionar la crisis económica, la más grave y compleja que sufre España desde la Transición democrática».

La noticia está presentada con el adecuado tono de dramatismo. No son unas elecciones cualesquiera; ocurren en tiempos de enorme dificultad, y el país, España, está en medio de ese huracán, que ahora ha de ser gestionado bajo el mando universal de una política conservadora.

De manera pertinente, hemos de saber qué piensa hacer el líder de la oposición, que ha ganado por tan amplio margen la confianza de los españoles. Y *El País* recoge precisamente lo que considera más significativo de esa posición para completar el cuerpo principal de la noticia, su primer párrafo: «Rajoy afirmó anoche: "Vamos a gobernar en la más delicada coyuntura de los últimos treinta años. No va a haber milagros. No los hemos prometido"».

El periódico utiliza el segundo párrafo para resaltar la posición en la que queda el vencido. Una noticia, en cierto modo, es como el recuento de un combate, o como el esquema de una vieja película del oeste: existen los que ganan y los que pierden. Y en el cuerpo de la noticia que aparece en la primera página *El País* recoge la posición en la que se quedan los perdedores: «La crisis y su desafortunada gestión por parte de José Luis Rodríguez Zapatero han sido claves en el hundimiento del PSOE y su candidato, Alfredo Pérez Rubalcaba, que ha perdido más de medio centenar de escaños de los 169 logrados en 2008. El desastre llevó anoche a Rubalcaba a reclamar un congreso del partido "lo antes posible"».

El periódico ha completado la noticia, ha dejado implícitas sus interpretaciones y ha explicado, sin usar juicios de valor, tan sólo subrayando hechos, los factores del drama que deben interpretar los lectores, que se supone que ya lo sufren. ¿Y qué va a hacer el PP? La noticia, la más importante de los últimos cuatro años, después de la crisis misma y del final de ETA, cuyo anuncio se produjo en medio de la precampaña electoral, incluye este párrafo: «El futuro Gobierno del PP tendrá como prioridades absolutas el desempleo, recuperar el ritmo de crecimiento y rebajar las fuertes tensiones sobre la deuda española».

Una noticia es un panorama después de lo que ocurre, un desastre o un acontecimiento más positivo. Y el panorama está ahí descrito. Luego el periódico incluye editoriales (en este caso, dos, uno sobre el futuro y otro sobre el pasado; es decir, sobre lo que ha de hacer Rajoy y sobre lo que hizo Zapatero), columnas, otras informaciones, fotografías, crónicas de color de la noche, infografías..., pero la noticia, lo más importante, es eso: los datos, la interpretación de los mismos. Y, sobre todo, lo que el periódico ha hecho, y a mi juicio lo ha hecho muy bien, con rigor y sobriedad, es ofrecer una perspectiva de lo que supone lo que acaba de ocurrir. Y lo que acaba de ocurrir es que «La crisis da todo el poder a Rajoy».

¿Qué convierte en canónica la estructura de esta noticia? Que responde a todas las preguntas (qué, quién, cómo, dónde, cuándo y por qué) pero no se obsesiona con ellas. Que cuenta, ágilmente, lo que hubiera sido prolijo de explicar, y lo hace atendiendo a los factores fundamentales de una noticia: no falta nada, pero sobre todo no sobra nada.

Aquí es pertinente, otra vez, buscar ayuda interpretativa en el imprescindible libro de Grijelmo, pues él desata la esclavitud de esas W (por el inglés, quién, *who*; qué, *what*; dónde, *where*; cuándo, *when*; por qué, *why*...) y abre el paso a interpretaciones más laxas de la sujeción a las normas de estilo habituales.

Dice Grijelmo: «Qué, quién, cómo, dónde... ¿Debe un *lead* o entradilla contener la respuesta a las famosas preguntas "qué, quién, dónde, cuándo y por qué"? Pues no. Las respuestas pueden ir desgranadas a lo largo de la información, y según la importancia que cada una de ellas tenga en su caso. Tradicionalmente se ha dicho que una noticia debe dar respuesta a esas seis palabras del inglés: *what, who, how, where, when, why*. Cierto que casi todas las informaciones quedarían cojas sin esos datos. Pero hay otros imprescindibles también».

Para Álex esos otros datos imprescindibles son los «... y según», es decir, según quien lo haya contado; «... y para qué», es decir, qué consecuencias tuvo la noticia, «... y cuánto», pues esa medida no está entre las w tradicionales de la noticia, y es evidente que la cantidad de lo que pasa (cualquier cosa que sea esto) tiene importancia capital en la noticia. Es bueno recurrir a esta lección magistral de Grijelmo, acaso el máximo conocedor de la materia, por su experiencia y por sus libros, para elaborar sobre el aspecto más importante de esta madre de todas las batallas periodísticas: la entradilla de la noticia. Explica Álex: «Las agencias de noticias suelen empezar las informaciones con el relato escueto de los hechos. Por lo general los pequeños periódicos reproducen el teletipo sin demasiada elaboración posterior. (Tal vez la introducción directa de los despachos de agencia en el sistema informático del periódico, merced a las nuevas tecnologías, acreciente ese traslado mecánico carente de aportaciones o intervención del redactor del diario). Pero no tenemos en ese estilo de pirámide invertida la única manera (aun no siendo mala) de lograr el interés de los lectores».

Una noticia es, salvando las distancias, como una buena comida: ingredientes adecuados, suficientes pero no excesivos, y productos adecuados, ni insuficientes ni inadecuados.

Una noticia no debe iniciarse nunca con un entrecomillado (por muy importante que sea quien lo emita), ni ha de iniciarse (en una noticia) con una fecha (que puede corresponder a cualquier momento de la vida y no exclusivamente a aquel que estamos tratando).

Tampoco es conveniente (es más: es muy inconveniente) que una noticia comience con el relato de un hecho que pudiera corresponder a cualquier circunstancia.

Por ejemplo, es inadecuado empezar diciendo: «El Ayuntamiento de Madrid, en su reunión de ayer noche, decidió retirar la escultura de la Cibeles de la capital de España...». Evidentemente, la noticia sería: «La Cibeles será retirada de Madrid», pues lo que es importante de una noticia es el qué, no el cuándo que en este caso es totalmente secundario.

Es también conveniente, como ocurre en esta noticia electoral, que el periodista actúe siguiendo los pasos del titular, y para ello es bueno que escriba primero el titular (o el titular tentativo), puesto que ello le pondrá orden mental en la escritura de su pieza.

Todos los elementos de una noticia son interdependientes. Ha de escribirse siempre de modo que una información pueda ser cortada desde el último párrafo hacia arriba y nunca quede mutilada, pues el periodista ha de empezar por lo importante y seguir por lo secundario, hasta que complete las novecientas palabras que idealmente ha de tener una información.

Una noticia debe llevar en el cuerpo informativo en el que se constituya todos los elementos necesarios para su comprensión. No es mejor una noticia porque sea más prolija. Por ejemplo, ¿qué interés tendría en esa noticia sobre la victoria de Rajoy decir que nació en Pontevedra? ¿Serviría para algo explicar que Rubalcaba ganó una vez una carrera de atletismo? ¿O sería interesante decir cuándo se fundó el PP?

No, no sería ni interesante, no serviría, sería inútil, pues la noticia, lo que espera el lector, es precisamente saber qué pasó, lo que acaba de ocurrir y qué consecuencias tiene.

Por eso esa noticia es ejemplar, porque no le falta nada y porque no le sobra nada.

Dice el *Libro de estilo* de *El País:* «Hay que ofrecer al lector todos los datos necesarios para que comprenda el entorno de los hechos que se narran. El número de habitantes de una localidad es un dato fundamental en cualquier información que se refiera a ella. No basta con informar de un cierre de comercios en una localidad en protesta por un atentado, por ejemplo. Habrá que detallar cuántos comercios tiene esa población y cuántas personas están empadronadas en ella».

Marear al lector con datos sólo lo hacen los periodistas inseguros. Los datos son los que se cuentan si uno está seguro de ellos; y si no está seguro, uno no los debe hurtar, simplemente se indicará que no se ofrecen porque no se han podido obtener. El lector es un cómplice de la verdad a la que llegue un periodista y, por tanto, debe ser también conocedor de sus dedos.

En una información (como en una crónica o un reportaje) el periodista ha de ser cuidadoso con el uso de las fuentes; si éstas se acreditan, su origen ha ser verdadero; si las fuentes se inventan, el texto terminará denunciándolo por sí solo; en un texto de una página de *El País* encontré hace algunos años hasta diecinueve atribuciones de fuentes de lo más variadas («fuentes gubernamentales», «fuentes económicas», «fuentes políticas», «fuentes que no han querido ser citadas»...), que llamaban la atención por su carácter increíble... Es mejor no citar fuentes que no se pueden atribuir que citar muchas fuentes para acreditar (sin conseguirlo) una información.

La opinión

La opinión es libre. Parte de una convicción expresada por una persona no necesariamente perteneciente a la redacción de un periódico. Y tiene como objeto valorar una situación, un hecho, unas declaraciones... El sustento de toda opinión es el periódico mismo, lo que cuenta el periódico, es decir, la realidad que pasa. La opinión, pues, ha de estar basada en hechos verificables; la prensa anglosajona hace algo muy saludable con la opinión: la somete también al control de los hechos; por muy libre que sea una opinión, si no se atiene a la verdad (relativa o comprobable) de los hechos, no resulta publicable. Una opinión debe ser dicha con el debido respeto a los otros y a la realidad. No se puede calumniar en nombre de la libertad, pues ésta no autoriza a engañar ni a insultar. En los últimos años, quizá desde 1993, cuando en España se instaló una crispación que no ha cesado en las últimas dos décadas, se ensayó un periodismo gritón que aún prevalece y que confunde opinión con insulto. La opinión es el más sosegado de los géneros periodísticos, pues se somete a que se arbitre más allá y por encima del fuego de la propia noticia, trata de apaciguar con el análisis sus efectos para explicar al lector las consecuencias o los antecedentes de lo que ha sucedido.

Una cosa es la opinión del periódico (el editorial) y otra muy distinta es la opinión del colaborador, del columnista fijo u ocasional.

Editorial

El editorial es la esencia de lo que piensa un periódico; y no necesariamente expresa lo que cree su redacción; no se puede escribir asambleariamente, es tan sólo el pulso de la actualidad pasado por las convicciones del medio, acrisoladas a partir de un largo debate que parte de sus fundamentos. Se atribuye sin género de dudas al director del periódico, pero no necesariamente es el director quien lo ha escrito. En *El País* el director se rodea de un comité editorial —un equipo amplio de editorialistas, algunos de los cuales forman parte de la plantilla, la sección de opinión—. Además de los redactores de opinión es habitual que a esas reuniones acudan los responsables de las distintas áreas del periódico, que exponen asuntos que son de especial interés en las zonas a las que se dedica su trabajo: Internacional, España, Sociedad, Economía, sobre todo.

A ese equipo se une, los días en los que se celebra la reunión en la que se establecen los temas que merecen consideración editorial, otro grupo de especialistas externos, que aportan sus ideas y que, ocasionalmente, también realizan editoriales. Todo ese material (el que se va a publicar) es revisado o reescrito por el director, que es el responsable máximo de esa pieza esencial del periódico y que señala a su propio equipo de editorialistas sus conclusiones para que ese equipo elabore el editorial o los editoriales pertinentes. Se aconseja brevedad y, otra vez, sentido común, que es una de las variantes del sentido del humor.

No todos los editoriales son producto de esa elaboración tan sistemática. Algunos editoriales nacen de un acontecimiento que no se puede prever (los editoriales generalmente se preparan con mayor tiempo de reflexión) y que suscita el interés público y, por tanto, el máximo interés del periódico. En este caso está el célebre, y fallido, golpe de Estado de 23 de febrero de 1981.

El suceso ocurrió a las 18.20 horas del día indicado. La cúpula del periódico decidió enseguida que *El País* tenía que salir a la

calle a comunicar a los ciudadanos que el periódico como institución
también reclamaba la normalidad democrática dictada por la Constitución de 1978 frente a militares, guardias civiles y personalidades
civiles de la ultraderecha que querían subvertir, de nuevo, el orden
democrático en España.

Muy poco después de iniciado el golpe con el asalto a las Cor-
tes el periódico debería estar en la calle. Y debería llevar un editorial que expresara claramente esa posición de *El País*.

Es el editorial más famoso del periódico, el que expresaba, por
otra parte, la razón de ser del diario, que había sido fundado en 1976,
justo después de la muerte del dictador y antes de que se promul-
gara, en 1978, una Constitución que era precisamente la que querían
abolir los golpistas.

Por eso, el editorial, que es una pieza esencial en la historia
del periodismo español, figura ahora en las antologías sobre la importancia que tuvo *El País* en la transición y después.

Cuando murió Javier Pradera, que fue el primer jefe de opinión
de *El País* y editorialista decisivo en la historia del periódico, se dijo
que fue él quien lo escribió, seguramente después de las habituales
discusiones, que esa noche debieron de ser del mayor calibre por
las circunstancias que se vivían. Pero, como todos los editoriales, el
responsable era el director, que en este caso era el primero que tuvo
El País, Juan Luis Cebrián.

La excepcionalidad del momento no rompió la esencia de lo
que es un editorial: información, punto de vista, toma de postura.
De modo que el editorial comienza precisamente ofreciendo datos,
aunque el editorialista sea consciente de que el lector ya lo sabe
casi todo. Pero una de las bases del editorial y de todas y cada una
de las piezas de opinión de un periódico es no dar por sabido nada;
cualquier referencia que mejore la posición del lector ante la opinión que se emite redunda en la credibilidad del texto que se le
ofrece. Dice así aquel editorial, titulado «Con la Constitución»:
«El golpe de Estado llevado a cabo por destacamentos de la Guardia Civil en la tarde de ayer, al tomar por asalto el Palacio del
Congreso y secuestrar a los representantes de la soberanía popular
y al Gobierno del Estado, ha sido un alevoso atentado contra el
pueblo español, una humillación para la dignidad y la madurez de
una de las más antiguas naciones del mundo occidental y una criminal violación de la Constitución, aprobada en referéndum popular en diciembre de 1978».

En un editorial (y en cualquier pieza de opinión) es donde los adjetivos son bienvenidos; el adjetivo es un enorme peligro en periodismo; sin duda, lo es en las noticias, también lo es en los perfiles-entrevistas. Pero no lo son en los editoriales, por ejemplo.

Este editorial contiene en su primer párrafo adjetivos que definen un estado de ánimo y van dirigidos sin demora, básicamente, a los que en ese momento mantenían como rehenes a los representantes de la soberanía popular. Subrayemos los calificativos que elige el editorialista (los adjetivos buenos y los adjetivos malos): alevoso, criminal. Sustantivos como humillación, asalto, violación, y verbos como secuestrar van encaminados a advertir a los secuestradores y a las autoridades pertinentes de los gravísimos delitos que están cometiendo al asaltar el Congreso y tratar de subvertir la legalidad. Pueden ser reos de asalto y violación sometiendo con su asalto alevoso y criminal a los representantes de la soberanía popular.

El efecto es disuadirlos, ponerlos ante la naturaleza de la multitud de delitos que están cometiendo, porque el editorial (y el periódico, las hojas que se pudieron imprimir) está destinado sobre todo a que llegue al Congreso. Muchos de los presentes en el hemiciclo pudieron ver a los golpistas esgrimiendo el periódico, y todos creen que ese editorial comenzó a minar su moral. De eso se trataba.

El autor del editorial sabía qué escribía, y para qué; la cita sobre la figura del Rey y su papel constitucional resulta extremadamente pertinente en ese momento. Continuaba así, en la versión final, una vez que se restauró el orden democrático y los sediciosos fueron reducidos: «La defensa de la Constitución y de la legalidad vigente ha tenido en el Rey su más resuelto y admirable combatiente. Este país nunca podrá olvidar que, después de que el general Milans del Bosch decretara el estado de excepción en la Región Militar de Valencia por su cuenta y riesgo, sin respetar los mandatos constitucionales ni consultar al Rey, a quien corresponde el mando supremo de las Fuerzas Armadas, don Juan Carlos asumió la responsabilidad de la situación y encomendó a los secretarios y a los subsecretarios no aprehendidos por los secuestradores el ejercicio del poder civil. La actitud del jefe del Estado en las tensas horas de ayer es símbolo de la legitimidad constitucional y democrática».

Para escribir un editorial es preciso tener una buena preparación literaria, pues los editoriales son las piezas más prestigiosas de un diario, son en realidad sus señas de identidad; y además, en lo posible, el editorialista ha de tener la serenidad de un jurista y las características de un polemista, pues ha de utilizar elementos polémicos de los que ha de salir airoso gracias a su documentación y a sus recursos retóricos. En este caso el editorialista tenía que documentarse con abundante material. Lo logra expresar: «El golpe de Estado ilumina, por lo demás, buena parte de los acontecimientos de la etapa de transición y los sitúa en su adecuada perspectiva. La Operación Galaxia no fue una "charla de café", sino uno de los hilos de la madeja conspirativa que quedó al descubierto. La circunstancia de que el teniente coronel Tejero, principal responsable de aquel compló en toda regla, resultara condenado con una pena leve y fuera reincorporado luego al servicio activo ha permitido a este soldado desleal y sedicioso participar destacadamente en esta segunda intentona golpista. Así, las debilidades, las complicidades y las cobardías que impidieron en su día castigar a los culpables de la Operación Galaxia con las penas congruentes y realizar a su debido tiempo los relevos imprescindibles en los cargos de las Fuerzas Armadas y en las fuerzas de seguridad a fin de sustituir a los conspiradores y golpistas por militares y policías respetuosos de la Constitución son factores tan responsables como los propios asaltantes del Congreso en la esperpéntica estampa escenificada ayer en el palacio de la carrera de San Jerónimo, más propia de una república bananera o de un pronunciamiento decimonónico que de una nación europea del siglo XX».

Desde la muerte de Franco era el momento más grave de la vida española, y sin duda de la naciente democracia; *El País*, que había nacido para defender una España moderna, usaba el hecho ocurrido, y sobrepasado con fortuna, para advertir a la sociedad de los riesgos que corría aún el naciente Estado: «Los ideólogos de las bandas armadas y los terroristas que asesinan, extorsionan y secuestran encuadrados en las diferentes ramas de ETA también habrán tenido ocasión de comprobar cómo un golpe de Estado, que convertiría al País Vasco y al resto de España en un gigantesco campo de concentración o de exterminio, es la única consecuencia "política" a la que llevan sus acciones criminales. Porque en la tarde de ayer el secuestro del Congreso de los Diputados y del Gobierno tuvo otros cómplices, además de los que vivaqueaban en los alrededores del hotel Palace o en oscuros despachos oficiales. Y entre esos cómplices están todos los que usan la violencia y apelan a ella en el marco de un Estado democrático y libremente constituido».

Ese término, «vivaqueaban», aparece también en el penúltimo artículo de Javier Pradera que ya hemos comentado aquí hablando de las columnas con firma, así que no es nada descaminado colegir de qué autoría física estamos hablando cuando hablamos de este editorial decisivo de *El País*, para el periódico y para la historia de España. Desde la dignidad del momento el periódico avisaba, por otra parte, de las consecuencias de ignorar esos riesgos, y lo hacía poniendo en sus términos los distintos poderes que deberían estar a partir de entonces más alerta.

«Ocurra lo que ocurra en las próximas horas o en los próximos días, suceda lo que suceda a quienes nos mantenemos fieles a la Constitución y a la legalidad vigente, nacidas ambas de elecciones libres y de la voluntad del pueblo español, los golpistas están condenados por la historia, por la ética y por los juramentos de honor que tanto prodigan y tan poco cumplen. Ojalá este acto de barbarie sea sólo un bochornoso incidente y sirva, al menos, para que el Poder Legislativo y el Poder Ejecutivo de esta vieja nación sepan sacar las adecuadas consecuencias: que una democracia no puede ser defendida por quienes no creen ni en sus valores ni en sus principios y por quienes están dispuestos a matar y extorsionar en contra de la libertad».

El editorial se convierte en una reclamación de un mandato civil en el que el periódico se compromete: «En cualquier caso, este acto sedicioso, si tiene el final feliz que todos deseamos, no puede ser despachado bajo la teoría del "grupo salvaje", del pelotón de guardias civiles bastante descontrolados y enloquecidos. La investigación judicial sobre el asalto con toma de rehenes al Congreso de los Diputados tiene que alcanzar el fondo de todas las tramas —incluso si están insertas en las instituciones— que vienen conspirando contra la democracia desde el mismo momento de la reforma política. Los locos —máxime si circulan armados— son recluidos en las casas de orates y no se les entrega el mando de la tropa».

Momentos delicados para el país y para *El País*. Como decía un compañero, Augusto Delkáder, en caso de duda, haz periodismo. Y el editorial, acaso el más decisivo de la historia de la democracia española, acababa haciendo puro periodismo, es decir, incardinándose en el propio periódico para expresar su punto de vista con respecto a los graves sucesos que ocurrían en la carrera de San Jerónimo: «Los ciudadanos españoles deben sumarse a la gran protesta nacional e internacional y movilizar por todos los medios a su alcance la voluntad popular en defensa de la legalidad. Pero es precisamente necesario demostrarlo con su decisión de convivencia, con sus ganas de libertad y de alegría, sin apelaciones en este momento a huelgas generales o actos multitudinarios que ahonden en la desestabilización, máxime cuando la vida de los líderes políticos de este país pende aún de la voluntad de unos fanáticos. A la hora de cerrar esta edición, la situación parece controlada por el Rey y las fuerzas y los poderes legales. El comportamiento de los altos mandos de nuestras Fuerzas Armadas y de la Junta de Jefes de Alto Estado Mayor ha estado a la altura de la serena conducta de su mando supremo. Las horas y los días venideros determinarán el futuro en libertad de España».

Las especiales condiciones en que fue producido ese editorial, así como el periódico en el que iba impreso (primera página de un diario de ocho o doce páginas) evocan las condiciones en que nació el periodismo de panfleto, el que se hacía para gritar, desde un pasquín, a favor de la libertad. El valor que tiene esa pieza de periodismo de opinión da sentido al valor mismo del periodismo.

El reportaje

El reportaje es la novela de los periódicos, o el cuento de los periódicos, como dijo García Márquez en una lección magistral que dictó en la Escuela de Periodismo de *El País* en septiembre de 1995. Como recoge el brillante periodista mexicano, reportero él mismo, Víctor Núñez: «En las maneras de contar una historia no hay recetas. Hay enseñanzas que uno va incorporando a la experiencia. Mi experiencia parte de lo que dice García Márquez: intentar "contar bien el cuento", o lo que decía Carlos Monsiváis: esforzarse por hacer "literatura bajo presión". Trato de ofrecer un "trabajo reposado". Considero que el lector quiere que lo apartes un instante del vértigo noticioso y le digas: "Mira, presta atención a esta historia. Esta historia es diferente, esta historia te concierne como ser humano, esto te importa, esto afecta a tu vida, esta historia modifica tu forma de ver las cosas, tiene que ver con tu mundo y aquí está"».

Pero, como dice Víctor, para llegar a esa conclusión, para que la historia pese sobre el suelo, el periodista que deviene reportero ha de haber recorrido un largo trecho. Y debe haberlo hecho con los cinco sentidos. Como hizo sus crónicas (y sus reportajes) Manu Leguineche, como los hizo Alma Guillermoprieto, como los hizo Kapuscinski, como los hizo Tomás Eloy Martínez. Kapuscinski, recuerda Víctor Núñez, decía que los sentidos del reportero son «estar, ver, oír, compartir y pensar». «Tuve que haber observado», me dijo el joven reportero mexicano, «con obsesión el paisaje y los personajes, haberme enterado del contexto e intentar ser permeable y transparente en los lugares y entre los personajes de la historia. Sólo así puedo imprimir luego a los textos ritmo, colores, sabores, murmullos, experiencias, sensaciones... Una de las primeras lecciones que me dio Alma Guillermoprieto (una, porque me dio muchísimas cuando era su asistente) fue: "Si vives en crónica, entonces escribes en crónica. Si vives en declaración de funcionario, entonces escribes en declaración de funcionario. Trata de ir más allá de todo eso. Esfuérzate por retratar a la gente común y explicar cómo sus destinos están regidos por una clase política y empresarial sin escrúpulos". Y dice Alma: "El gran secreto para un reportero es confiar en que todos queremos contar nuestra historia. Todos queremos ser comprendidos. Escuchados. Y los reporteros, la mayoría de las veces, no escuchan. Van en busca del entrecomillado y no en busca de la verdadera historia que hay detrás del entrecomillado. Pero si uno va en busca de la verdadera historia percibe eso y lo agradece más de la cuenta"».

¿Y tú mismo cómo la haces, Víctor Núñez? «Antes de encender la computadora para escribir me pregunto a mí mismo: ¿la historia es verdaderamente interesante? ¿Mi curiosidad está suficientemente satisfecha? ¿Cuál es la mejor forma para contarla? Entonces empiezo por el principio y estoy dispuesto a conseguir un gran principio. Uno que me permita agarrar al lector por el cuello y decirle: "Aquí te tengo y no te suelto y no dejaré que pierdas la atención ni un instante"».

Ese soplo de convicción es lo que pide el *Libro de estilo* de *El País* desde que nació el periódico: «El reportaje —género que combina la información con las descripciones de estilo literario— debe abrirse con un párrafo muy atractivo, que apasione al lector. Por tratarse de un género desligado de la estricta actualidad diaria no puede ofrecer como arranque, generalmente, un hecho noticioso.

Ha de sustituirse tal arma, por tanto, con imaginación y originalidad. A la vez, el arranque debe centrar el tema para que el lector sepa desde el primer momento de qué se le va a informar».

Ese *Libro de estilo* que tanto cito fue, en su versión primitiva, mi compañero habitual en mis primeros años como corresponsal de *El País* en Londres. Llené una caja de zapatos con los textos desechados. La razón de que ahora me refiera tanto a él es porque fue mi guía, uno de mis maestros principales, y aún hoy, cuando ya en mi cabeza se han mezclado las experiencias y por tanto los géneros sigue siendo un martillo, un martirio y una referencia sin la que hubiera sido imposible que hubiera tratado de avanzar en el oficio.

Me contó una anécdota Víctor Núñez, que en cierto modo es una versión de esa presencia omnímoda (y beneficiosa) de las advertencias que el *Libro de estilo* lanzaba sobre mí: «Cuenta la leyenda que, cuando en la redacción de *The Washington Post* los reporteros terminan de escribir su historia y la guardan en la Intranet para que el editor la revise, en la pantalla del ordenador les aparece una pregunta: "¿Está completamente seguro de que su artículo resistiría una demanda de dos millones de dólares?". Con ello quieren que el autor piense si ha verificado todo lo que dice en el texto. Eso también debemos hacerlo: no divulgar algo sin confirmarlo, no querer ser los primeros sino los mejores en contar».

Un reportaje es una advertencia de la curiosidad. El buen periodista la activa cuando la gente está mirando ya para otro lado; después de haber ocurrido una gran noticia (una inundación, un hundimiento, de cualquier clase, una hecatombe, un incidente mayúsculo en un campo de futbol) los periódicos dedican páginas y páginas a glosar el hecho, a recuperar hasta el más mínimo detalle. Decía Gay Talese que uno debería procurar los detalles (para un reportaje, para una crónica) que no hayan llamado la atención a los que se ocupan de las noticias. Es cierto: los detalles son para los reportajes o para las crónicas; la vida está en los detalles, y en la gestión de los detalles está la calidad del periodismo.

Álex Grijelmo explica así su concepto del reportaje, bajo el epígrafe «El reportaje informativo» de su libro *El estilo del periodista:* «El reportaje es un texto informativo que incluye elementos noticiosos, declaraciones de diversos personajes, ambiente, color, y que fundamentalmente tiene carácter descriptivo. Se presta mucho más al estilo literario que la noticia (aunque ya hemos dicho, apunta Grijelmo, que también en las noticias se puede hacer buena literatura). Una novela entera puede escribirse con la técnica del reportaje; incluso un reportaje puede convertirse en una novela de hechos reales (por ejemplo, *Noticia de un secuestro*, de Gabriel García Márquez). Normalmente el reportaje parte de una recreación de algo que fue noticia y que en su momento no pudimos o no quisimos abarcar por completo. Pero también pueden darse reportajes intemporales sobre hechos o costumbres que, sin ser noticia, forman parte de la vida cotidiana, la política, la economía, los espectáculos... Así, por ejemplo, un reportaje sobre el funcionamiento de los taxis, sobre los hijos de políticos que han heredado la vocación de sus padres, sobre los banqueros más influyentes, sobre los cantantes con estudios musicales... No parece necesario que se entronquen con la actualidad si abordamos cuestiones de interés para nuestros lectores. Sin embargo, siempre será mejor que contemos con una "percha", es decir, un acontecimiento que da pie al reportaje».

La gestión de los detalles, dice Talese; la percha, apunta Grijelmo. Por eso, cuando me he enfrentado a la necesidad de buscar un ejemplo de lo que es reportaje (desde el punto de vista de los detalles y desde el punto de vista de la percha), vino enseguida a mi mente el que hizo Jesús Rodríguez, uno de los mejores reporteros de la escuela española del reportaje, que publica en *El País Semanal*.

Diré por qué me interesó especialmente este reportaje, titulado «El manual de la buena vida», y publicado en el citado suplemento el domingo 30 de octubre de 2011.

El verano anterior se había producido cerca de Oslo en una isla dedicada al descanso de jóvenes cercanos al Partido Laborista noruego un horrible asesinato múltiple, perpetrado por un maniaco que disparó de forma indiscriminada contra los reunidos, algunos de los cuales se salvaron nadando lejos de los tiros del asesino múltiple. El resultado de esta horripilante escena, que soliviantó a los noruegos y horrorizó al mundo entero, fue una matanza que resultó una mancha inolvidable en una historia, la noruega, que parecía idílica.

Un día de octubre de ese mismo año, unos meses después de ese atentado, pregunté en el periódico si no iban a hacer algo sobre la vida en Noruega después de ese hecho tan dramático como sobresaliente. Y entonces el subdirector de *El País Semanal*, Goyo Rodríguez, me dijo: «Ya está hecho. Sale este domingo». El autor del reportaje era Jesús Rodríguez. ¿Sus características? Las del reportero de raza: alguien que espera con paciencia a que los datos vayan respondiendo a sus preguntas, que no se precipita a la hora de obtenerlos y que escribe luego con la pasión tranquila de los testigos responsables.

Así es un reportero. Y así es su reportaje.

Éste, «El manual de la buena vida», tiene las condiciones de un reportaje antológico y por eso está aquí, como ejemplo.

En primer lugar, como se ha dicho de otros géneros, el reportaje ha de ser oportuno, y en eso se parece a las noticias. Pero un reportaje no es una noticia, es la consecuencia de una noticia. En este caso es la consecuencia de una noticia dramática.

Pero Rodríguez se sabe muy bien las reglas del *Libro de estilo* sobre reportaje y las cumple a rajatabla, y con buena literatura.

Veamos el comienzo a la luz de lo que recomienda el *Libro de estilo:* «Sencilla en su complejidad como ocurre siempre en la arquitectura nórdica; alzada sobre el mar; inmersa en un inmaculado parque de adoquines sembrado de violetas en el que cuando surge un despistado rayo de sol brota una marea de bebés y pensionistas en atuendo deportivo; con nueve siglos de historia, la catedral luterana de Stavanger, en la costa suroeste de Noruega, está considerada la más antigua del país. Su interior, mudo, pulcro, sobrio, sin imágenes, en el que las viejas tablas del suelo crujen bajo los pasos de los fieles, es el mejor reflejo del frugal estilo escandinavo de interpretar la vida, donde el lujo y el alarde son un pecado cívico y moral».

Ya estamos en Noruega, pues; en dos trazos el reportero que ha estado allí ha hallado la simbología adecuada para que el lector se sienta precisamente donde él estuvo. Pero le faltan los colores, y eso es lo que nos introduce en una atmósfera: «El negro y el gris son los colores de este país: de su cielo gran parte del año; del salvaje mar del Norte; de la discreta ropa de su gente; de las rancheras suecas y alemanas; de las calles de Oslo. El negro y el gris mimetizan a los noruegos con su entorno, los uniformizan y hacen que sea difícil detectar la diferencia de clases. "No pienses que eres especial", rezaba la filosofía igualitarista del país».

El periodista nos ha llevado al país, con todas sus consecuencias, y tras cumplir la siguiente parte de su acuerdo (del acuerdo del periódico, del acuerdo de los lectores) con el *Libro de estilo,* según el cual «tras la entradilla, el relato ha de encadenarse con

estructura y lógica internas. El periodista debe emplear citas, anécdotas, ejemplos y datos de interés humano para dar vivacidad a su
trabajo».

Eso hace Jesús Rodríguez. Ha ido a Noruega porque se ha
producido un grave atentado con resultado atroz, un altísimo número de víctimas. Pero el objeto de su reportaje es la vida, qué es
Noruega, cómo sobrevivió tan prontamente a esa catástrofe. Del
carácter de los noruegos, por ejemplo, le sirve de metáfora la catedral de Stavanger, por eso la ha situado en la entrada de su excelente reportaje: «Este centenario templo de Stavanger encierra otra
metáfora del alma de Noruega. No tiene rígidos bancos corridos
de madera como en las iglesias católicas donde los devotos se amon-
tonan codo con codo. Aquí cada fiel ocupa una amplia e idéntica
silla individual de asiento mullido con un pequeño espacio para que
descanse el breviario sin molestar al vecino. Cada silla es una isla.
No hay contacto físico entre los devotos. Si la vista desciende un
poco, se percibe que todas están unidas con abrazaderas metálicas.
Cada silla ocupa su propio espacio, pero es imposible separarla de
su fila.

»Juntos pero no revueltos. Así son los noruegos. Un pueblo que,
más allá de la riqueza que le proporciona el mar, sus bosques y el
petróleo, ha basado su éxito económico y social en reconciliar
el individualismo, herencia de un pasado de pescadores y campesi-
nos aislados en cabañas de madera y en contacto íntimo con una
naturaleza bella y dura; pobres, libres, puritanos y autosuficientes,
con el extremo opuesto: con un profundo sentido comunitario que
apuesta por el bien de todos, la igualdad, la solidaridad y sobre todo
la confianza en el "Estado niñera", que se ocupa sin grietas aparen-
tes del bienestar de sus ciudadanos mediante las más generosas
y antidiscriminatorias prestaciones sociales del planeta. Al tiempo
regula extensas parcelas de la vida de los noruegos (educación, salud,
pensiones, relaciones laborales y distribución de la riqueza) sin que
a nadie parezca molestarle».

Es un manual de la buena vida, sin duda. Pero ¿por qué en esa
atmósfera de quietud, de bienestar organizado por el Estado se
produjo aquel incidente, aquel terremoto social? El reportero ha
ido a Oslo con el deseo de saberlo, pero un reportero no va a hacer
una fotografía, le interesa el fondo de la cuestión, así que su trabajo va desgranando los distintos factores de la vida noruega, esa isla
de aislados generosamente asistidos por la sociedad-niñera, hasta

que llega a la raíz del interés del lector. Noruega no es sólo esa balsa de aceite (de mar o de petróleo); es también un lugar que de pronto se hizo multicultural, multirracial, y las consecuencias políticas que tuvo ese hecho se entroncaron, en el imaginario mundial, después del múltiple asesinato, con esa identidad política que significaba una novedad en la Noruega de finales del siglo XX y comienzos del siglo XXI. ¿Tenía que ver eso con el atentado, con la actitud del asesino? ¿Tenía que ver con Noruega, en suma? ¿Qué pasó, por qué pasó?

Ahí llega Jesús Rodríguez. El reportero pregunta para tener respuestas y poderlas ofrecer al lector.

«Noruega se hizo muy rica. Y comenzó a atraer emigración. (...) La llegada del tsunami multicultural iba a tener una consecuencia inmediata en amplios sectores de la clase trabajadora noruega que habían votado tradicionalmente a la izquierda: iban a perder la confianza en el Estado. Por primera vez en su historia cientos de miles de ciudadanos noruegos pensaron que esos inmigrantes que se cobijaban bajo el paraguas social noruego, que eran albergados en viviendas públicas, recibían mil doscientos euros al mes por asistir a las clases de introducción en la lengua y la cultura noruega y otros setecientos por cada hijo, que se beneficiaban de guarderías, educación y sanidad, se estaban aprovechando de su generosidad. "Hasta ese momento los noruegos éramos solidarios. Con la llegada de los inmigrantes se empezó a extender la idea de que pagábamos mucho para que se beneficiaran esos extranjeros que no venían a trabajar, sino a vivir del cuento", explica una profesora universitaria. El resultado fue el rápido crecimiento a partir de 1997 del Partido del Progreso, una formación en la que se mezclan el ultraliberalismo con el nacionalismo y la xenofobia, y que comenzó a hablar en sus mítines de una "islamización silenciosa de Noruega", a la que "había que poner freno". El Partido del Progreso apostaba por un "modelo noruego" sólo para los noruegos. Una sociedad a dos velocidades».

Y ahí viene la pertinencia del reportaje de Jesús Rodríguez: no ha ido a Noruega a buscar una noticia, sino a explicar por qué esa noticia causó el pánico que circuló por todo el mundo. Porque Noruega era un caldo de cultivo para que se produjera un hecho así, agitado por la xenofobia e interpretado, con una desfachatez a la vez homicida y suicida, por un loco que recibió los mensajes inadecuados.

Ese partido xenófobo «obtendría en las elecciones de 2009 un 23 por ciento de los votos, y así se convirtió en la segunda formación política tras los laboristas. La olla comenzaba a hervir. Anders Breivik, el asesino del 22 de julio, militó en ese partido. Tras el atentado el Partido del Progreso perdería diez puntos en las elecciones locales del pasado mes de septiembre, lo que parece que anticipa su decadencia. En cualquier caso, los líderes de opinión noruegos intentan conjurar la inquietante sombra del Partido del Progreso resaltando con displicencia la fortaleza del sistema noruego y resaltando que el Partido del Progreso "es democrático y, si quiere tener expectativas de gobernar, debe estar dentro del sistema y asumir sus responsabilidades". "No vamos a cambiar", repiten. Es su obsesión. En Noruega se detecta incluso un alivio generalizado por que el asesino del 22 de julio fuera un noruego y no un inmigrante musulmán. Lo confirma un profesor de Oslo: "Dentro de la tragedia, tenemos que agradecer al destino que el terrorista fuera alguien de aquí y no un paquistaní de Al Qaeda. Si hubiera ocurrido eso, el sistema noruego, que se basa en la confianza, habría saltado por los aires. La sociedad se habría partido en dos. Al pensar que ha sido un noruego solo, loco, aislado, y que algo así no va a volver a pasarnos, y que, por tanto, no vamos a colocar un policía en cada esquina, estamos poniendo a buen recaudo nuestro modelo con vistas al futuro. Pero, lo queramos o no, la inmigración es la papa caliente del 'modelo noruego'. Y tendremos que solucionarlo"».

¿Y qué pasó, parece preguntarse Jesús, en qué estado quedó la sociedad después de semejante ataque que ha soliviantado los cimientos de un país tan balsámico? Todo el reportaje es para contarlo, pero el periodista sabe lo que dice el *Libro de estilo:* «El último párrafo de un reportaje debe ser escrito muy cuidadosamente. Tiene que servir como remate, pero sin establecer conclusiones aventuradas o absurdamente chistosas. El último párrafo», concluye el *Libro de estilo*, «tiene que dejar cierto regusto al lector y conectar con la idea principal. Jamás debe ser cortado el último párrafo de un reportaje por razones de espacio».

Como digo, Jesús Rodríguez es consciente de lo que es el estilo del reportero, y su último párrafo es, por tanto, modélico: «Tras rememorar la tragedia los malos augurios se disipan sumergiéndose en la portentosa naturaleza de Noruega. Los fiordos, los bosques, el mar. Noruega es uno de los últimos territorios vírgenes de Europa, dotado de una belleza salvaje, donde el hombre ha logrado vivir en armonía con su entorno».

Y aquí introduce el reportero el enlace con la metáfora que introdujo en su primer párrafo, de modo que acaba como si hubiera imaginado una sinfonía en cuya modulación es acompañado de grado por el lector:

«Para el arquitecto Kjetil Thorsen, "en el diseño nórdico la naturaleza es la fuente de inspiración". Thorsen es uno de los socios fundadores del estudio Snøhetta, al que da nombre la montaña más emblemática del país y que está en la cumbre de la arquitectura global. Kjetil proyectó la nueva Ópera de Oslo como un enorme glaciar surgiendo del fiordo. Ya es el edificio más emblemático de esa nueva Noruega que se enfrenta a retos diferentes sin perder de vista la "tercera vía" que la ha conducido al éxito. "Es un edificio democrático. ¿Por qué? Lo explico: hemos logrado que la cubierta de algo tan elitista como un palacio de la ópera sea *pisada* cada día por miles de ciudadanos. No es un edificio para los amantes de la ópera; es un estudio para todos. Ése es el modelo de país"».

Y ése es un modelo de reportaje. Su éxito estriba en la documentación previa y en la planificación; el periodista sabía por dónde quería empezar y tenía claro, al menos eso es lo que se observa en el reportaje, dónde quería acabar. Esos dos elementos, el comienzo y el final, como indica el *Libro de estilo*, se juntan en un reportaje de modo inequívoco. El resultado es una primorosa página de reporterismo que debe servir de ejemplo para periodistas, en formación o veteranos.

La crítica

En los periódicos la crítica es un elemento fundamental; es un elemento complejo del diario escrito, pues el periódico confía en sus críticos, y son éstos quienes fundamentalmente valoran los espectáculos, los libros, las exposiciones, según la especialidad de cada uno de ellos. El periódico no interfiere en sus gustos y, si lo hiciera, haría muy bien en abstenerse, pues una de las características de la crítica es la independencia que el medio le otorga a su comentarista o crítico. De modo que la suya es una tarea privilegiada y, por tanto, llena de responsabilidad.

Con respecto a la independencia del crítico y a la norma según la cual el diario ha de respetar a sus críticos, el periodista y novelista argentino Tomás Eloy Martínez, un maestro de periodistas, me contó sus primeros trabajos en el diario *La Nación* de Buenos Aires. Era tan interesante lo que hacía con respecto al mundo del espectáculo (comenzando por la necrológica que escribió sobre Sacha Guitry al empezar su trabajo en el veterano periódico argentino) que le encargaron la crítica de cine. Dio los mandobles que juzgó oportunos hasta que los distribuidores de Hollywood decidieron retirar la publicidad cinematográfica del periódico. *La Nación* no le pidió que cambiara su modo de abordar la crítica; se limitó, tan sólo, a cambiarlo de sitio, así que de crítico de cine devino en contador de muertes en el río.

Eso que ocurre con el cine puede ocurrir con cualquier disciplina; en todo caso, el periódico puede prescindir del crítico, pero es bueno que no trate de manipularlo.

Entre los críticos que he conocido, el más notorio, porque en su oficio fue el mejor, fue Joaquín Vidal, el mítico crítico taurino de *El País*. Y por mi oficio en el periódico los he conocido a todos, desde el de música, Enrique Franco, al de arte, Francisco Calvo Serraller, de cine, Diego Galán o Ángel Fernández-Santos, etcétera... He traído a estas páginas, de todos ellos, el ejemplo de Rafael Conte, que fue muchas más cosas en *El País*. Fue editorialista, redactor jefe de Cultura, responsable de las páginas de Libros y antes había sido fundador, con Pablo Corbalán, de las señeras páginas literarias del desaparecido diario *Informaciones* y corresponsal en París del mismo periódico.

Lo grandioso de Rafael Conte era su vocación; él no quería, en realidad, ser nada de eso, lo hizo porque la vida lo fue poniendo en esas tesituras profesionales. Lo que él quiso ser siempre fue lector, y leyendo murió. Su gran pasión.

Desde esa pasión fue crítico literario. Su estilo es ejemplar en muchos sentidos: el de su independencia rabiosa, heredera de esa vocación suya de lector sobre todas las cosas; además, era extraordinaria su capacidad para averiguar, en una cala, la calidad de los libros que se sometían a su consideración. Sus críticas se distinguían, y eso tiene mucho valor en un diario, por informar exhaustivamente del escritor en cuestión para luego adentrarse, a veces de forma muy sucinta, en la obra que debía criticar. Todas las críticas tenían el mismo esquema, y todas respondían a su manera de ser: radical ante lo malo, comprensivo ante lo bienintencionado y entusiasta ante aquello que le parecía excelente.

En este caso he querido traer aquí un peculiar ejemplo de su actitud. Uno de sus grandes amigos fue José María Guelbenzu, escritor, novelista y ahora crítico de literatura extranjera en *El País*. Guelbenzu publicó en 2001 una novela negra, género que alternó con sus novelas más generales casi desde entonces. En la crítica fechada el 8 de septiembre Rafael Conte se enfrentó a la novela de su amigo en estos términos: «El hecho de que para su undécima novela (tampoco es para tanto en treinta y cuatro años) José María Guelbenzu haya decidido acercarse —y con una claridad, además, rayana en la desenvoltura— al (sub)género policiaco constituye desde luego una evidente sorpresa, como si fuera una rebaja bastante considerable en las anteriores ambiciones a las que desde siempre nos tenía acostumbrados».

Para el mundo de la literatura, acostumbrado a componendas amistosas, ese primer latigazo resultó una sorpresa, al menos del tamaño de la que le causó a Conte que Guelbenzu se dedicara al mencionado subgénero. Y seguía así el maestro de críticos (y maestro de Guelbenzu, por cierto): «Sin embargo, ya nos había dado bastantes pistas al respecto, y tampoco en resumidas cuentas *No acosen al asesino* es una novela policiaca de verdad (o sobre todo), menos mal, como voy a intentar explicar ahora».

La crítica se titulaba «El reposo del guerrero». Y por ahí iba la explicación de Conte: «¿Será un reposo del guerrero, un descanso en el camino, un divertimento (aunque haya sido al fin y al cabo irremediable) o una simple vacación, que el hasta ahora siempre tenso narrador se concede a sí mismo antes de regresar a sus senderos habituales? No lo sé, desde luego, todo esto no son más que hipótesis, pero como toda crítica literaria no deja de ser en el fondo una encrucijada de hipótesis que se entrecruzan para llegar a una apuesta que se pretende final (y que no lo es), no hay lugar aquí para ese acoso que la mayoría de todos queremos en el fondo».

Al crítico, es evidente, no le ha gustado la deriva que ha decidido tomar el autor. Pero ¿hasta dónde va a llevar su disgusto? Es probable y hasta seguro que no quiso en ningún caso hacer él mismo un relato policiaco, pero sí que está llena de intriga su proposición crítica. Por lo que sigue: «No acosen al narrador por su pretendida traición —o concesión— ni desde luego al crítico por su indecisión al no condenarla, pues ya lo dice el autor desde su mismo título: no hay que acosar demasiado al asesino para poder descubrirlo al final, o al menos para que así se pueda entregar con las manos en la masa, tan limpia y sencillamente como aquí sucede».

La decepción que quiere expresar el crítico está latente, pero tarda en llegar. Y entonces se manifiesta de la manera que es habitual en el ámbito general de sus críticas: contando qué hubo antes que explique lo que quiere decir ahora. Así que hay una larga lista de títulos que avalan su pasada (buena) consideración acerca del novelista. «Pues José María Guelbenzu», cuenta Conte, «es un creador que intenta crear pegado a la realidad que lo circunda y que suele pretender no tanto representar, sino interpretar y analizar a su manera, algo que no deja percibir nunca del todo merced al cuidado, cortesía y discreción con que lo presenta siempre, pues ése es su permanente compromiso tanto con sus lectores como consigo mismo, ya es hora también de que se le vaya reconociendo de una vez por todas». Gran escritor, pues. Pero ¿qué ha pasado? Conte no se hace esperar: «Lo malo es que quizá la aparición de *No acosen al asesino* no sea uno de los mejores momentos para conseguirlo, pues en esta ocasión ha acumulado los disfraces —o las máscaras— en exceso. Optando por el abandono aparente de los riesgos, por *rebajar* la aventura al grado cero de sus géneros preferidos, se ha acercado al mínimo nivel de sus novelas preferidas, al que constituye en el mundo de la novela británica el género policial, que va desde los buenos literatos *puros* —desde Chesterton hasta Graham Greene, por poner dos ejemplos—, hasta los relatos de simple "entretenimiento", y además en los de su vertiente más clásica (¿?) o tradicional, la "novela policial de enigma" de Agatha Christie y compañía, que tan bien representa en nuestros días P. D. James, por poner otros dos ejemplos».

No es común, pero el crítico está verdaderamente enfadado. Así construye su reproche, que es central en su comentario: «Nada de aventurarse por los caminos más norteamericanos de la novela negra, o de acción —los más preferidos hoy—, que son más realistas pero de menor exigencia formal, lo que indica cuáles han sido las verdaderas intenciones de Guelbenzu para *arriesgarse* a tanta rebaja, pues en esa *concesión* también se ha tratado de un *riesgo* a pesar de todas sus apariencias».

A partir de entonces Conte se dedica a desmontar la novela de Guelbenzu a partir de logros anteriores del excelente novelista cuya deriva sin duda ha despistado al crítico, que termina su excurso reclamando atención para esta frase con la concluye: «En resumen, que lo mejor y más válido aquí es lo costumbrista, el friso burgués de una serie de veraneantes en la costa cántabra con sus diálogos siempre bien resueltos. Pero tampoco esos personajes van mucho más allá, pues eso no se lleva en este tipo de novelas, desde luego. Una novela, pues, que es un ejercicio casi escolar para su autor, bastante bien llevado como corresponde a su habitual profesionalidad y soltura, y que puede servirle de mucho, pues le habrá enseñado cómo se hace una novela, aunque sea una novela de las que ya no se hacen. Al fin y al cabo en estos terrenos en el pecado siempre se lleva la penitencia».

Insólito, pero así fue. En la crítica están todos los elementos que usa Conte en sus artículos de recomendación (o no): análisis, comentario sobre la estructura, opinión sobre el texto, criterio sobre la historia. Y es un ejercicio evidente de independencia: la amistad entre crítico y criticado es conocida, y, por lo que se verá luego, y ello engrandece este intercambio, por llamarlo así, no será rota por esta abrupta opinión acerca de la novela del último.

Ocho años más tarde, el 22 de mayo de 2009, murió Rafael Conte, aquel gran lector. *El País* encargó a José María Guelbenzu el ejercicio más triste (y más arriesgado, de todos los que constituyen los géneros periodísticos, la necrológica). Y el escritor asumió el reto con ejemplar profesionalidad conmovida: «Hoy es un día muy triste para la literatura española. Con Rafael Conte muere un tipo de lector irrepetible, que a lo largo de casi sesenta años se ocupó de guiar a miles de lectores en nuestro país. Su contribución al conocimiento de la literatura española y universal en una España perdida e inculta comenzó en las páginas de *Acento Cultural*, revista asociada al sindicato de estudiantes del régimen, SEU, que junto a otros nombres como el de su muy amigo y también recientemente fallecido Isaac Montero empezó a abrir una ventana en la asfixiante mediocridad cultural española de la época. Cerrada *Acento Cultural*, continuó en la revista *Aulas* como director, donde lo conocí por medio de Félix Grande y donde, con su habitual bonhomía, me ofreció publicar alguno de mis primeros trabajos. Pero su verdadera influencia se empieza a extender a partir del mítico suplemento de libros del diario *Informaciones*, que dirigía Pablo Corbalán».

Un modelo de necrológica, informativa, conmovida, valorativa... Una necrológica no es en sentido estricto un comentario y, por supuesto no es tampoco una noticia: es una valoración, pues se trata de ponderar en ese momento, con urgencia pero también con hondura, la herencia que deja alguien lo suficientemente importante como para merecer un estudio inmediato de su figura. Guelbenzu cumple con todos los requisitos: explicó todas las andanzas profesionales de Conte, y al final de su escrito dejó clara su vinculación personal con el finado con algunos detalles que para el lector resultaban indicio suficiente de la animada amistad que disfrutaron juntos: «Rafael Conte era un amigo y un contertulio entusiasta, desde los viejos tiempos de la casa del barrio de la Concepción hasta los últimos almuerzos en Casa Manolo o en Belarmino, donde su voz a favor de los libros amados tenía el volumen estruendoso del alegre convencido. Quizá el sueño de Rafael fue el de ser sola y únicamente un lector, el mejor lector del mundo, pero, para suerte de todos, se vio obligado a ponerlo por escrito. Y eso es lo que le debemos».

A mí me ha dado mucho gusto poner de ejemplo de crítica y de necrológica estos dos textos, que ahora, juntos, me siguen emocionando, como lector y como admirador de ambos autores, el crítico y el, en su momento, criticado.

Documentación

Lo primero que me sorprendió en *El País* cuando llegué a su redacción fue el papel dominante que tenía el servicio de documentación en sus instalaciones. Aún no existían ni Google ni otros agregadores que almacenan datos (a veces tergiversados) sobre personajes, hechos o países. Y allí estaba, en papel, todo lo que pudiera ser interesante para apuntalar una noticia, una entrevista, un editorial, una crónica o un reportaje. El oficio de periodista es, en cierto modo, el oficio de un documentalista del presente, pero su trabajo estaría en el aire si no se basara en los datos que ya están en la historia. La documentación es la parte esencial de un periódico de referencia; y lo que ha de hacer un periodista de referencia es hacer honor a la documentación de la que parte.

Blogs

Más que un género periodístico es un soporte que facilita extraordinariamente la difusión de artículos, crónicas, reportajes, entrevistas, noticias... Un periodista —o cualquiera— puede crearse uno en diez minutos y alcanzar un público potencial mayor que el que tenía cualquier medio de comunicación hace sólo veinte años.

Gracias al *blog* millones de personas de todo el mundo siguen en tiempo más o menos real lo que sabe otro, o lo que saben otros, en los lugares más insospechados, en las circunstancias más exóticas o difíciles. Sin intermediarios, sin antenas de radio, sin distribuidoras, el pensamiento libre (o libérrimo) en una red sin fronteras. Aún parece un sueño y aún parece que propiciará muchas pesadillas...

Ésa es la teoría. Porque una cosa es que puedan ser leídos por muchas personas y otra que lo sean realmente. Como dice el *blo*guero español Enrique Dans, «empezar un *blog* es fácil, insultantemente fácil. Continuarlo, no tanto. Popularizarlo, menos». Mantener un *blog* requiere perseverancia, disciplina. Y convertirlo en una página de éxito requiere, además, talento. O al menos contar cosas que interesen a mucha gente.

La palabra «blog» aún no está en el diccionario de la Real Academia aunque sí está abierto el debate sobre su inclusión. En castellano puede usarse como sinónimo la palabra «bitácora», heredera de los cuadernos de bitácora, los libros en los que se apunta el rumbo, la velocidad, las maniobras y demás accidentes de la navegación de un barco. Es, pues, una palabra en desuso resucitada en la búsqueda de términos para dar nombre a las nuevas realidades tecnológicas. Como la arroba, un símbolo que existía en las teclas de las máquinas de escribir. Existía y languidecía porque ¿en qué frase iba a hablar uno de esa medida de masa equivalente a la cuarta parte de un quintal?

Pero volvamos a los *blog*s. Su estructura depende del albedrío del autor; generalmente agrega elementos que no son posibles en el periodismo de papel, y se beneficia de todos los elementos milagrosos de la red: permite el uso de fotografías, videos, infografías...

Es generalmente interactivo, es decir, el lector puede expresar en tiempo real sus opiniones sobre lo que ha escrito o dicho el autor del *blog*, y en general esos comentarios pueden ser anónimos (y gratos o insultantes), pero también son el soporte de discusiones muy interesantes sobre los supuestos de los que parte la identidad de los *blog*s: los hay políticos, literarios, gastronómicos, eróticos, sexuales...

Los *blog*s nacieron a finales del siglo XX y vivieron su máximo apogeo hacia 2004. La expresión de moda era entonces web 2.0, la web horizontal en la que los internautas dejaban de ser meros con-

sumidores y espectadores y se lanzaban a crear y compartir contenidos. Sin embargo, en unos pocos años algunas voces supuestamente cualificadas empezaron a vaticinar la muerte del *blog*. En 2008
Paul Boutin, periodista de *The Wire*, escribió la necrológica de este
formato, al que auguraba una pronta desaparición, desplazado por
el empuje de las aún más dinámicas e inmediatas redes sociales.

Como casi todas las profecías apocalípticas, no se cumplió.
Facebook o Tuenti han florecido extraordinariamente estos años
pero no han acabado con los *blogs*. De hecho, el mestizaje de formatos ha creado criaturas híbridas extraordinariamente exitosas,
como Twitter: para algunos es una red social, para otros una página de *microblogging*, o sea, un *blog* cuyas entradas están limitadas
a 140 caracteres; el tamaño, por cierto, que tiene un mensaje sencillo de celular. Así que desde cierto punto de vista Twitter puede
ser considerado un *blog* para perezosos, para gente con poco tiempo o simplemente con extraordinaria capacidad de síntesis.

El *blog* identifica una nueva manera del periodismo, que ha
alcanzado cotas de enorme influencia, hasta el punto de que un *blog*
como el Huffington Post ha terminado siendo (en Estados Unidos
y en el mundo) una referencia internacional de carácter político.
¿Qué se requiere para hacer un *blog*? Información, tiempo, ganas
de discutir y buena escritura, a ser posible. Ah, y sentido del humor.
Como para hacer una crónica.

¿Debe el bloguero seguir alguna norma? Si quiere hacer periodismo —porque recordemos que desde un *blog* también se puede hacer política, publicidad o proselitismo, por ejemplo—, deberá
seguir las normas básicas del oficio: rigor, búsqueda de las fuentes
primarias, comprobación de todas las informaciones...

¿Ninguna otra regla particular? El irlandés Tim O'Reilly, uno
de los creadores del concepto web 2.0 e impulsor del llamado *software* libre, propuso en 2007 un sencillo código de conducta con
siete normas:
1. Hazte responsable de tus palabras y también de los comentarios
   que se publican en tu *blog*.
2. Etiqueta tu nivel de tolerancia para los comentarios abusivos.
3. Considera eliminar los comentarios anónimos.
4. Ignora a los *trolls* (los matones del barrio de toda la vida metidos
   a internautas).
5. Sigue la conversación fuera de Internet, habla directamente o encuentra algún intermediario que pueda hacerlo.

6. Si alguien se está comportando mal, házselo saber.
7. No digas nada en Internet que no dirías en persona.

O'Reilly lanzó su idea, como una propuesta, con ánimo de generar debate. Su intención era que los blogueros se autorregularan en lugar de esperar que alguien viniera de fuera a imponerles las normas. Algunas de sus sugerencias parecen de sentido común. Pero por desgracia cinco años después —toda una era geológica para Internet— no nos hemos librado de algunos ruidos estridentes y del insulto amparado por el anonimato.

Estructuración del texto

Un texto se debe estructurar de acuerdo con la importancia de lo que se está contando. No es lo mismo estructurar un editorial (que no debe regirse por las normas que conforman una noticia) que un artículo de opinión. Y no es lo mismo estructurar un reportaje (como ya hemos visto) que una crónica, que se basa en formulaciones periodísticas muy distintas. Cuanto mejor sea el periodista, cuantas más lecturas tenga, más libre será de dar a sus textos su propio estilo. La estructura es el estilo. Una crónica de Enric González, por ejemplo, será distinta de una de Enric Juliana, por citar dos cronistas excelentes, y las dos tendrán, seguramente, los mismos elementos, pero ambos tendrán perspectivas diferentes. Ningún texto es igual a otro porque ningún hombre es igual a otro. Homologar los géneros sería hacer periodistas clónicos. Ahora bien, la libertad de escribir, de contar, viene de la abundancia de cultura bien digerida, de lecturas que ahonden en nuestro poder de metáfora. Si no se lee, no se escribirá bien y, si no se escribe bien, aunque sepas las normas del estilo, no tendrás estilo.

Hay un periodista, John Carlin, de formación anglosajona, que desarrolla en *El País* los más variados formatos o géneros, desde la entrevista al perfil, al reportaje y a la crónica, pasando por el artículo. Cualquier texto suyo, en cualquiera de los modelos, podría servir de ejemplo de todos y cada uno de los géneros. Pero, desde el punto de vista de la estructuración de un texto, quisiera traer aquí un artículo que publicó en su habitual sección, El córner inglés, en Deportes de *El País* del 6 de noviembre de 2011.

El periodismo, sobre todo, debe atender a las emociones del lector; ha de colmar su curiosidad, ha de informarle de lo que le importa y ha de causarle, cuando sea preciso, emoción. El periódico es un contenedor de dudas, certidumbres y emociones, y cuando uno se enfrenta ante la máquina de escribir, que ahora acaba en una pantalla, debe tener en cuenta estos factores.

En un artículo, que es el más arriesgado de los géneros periodísticos, pues compromete al autor pero sobre todo compromete al periódico con las opiniones del autor, se comprenden muchos factores de los distintos géneros. Como la columna, debe tener detrás una buena dosis de documentación, debe ofrecer un punto de vista, pero no se escribe exactamente para informar de un hecho, sino para arrojar a la luz una experiencia, emocionante o divertida.

Y esto lo hace magistralmente Carlin en este artículo.

El periodista argentino-inglés-sudafricano que reside en Barcelona y escribe en español en *El País* comienza esas columnas siempre con la frase de un personaje, que le sirve de *leitmotiv* interno para el artículo que propone. En este caso titula el artículo con una vaga referencia literaria (a Milan Kundera) en el siguiente encabezamiento: «La insoportable fragilidad del futbolista».

La expresión «insoportable fragilidad» apela de inmediato a la soledad de una persona, y la soledad, como es el más delicado de los factores humanos, y el más común, por otra parte, desata enseguida la perentoriedad de la lectura. Me pasó a mí, ese 6 de noviembre le pasaría a muchísima gente.

La frase elegida para marcar su artículo era esta vez de Jim Carrey, actor: «Me encanta interpretar papeles en los que se mezclen el ego y la inseguridad». Y a fe que el trabajo de Carlin era el soporte de un papel de esas características favoritas de Carrey.

Arrancaba Carlin como se debe arrancar un artículo, diciendo de inmediato cuál era el propósito de su texto: «Leer extractos de la biografía de Robert Enke, el portero alemán que se suicidó hace dos años tras caer en una profunda depresión, invita a una casi inevitable reflexión: qué raro que más jugadores de fútbol no hagan lo mismo».

Un artículo debe tener, en su estructura, los valores de una noticia y ha de tener también el poder de atracción de un reportaje, así que ha de comenzar informando de inmediato al lector de la razón por la que el articulista considera que ese asunto está ahí porque merece atención.

«El primer acto de la tragedia de Robert Enke tuvo lugar», prosigue Carlin, «durante el año que estuvo en Barcelona, en la temporada 2002-2003. Fichado del Benfica, dio toda la impresión el día de su presentación de que sería el portero número uno en el

Camp Nou para rato. Alto, fuerte, ágil, guapo, sonriente y —encima— alemán, reunía todos los requisitos para militar con distinción como última línea de defensa de un equipo de primera».

Distingue a Carlin la concisa elegancia del lenguaje; no precisa de una prosa barroca para decir con elegancia qué tipo de jugador es Enke, pero con dos pinceladas muy finas lo sitúa en el campo, en la «última línea de defensa de un equipo de primera».

Una historia así se escribe porque hay un pero, evidentemente, y así lo expone Carlin, siguiendo una gradación ejemplar en un artículo: ya ha expuesto lo que hay, ahora explica los condicionantes, el elemento que hace emocionante o decisiva la historia que ha elegido para llamar la atención de sus lectores: «Pero resultó que no; resultó que Enke era una persona delicadamente susceptible a las críticas de los aficionados, de los medios, de sus técnicos y de sus compañeros. Su hundimiento personal comenzó la noche en que el Barcelona perdió 3 a 2 en la Copa del Rey contra el Novelda, de Segunda B. El capitán del Barça, Frank de Boer, le echó la culpa en público por uno de los goles, la prensa amplificó las declaraciones de De Boer y la afición empezó rápidamente a dudar de él. Acabó la temporada relegado al número tres de la portería, reemplazado por un joven Víctor Valdés».

Ahí empieza el drama. Pero no concluye, no es tan sólo un accidente futbolístico, es un hondo drama humano que expone la insoportable fragilidad del futbolista, el afortunado titular con el que John Carlin presenta su historia. Así pues, continúa, «en el verano de 2003 (Enke) se fue a Turquía, al Fenerbahçe, donde duró apenas un mes. Enke empezó a escribir un diario íntimo, la crónica de una incipiente depresión».

No es común la historia, al menos no es común que un futbolista asuma esa historia, mientras ocurre, con las palabras que usó Enke para explicarla desde su punto de vista. Y ahí Carlin las recoge en el momento más pertinente del artículo: cuando da voz a su personaje y éste expresa el estado de ánimo del propio lector: qué pasa, por qué ocurre todo esto. La perplejidad es la del jugador, como lo recoge el propio Carlin: «No sé por qué vine aquí», reflexionó Enke. «El año en Barcelona realmente me ha cambiado. He permitido que se esfumara toda la confianza acumulada durante mis tres años en el Benfica».

Hubo un remonte en esa depresión. El futbolista se rehizo temporalmente, jugó en el Tenerife, donde triunfó, regresó a Alemania, al Hannover, lo hizo tan bien que jugó en la selección alemana a pesar de que en este último lapso de tiempo (2006) murió su hija de 2 años. «El inimaginable dolor de ver morir a la hija», subraya Carlin. «Lo que nadie supo, salvo su mujer, fue que mientras en el terreno profesional ascendía en lo personal la ansiedad lo estaba carcomiendo».

Carlin aborda el drama con enorme delicadeza, que implica aún más al lector en la narración de la dura historia del futbolista. Y alude al momento más arriesgado de las depresiones. «Las noches eran lo peor. Incapaz de dormir, se metía en el baño de su casa y se quedaba así sentado hasta el amanecer. Escribía en su diario: "La peor noche que recuerdo", o "todo esto es un sinsentido", o "¿dónde va a acabar todo esto?". Acabó en noviembre de 2009 cuando, con 32 años, se tiró debajo de un tren».

El caso de Enke, que tiene ese desarrollo dramático, es el filamento de muchas otras historias. Ése es el propósito del rescate que hace Carlin de ese drama. «La sorpresa, como decíamos», indica el articulista, «es que más jugadores de primera no hagan lo mismo ya que prácticamente todos viven bajo el mismo nivel de exigencia que Enke, muchos de ellos sometidos a contratiempos, críticas e insultos apreciablemente peores. Todos viven al límite, sus carreras en juego, sus reputaciones en entredicho, juzgados —en algunos casos por millones de personas a la vez— no por sus trayectorias sino por los últimos partidos jugados».

El corolario de este artículo emocionante y aleccionador es cuatro líneas en las que Carlin desgrana la metáfora final (que enlaza con el principio de su texto y con la frase que lo encabeza): «Tiene que haber otros Robert Enkes sufriendo en silencio en las grandes ligas europeas y en las pequeñas también. Seguramente haya muchos más de lo que nos imaginamos. Deberíamos todos de pisar con un poco más de cuidado y compasión».

A mí me emocionó el artículo. Soy aficionado al futbol, conozco, de lejos o de cerca, historias parecidas. Pero ésa era sólo la historia de un futbolista. Era un ejemplo poético, es decir, hondo, metafórico, sobre el misterio de la soledad de la vida, y estaba escrito con una sencillez que lo convertía en un artículo antológico.

Por eso lo traje aquí.

Saber titular

Titular es un arte. Un arte poético. Precisa síntesis, capacidad de seducción. Es, desde mi punto de vista, la clave del periodismo. Si no hay buen título es que no habido buena información; el titular es el símbolo principal de lo que llevas escrito. Si después del esfuerzo de un gran reportaje el título se te resiste, es que algo ha fallado ahí. El título no es lo último ni lo primero: es la esencia. De una noticia, de una crónica, de un reportaje. Es como el verbo que pedía a Hemingway su lacónico redactor jefe. Mándeme verbos. Mándeme titulares. A partir de ahí yo ya me haré mi composición de lugar. El titular ha de ser conciso y veloz, eficaz. Un buen titular es el que se entiende de inmediato. Como dice Javier Moreno, el director de *El País*, por el titular empieza a establecerse esa mirada compartida que en definitiva es un buen periódico.

Saber narrar en cine
Francisco Javier Rodríguez de Fonseca

Introducción

Una calle húmeda de Nueva Orleans. Medianoche. No hay nadie. Tras una ventana iluminada se oyen unos gritos. Se abre la ventana, oímos una voz de mujer y luego un zapato sale disparado. Un portazo y un hombre aparece en la calle. Encuentra el zapato, se sienta en la acera y se lo pone. Es una escena de la película de Jim Jarmusch *Bajo el peso de la ley (Down by Law*, 1986) y el que está sentado en la acera es un personaje encarnado por Tom Waits. Cuando vi esta escena, lo primero que me vino a la cabeza fue «el ser humano necesita zapatos para caminar». También le hace falta ropa para abrigarse y casa para habitar y leyes para convivir, y tener amigos y enamorarse y sobre todo necesita historias, historias para creerse todo eso. Casi podríamos decir que no hay nada, ningún objeto, incluso ninguna persona cuyo interés, cuyo valor no esté unido a una historia. Nada que no tenga una historia detrás tiene interés.

Nos pasamos la vida narrando historias. Narramos lo que nos ha pasado, lo que hemos hecho, lo que no hemos hecho, lo que vamos a hacer. A nuestros padres, a nuestra pareja, a nuestros amigos, a nuestros jefes. Anécdotas, hechos importantes, pero no sólo verdades, también mentiras. La verdad y la mentira tienen forma de historia. Inconsciente o conscientemente, todos sabemos que es el mejor recurso para divertir, para que nos perdonen, para justificar un comportamiento, para conseguir algo, para que nos quieran pero también para transmitir conocimientos, para curar, para vender. Narramos historias para comunicarnos con los demás, pero también nos las narramos a nosotros mismos. Para darnos ánimos ante una prueba, para justificar un fracaso. No podemos imaginarnos la vida si no podemos contarla. Vivimos para narrarlo. Dice el escritor Javier Marías: «Lo que tan sólo ocurre no nos afecta apenas o no más que lo que no ocurre, sino su relato (también el de lo que no ocurre), que es indefectiblemente impreciso, traicionero, aproximativo y en el fondo nulo, y sin embargo casi lo único que cuenta, lo decisivo, lo que nos trastorna el ánimo y nos desvía y envenena los pasos, y seguramente hace girar la perezosa y débil rueda del mundo»*. No es de extrañar que haya pensadores que definan al ser humano como un contador de historias.

Todas esas grandes preguntas que alientan tras nuestra precaria existencia, qué es la vida, quiénes somos, cómo ser felices, por qué la muerte, sólo hemos sido capaces de responderlas mediante historias. Los mitos fundacionales de religiones y pueblos, el Gilgamesh, la Biblia, el Mahabharata, el Popol Vuh, la guerra de Troya, los Nibelungos, El Mío Cid son todos historias. Historias y más historias que nos cuentan, y que narramos para seguir vivos y, si no, que se lo digan a Sherezade, mil y una noches salvada por sus historias, o a Don Quijote, que fue más allá y quiso vivir todas las historias que había leído, o a Huckleberry Finn, que se inventó no sé cuántos personajes para salvar el pellejo.

El ser humano se siente extraño en medio de la naturaleza y necesita rodearse de historias y más historias. Las historias nos protegen, las historias nos salvan. Quizá lo que está oculto en nuestro gusto por ella es la necesidad de dar sentido a nuestra existencia, de poner orden a lo que nos pasa.

Pero las historias hay que saber narrarlas. Una historia no tiene existencia propia, no existe si no se narra y narrarla es un arte. Este pequeño ensayo tiene como propósito mostrar cómo se construye una historia para ser contada en el medio más popular de nuestro tiempo: el cine. Para Robert Mckee, guionista y profesor de guiones, «una historia bien contada nos ofrece aquello que no podemos obtener de la vida: una experiencia emocional con significado»**. Ese significado que también, suponemos, estará buscando el personaje que encarna Tom Waits y que dejamos en la acera atándose el zapato en medio de la húmeda noche de Nueva Orleans.

El zapato ya está atado y ahora el personaje tendrá que levantarse y afrontar sus problemas, el amor, la pasta... la vida misma.

---

* J. Marías, *Tu rostro mañana, 1. Fiebre y lanza*, Madrid, Alfaguara, 2002.

** R. Mckee, *El guion*, Barcelona, Alba Editorial, 2002.

Narrar con imágenes

Una historia es una historia, la narres en una novela, en una película o en una obra de teatro, pero según el medio que emplees tendrás que trabajarla de manera distinta. En este caso se trata de narrar historias con imágenes, el cine. El que escribe historias para cine se llama guionista y lo que lo diferencia de otros narradores es el carácter visual del medio. Por eso, es muy importante, antes de entrar en el proceso de elaboración de un guion, ver algunas características que tiene el narrar con imágenes.

La imagen se percibe

Desde las cuevas prehistóricas hasta la realidad virtual el ser humano no ha cejado en su lucha por representar visualmente la realidad. La imagen hace referencia a una realidad que todos pueden captar de inmediato. La percibimos. Para eso tenemos los ojos. La lengua, en cambio, requiere un aprendizaje. Los frescos y los capiteles de las iglesias románicas servían para transmitir el relato bíblico a quienes no sabían leer y, sin ir tan lejos, el cine mudo hacía llorar o reír a personas de los cinco continentes. Si Flaubert decía que los ojos son la principal fuente de información e inspiración para el escritor, ¿qué serán para el guionista, cuyas palabras están destinadas a un mundo de imágenes?

Hoy ese protagonismo indiscutible que tiene la vista entre nuestros sentidos vive un momento de esplendor, pues se puede afirmar que la cultura visual es la dominante. Como dijo el filósofo Martin Heidegger: «La imagen del mundo no cambia por haber dejado de ser medieval y haberse convertido en moderna, sino porque el mundo se ha convertido por completo en una imagen y eso es lo que hace que la esencia de la edad moderna sea diferente»*.

Hasta el siglo XX el símbolo del poder cultural era el libro, la palabra escrita, un privilegio, ya que saber leer y escribir fue históricamente patrimonio de muy pocos. Muchos ensalzan el libro frente a la imagen porque su comprensión implica hacer un esfuerzo racional que dignifica al ser humano, mientras que el hecho de mirar es pasivo, es simplemente poner en marcha una actividad fisiológica. Sea cual fuere la postura que tomemos al respecto de esta polémica, lo que resulta incuestionable es que la imagen, a diferencia de la palabra, oral o escrita, se percibe directamente por nuestros sentidos. Las consecuencias de esta constatación deben ser tenidas muy en cuenta por el guionista a la hora de narrar su historia.

Dentro de los limitados conocimientos que se tienen del cerebro, parece confirmada una división de funciones entre los dos hemisferios. El hemisferio izquierdo agrupa funciones referidas a la motricidad y a la lógica, el habla, la escritura, las operaciones matemáticas y todas las relacionadas con solucionar problemas mediante la descomposición en sus partes, es decir, mediante el análisis. Mediante el hemisferio derecho percibimos el espacio, las formas, los colores. A diferencia del hemisferio izquierdo, aquí la información no se analiza, sino que es tratada de una manera global, en su totalidad. Esta manera de tratar la información está íntimamente relacionada con la respuesta inmediata. Se reciben sensaciones y se responde con emociones. Esto significa que el guionista debe ser consciente de que las imágenes y los sonidos de su historia serán recibidos por el espectador en una parte de su cerebro que no los tratará de manera analítica, racional, sino como un todo ante el que reaccionará con miedo, con alegría, con tristeza; es decir, emocionalmente.

En el cine las imágenes nos vienen dadas y nos llevan a las palabras; en la literatura las imágenes las creamos nosotros a partir de las palabras dadas. Simplificando: la imagen nos lleva de la emoción a la razón y las palabras, de la razón a la emoción.

Podemos concluir que el cine, al basarse en la imagen, es mucho más adecuado para lo expresivo que para lo explicativo.

---

* M. Heidegger, «The Age of the World Picture», en *The Question Concerning Technology and Other Essays*, William Levitt (trad.), Londres, Garland, 1977.

La imagen es más versátil que la palabra

A este carácter sensorial de la imagen hay que sumarle ahora otra característica fundamental para el trabajo del guionista: su versatilidad a la hora de adquirir distintos significados. Las imágenes, por más que la cultura visual haya creado toda una serie de clichés y convencionalismos, pueden significar muchas más cosas que las palabras. Las palabras tienen más de un sentido, pero si empleamos expresiones como «eso que has dicho tiene un doble sentido», es porque todos estamos de acuerdo en que hay un sentido básico que es el que asegura la comunicación. Una imagen, en cambio, no tiene un claro sentido por sí misma. Jean Mitry nos dice: «La significación no pertenece a una imagen, no es *de una* imagen, sino de un conjunto de imágenes actuando o reaccionando unas sobre otras»*. En la obra de Fritz Lang *M, el vampiro de Düsseldorf* (1931) vemos sobre una mesa los platos, los cubiertos y una servilleta. Es el servicio que ha preparado una madre para su niña que viene del colegio. Cuando vemos esa imagen por primera vez, no es más que eso lo que vemos, pero la segunda vez ya sabemos que la niña ha sido asesinada y la visión de ese plato vacío que nunca será utilizado por su destinataria nos conmueve.

Esta ordenación de las imágenes que forma el relato cinematográfico es el resultado de lo que llamamos el montaje, la última etapa de la actividad creativa en el relato cinematográfico y que intenta extraer la máxima expresividad de las imágenes. De lo que se trata es de poner en relación esa capacidad de impacto inmediato, casi fisiológico, de la imagen con la construcción de un relato intencionado. De la suma de la imagen como percepción y la imagen como parte de un montaje, de lo emocional y lo racional surge el sentido del relato.

El guionista escribe para ser visto

Si hojeamos un guion, veremos que la mayor parte de sus textos son diálogos, palabras escritas para ser dichas y, en menor medida, descripciones, palabras para ser vistas. A este respecto, siempre estará viva la polémica sobre hasta dónde llegan las competencias del

---

* J. Mitry, *Estética y psicología del cine*, Madrid, Siglo XXI, 2002.

197

guionista y dónde empiezan las del director. Muchos dicen que los aspectos visuales del guion no son competencia del guionista, pero eso no es cierto. El guionista deberá tener presente en toda su escritura que su historia tiene como finalidad ser vista. Incluso los diálogos verbales tendrán que ser escritos para ser vistos. No hay que olvidar que el guion está en el origen, antes de él no hay nada, y el guionista es el primero que tiene que «hacer ver» el relato.

Uno de los principales problemas que tiene el cine de ficción es subestimar el componente visual de los relatos. En una primera aproximación se podría decir que esto no es cierto, que no existe tal subestimación, sino que, al contrario, se saca un tremendo partido de las imágenes. Desde sus inicios el cine está lleno de imágenes impactantes y cada vez se cuida más la estética visual. Pero cuando hablamos de subestimación no nos referimos a esa utilización facilona de las posibilidades espectaculares de las imágenes, a la tosca explotación de su expresividad, sino a la infrautilización que normalmente se hace de ellas como recurso narrativo.

Las imágenes en un medio de imágenes no pueden aspirar a ser simplemente el marco incomparable del relato que se nos quiere contar. Las imágenes, por el mero hecho de percibirse, son expresivas y por eso están en condiciones de participar en el arco dramático de la historia igual que sus personajes y sus diálogos. Hitchcock* decía que la sacrosanta palabra tiene que ser un ruido más en la película. Y hablando de ruidos, quizá el origen de esta infrautilización de las imágenes tenga su origen en la irrupción del sonido en el cine. Murnau con su película *El último* (1924) había conseguido contar una historia sólo con imágenes. Era cine mudo, pero no necesitó utilizar ni un solo cartel. No quiero decir con esto que los diálogos verbales no fueran una aportación positiva, es indudable que hicieron de la narración cinematográfica algo mucho más próximo a la realidad, sino constatar que frenaron de una manera severa el desarrollo del lenguaje visual.

Si el guionista escribe para ser visto, es importante que conozca los contenidos que puede proporcionar una imagen. A este respecto apuntaremos la aportación que hace Roland Barthes**. Aunque él se refiere a la fotografía, su análisis es perfectamente aplicable al cine, que al fin y al cabo no es sino fotografía en movimiento:

* F. Truffaut, *El cine según Hitchcock*, Madrid, Alianza, 1974.

** R. Barthes, *La cámara lúcida*, Barcelona, Paidós, 1992.

1. Contenido informativo: Barthes lo denomina *studium*, y hace referencia a lo que nos dice la imagen de la historia que estamos narrando. Los paisajes, los objetos, el vestuario, la ambientación, todo eso que hace a la película verosímil en su contexto.
2. Contenido simbólico: la película tiene un objetivo que impregna todas las imágenes. Por ejemplo, nos quiere contar que la honradez nunca es recompensada.
3. Contenido innombrable: Barthes lo denomina *punctum* y lo considera lo propiamente fílmico, «aquello que no puede ser descrito». Es algo incontrolable que surge de la naturaleza propia de las imágenes de manera imprevisible y aporta al relato destellos reveladores.

EL ESPACIO

Si el guionista escribe para ser visto, lo primero que se ve es el espacio. El fotograma muestra espacio. El tiempo no está en el fotograma, el tiempo sólo aparece cuando se suceden los fotogramas*.

El espacio no puede ser un convidado de piedra, tiene que estar implicado en el relato. Saber elegir el lugar adecuado potencia el dramatismo de la acción e integra al personaje en el sistema de imágenes, sirviendo para reflejar su condición social y sus características psicológicas. El espacio de la narración se construye y es el producto de una elección, no es un simple marco, es una imagen que *habla*. El espacio transmite sentido.

En el cine, a diferencia de la pintura y la fotografía, el espacio no es estático, está en movimiento. Se ve afectado por los cambios de la narración e impregnado de su contenido simbólico.

Funciones dramáticas del espacio

El espacio puede adquirir tintes de protagonismo cuando marca la historia de nuestro protagonista; por ejemplo, un campo de concentración. También puede convertirse en un adversario, un desierto que atravesar, o incluso en el objetivo del protagonista, una tierra que conquistar.

---

* A. Gardies, citado por A. Gaudreault y F. Jost en *El relato cinematográfico*, Barcelona, Paidós, 1995.

Con el espacio puedes modular sensaciones. Un espacio abierto puede significar libertad y también desamparo o desolación. Un espacio cerrado puede significar opresión y también un lugar seguro, un refugio, el hogar. Incluso la acción del protagonista puede convertir un espacio que se presenta al comienzo de la historia de una manera determinada en otro totalmente diferente cuando la historia llega a su fin.

El espacio como contenedor

El guionista considerará el espacio como un lugar de acogida de los distintos elementos del relato.

En el espacio podemos distinguir:

Objetos. Estáticos o con movimiento. Desde una montaña a un minúsculo pendiente, pasando por un coche o por la indumentaria del personaje. Todos están ahí, dispuestos a hablar en cualquier momento.

Sonidos. Desde un terremoto a una tos. El ruido del ambiente, y especialmente esos sonidos que vienen de fuera del plano, huérfanos de imagen y, sin embargo, capaces de dominar todo lo que se ve.

Luz. La luz creadora de espacios. La luz del día, de la noche, la luz eléctrica. La luz es una fuente versátil de poder, y se le otorga a lo que pone en foco o a lo que oculta entre las sombras. También la luz difuminada por toda la pantalla, bendiciendo a todos por igual o dejando las cosas en terreno de nadie. La luz en todo caso es una fuente de dramatismo de primer orden que el guionista debe contemplar.

Personajes. No sólo hablan con la boca sino también con el cuerpo, expuestos como están en su totalidad en la pantalla. Este lenguaje no verbal puede expresarse:

a) dotando de entonación a las palabras. Las palabras cambian su significado cuando se les incorpora un tono cínico, irónico, tierno, distante, cómplice, etcétera (lo paralingüístico),

b) gesticulando o moviendo el cuerpo. Los ojos, la boca, las manos, todo nuestro cuerpo es capaz de expresar. Muchas veces, mejor que las palabras (lo kinésico),

c) gestionando su espacio, guardando las distancias, defendiendo su espacio o invadiendo el ajeno para clavar un cuchillo o para dar un beso. La distancia espacial entre dos personajes es un determinante de la intensidad dramática (lo proxémico).

El guionista y la cámara

Aunque el guionista no vaya a ser el director de la película, no puede olvidar que va a ser un ojo no humano, el objetivo de la cámara, el encargado de captar su relato. Ese ojo ve cosas que nosotros no podemos ver: la nitidez de los bordes del plano, los planos detalle, etcétera. En el relato el guionista podrá construir escenas partiendo de las capacidades de ese ojo ajeno. Por ejemplo, incluyendo en una misma escena varias acciones, aprovechando la profundidad de campo (una en primer plano, otra más atrás...).

De igual manera, podrá utilizar las características del plano para introducir mediante el sonido acciones que tienen lugar en el borde exterior del plano, es decir, fuera de campo.

EL TIEMPO

Dice Balázs*: «El pintor puede representar el rubor de un rostro que, siendo pálido, de repente, se sonroja; también puede mostrarnos la palidez del rostro, pero no el dramático proceso por el cual ha sucedido».

El tiempo, a diferencia del espacio, no se ve. Sabemos de su existencia por sus huellas.

Los dos tiempos del relato

El tiempo del cine es el presente. Cuando vemos las imágenes pasar ante nuestros ojos desde la butaca es como si estuviéramos asistiendo en directo a lo que está pasando, aunque sepamos que todo es pasado, pues la película se filmó y se montó en un tiempo anterior.

De principio hay que tener en cuenta dos clases de tiempo:

1. Duración de la película o tiempo de la narración. Hace referencia al tiempo que estamos sentados delante de la pantalla. La película puede ser un cortometraje o un largometraje, puede hacérsenos muy larga o puede pasar volando.
2. Duración diegética o tiempo de la historia. Hace referencia al tiempo real de la historia que se cuenta en la película. La historia

---

*B. Balázs, *El film: evolución y esencia de un arte nuevo*, Barcelona, Gustavo Gili, 1978.

de un enamoramiento que dura tres meses o la historia de una
persona que durará lo que dure su vida.

El tiempo de la narración

Una película tiene una duración limitada. Eso implica que tendremos que seleccionar una serie de acontecimientos de la historia
y ordenarlos adecuadamente para dar la sensación de continuidad.
El guionista construye el tiempo de la narración.

El tiempo de la historia

En lo que se refiere a la duración real de la historia que contamos
(duración diegética) es de principio importante saber si vamos a abarcar un largo periodo de tiempo, la historia de una familia, de una
nación, etcétera, o un tiempo más breve, por ejemplo, el atraco a un
banco. Cuanto más tiempo haya entre las escenas, por ejemplo, pasamos a cinco años más tarde, más difícil será poder desarrollar situaciones dramáticas y más carácter épico tendrá el relato. Por el
contrario, cuanto menos tiempo haya transcurrido entre una escena
y la siguiente, más posibilidad de trabajar desarrollos dramáticos que
hagan implicarse a los espectadores con la aventura personal del protagonista. Teniendo esto en cuenta, el guionista deberá distribuir la
duración de los espacios entre las escenas de acuerdo con sus objetivos.

Definiciones temporales de los acontecimientos

Ambos tiempos, el de la narración y el de la historia, podemos
considerarlos, siguiendo a Genette*, bajo un triple criterio:
a) el orden: comparando el orden en que se producen los hechos
   en la historia con el orden en que aparecen en la narración,
b) la duración: comparando el tiempo que ocupan en la historia con
   el tiempo que ocupan en la narración,
c) la frecuencia: comparando las veces que un hecho se da en la
   historia con las veces que aparece en la narración.

---

* G. Genette, *Figuras III*, Barcelona, Lumen, 1989.

El *orden*. Lo habitual es narrar una historia siguiendo el orden cronológico de los acontecimientos. No obstante, podemos romper el tiempo lineal y para ello contamos con varios procedimientos:
1. El *flashback*. También llamado analepsis, nos traslada a la visualización de hechos anteriores al momento en que nos hallamos. Se utiliza para informar sobre cuestiones que van a ser importantes en la narración, para romper expectativas; traslada la pregunta que hay que responder a otro asunto para conocer mejor a nuestro personaje.

Puede darse el caso de que la historia se narre toda ella como un *flashback*. Por ejemplo, comenzamos en un presente donde se nos dice que vamos a contar cómo hemos llegado hasta aquí. Ejemplos paradigmáticos son *Ciudadano Kane* (Orson Welles, 1941), donde se nos cuenta, una vez muerto, la vida de un magnate, y *El crepúsculo de los dioses* (Billy Wilder, 1950), que nos presenta a un ahogado en una piscina dispuesto a contarnos cómo llegó hasta ahí.
2. El *flashforward*. Denominado también prolepsis, consiste en colocar hechos en la narración antes de su aparición. Suele utilizarse para anunciar o insinuar acontecimientos venideros o para explicitar dotes de clarividencia por parte de personajes. Muchas veces son imágenes confusas que el espectador no comprenderá hasta que llegue su momento, lo que creará expectación. Es mucho menos utilizado que el *flashback*. Esto es fácil de explicar por la propia experiencia humana, donde los recuerdos y en general las narraciones de cosas pasadas están a la orden del día.

Estas rupturas temporales, generalmente utilizadas cuando se trata de encontrar algo o solucionar una cuestión, a menudo psicológica, hacen que el espectador tenga que implicarse más, prestar más atención. Hay que ser muy cuidadosos con estos saltos de tiempo ya que rompen la tensión dramática de la que participa el espectador con el personaje en su acción presente.
3. La simultaneidad. Cuando se quiere narrar dos acciones que ocurren al mismo tiempo en la historia. Gaudreault y Jost* recalcan que, a diferencia de la novela, que todo nos lo presenta mediante palabras, el cine emplea múltiples signos y los presenta todos de manera simultánea. A este respecto, el guionista tendrá que saber que puede componer escenas donde la coincidencia de acciones en el tiempo podrá mostrarse bien simultánea, bien sucesivamente.

---

* Gaudreault y Jost, *op. cit.*, véase nota p. 199.

Para presentarlas de manera simultánea cuenta con dos recursos:
• La profundidad de campo. El guionista colocará una acción en primer plano y otra detrás. *Ciudadano Kane* ofrece muchos ejemplos.
• La división de pantalla. En cada parte se mostrará una acción. Así se resuelve en *La soledad* (Jaime Rosales, 2007).

Para hacerlo de modo sucesivo podrá:
• Presentar las acciones una tras otra, explicitando la simultaneidad mediante un texto o un recurso sonoro. Por ejemplo, un disparo que se oye en las dos, lo que nos indica que han ocurrido a la vez, como en *El tren del misterio* (Jim Jarmusch, 1989).
• Colocar alternativamente acciones simultáneas. Es el procedimiento más usual.

Por último, cabe romper el tiempo descolocando el tiempo lineal o mezclando varias historias. Un ejemplo nos lo proporciona *Pulp Fiction* (Quentin Tarantino, 1994). Esta descolocación, aunque pueda confundir al espectador respecto al orden de los hechos, puede lograr transmitirle otro tipo de sensaciones que lo justifiquen. Cuanto más pequeña sea la unidad donde rompemos el orden lineal del tiempo, una secuencia, una escena, etcétera, más dificultaremos la comprensión.

La *duración*. Hace referencia a la relación entre la duración de los acontecimientos en la historia y su duración en la narración. Pueden darse los siguientes casos:
1. Cuando no hay tiempo en la historia y sí en la narración. Por ejemplo, la cámara se recrea en un paisaje. Ese tiempo no existe en la historia pues no es tiempo de acción. Esto puede aplicarse a la totalidad de la película. Por ejemplo, un personaje salta a otra dimensión a una hora determinada y cuando vuelve es la misma hora.
2. Cuando los tiempos de la narración y la historia son iguales. Suele coincidir con las escenas dialogadas. Un diálogo dura lo que dura tanto en la historia que se cuenta como en la narración que la cuenta. Si la equivalencia afecta a la totalidad de la historia, nos encontraremos con esas películas que transcurren en tiempo real. Un buen ejemplo es *Doce hombres sin piedad* (Sidney Lumet, 1957), donde 90 de los 95 minutos de la película son las deliberaciones de un jurado que tiene en sus manos la posibilidad de condenar a muerte a un acusado.

3. Cuando lo que se narra dura menos que en la historia. Son esas escenas sumarias, generalmente de poca duración, donde vemos cómo evoluciona una relación, cómo se desarrolla una rutina o se construye algo.
4. Cuando acontecimientos de la historia no se reflejan en la narración. Es lo que se denomina elipsis. La narración no incluye acontecimientos de la historia. Esto es algo muy normal en cualquier relato cinematográfico ya que no hay tiempo material para contarlo todo. No obstante, la ocultación de ciertos acontecimientos importantes puede utilizarse para crear expectación. El plano secuencia es un procedimiento para evitar la elipsis.

En resumen, el cine tiene procedimientos estandarizados para significar el paso del tiempo prescindiendo de mostrar los tiempos intermedios: alguien se presenta a una oposición y a continuación lo vemos ya en su puesto, vemos pasar hojas de un calendario o la esfera de un reloj marcando distintas horas, un cartel que dice «dos meses después», vemos al personaje con ropa distinta...
5. Cuando el tiempo de la narración es mayor que el de la historia. Es lo que se denomina dilatación. Por ejemplo, queremos recalcar la tensión que supone una espera y hacemos que dos minutos duren más de dos minutos.

La *frecuencia*. Un hecho de la historia puede aparecer en la narración:
1. Las mismas veces que en la historia. Es lo más usual.
2. Más veces en la narración que en la historia. En *Rashomon* (Kurosawa, 1950) se cuenta el asesinato de un samurái desde cuatro puntos de vista.
3. Más veces en la historia que en la narración. Utilizar una escena donde se muestra una rutina. Alguien llega al trabajo, cuelga la chaqueta en el perchero, saluda a sus compañeros, etcétera. La vemos una vez o dos y deducimos que forma parte de una rutina.

LA IMAGEN FUERA DEL TIEMPO: LA IMAGEN MENTAL

La imagen es el medio por el que narramos en el cine, pero la imagen puede olvidarse del tiempo en el que se inscribe y recrearse en el valor simbólico de lo que muestra. Mario Pezzella nos dice al respecto: «Mientras en el cine narrativo lo que importa es las relaciones que se desarrollan entre una imagen y otra, y que caracterizan la sucesión, tiende por el contrario la imagen mental a espesar las relaciones que se instauran en el interior del simple encuadre y, por tanto, tiende a detener la continuidad de la acción. El objeto propio de estas imágenes no es el personaje y su historia, tampoco la belleza decorativa y pictórica de una puesta en escena, sino las relaciones internas de carácter simbólico que adquieren significado autónomo y visibilidad»*. Para Gilles Deleuze, Hitchcock es quien introduce la imagen mental en el cine, y nos pone como ejemplo el valor simbólico de la llave que aprieta en la mano el personaje que encarna Ingrid Bergman en *Encadenados* (1946). Esa llave «es portadora del conjunto de relaciones que mantiene ésta con su marido, a quien se la robó, con su amado, a quien se la va a dar, y con su misión, que consiste en descubrir lo que hay en el interior de la bodega»**.

ETAPAS DE LA ELABORACIÓN DE UN GUION

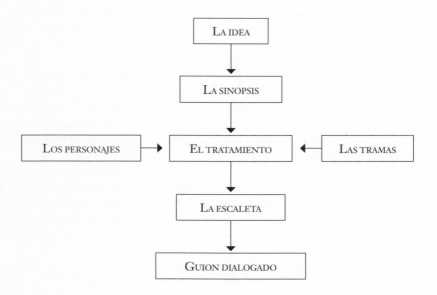

* M. Pezzella, *Estética del cine*, La Balsa de la Medusa, 2004.

** G. Deleuze, *La imagen movimiento*, Barcelona, Paidós, 2009.

La idea

Se supone que el momento creativo es un momento mágico que surge como de la nada. Para los griegos ese momento se debía a la visita de las Musas, unas diosas menores, hijas de Zeus y Mnemósine, diosa de la memoria, y a las que según una fórmula ritual se agradecía su visita al inicio de la obra. Para los románticos la inspiración no provenía de unos seres exteriores sino de la propia fuerza vital del artista, de algo interno e incontrolable.

CREAR ES RELACIONAR

Estos orígenes de la idea creativa, no exentos de belleza, nada tienen que ver con la realidad. No es que hoy sepamos describir los procesos creativos, ya hemos dicho que el cerebro sigue en gran parte siendo un desconocido, pero lo que sí parece demostrado es que todo lo que sentimos y conocemos parte de una información sensorial y de posteriores elaboraciones cerebrales. En el bar interespacial de *La guerra de las galaxias* (George Lucas, 1977), por más extraños que sean sus parroquianos, es innegable un tufillo familiar. Por fantástica que sea nuestra idea, por más mundos que creemos ajenos a este que vivimos, siempre reconoceremos ahí la huella de lo humano.

Creamos pues a partir de lo que hay, de lo que somos y de lo que nos rodea, y es precisamente poner en relación distintos elementos de nuestro mundo lo que genera la idea. Una buena idea surge de relacionar cosas que hasta ahora no se habían relacionado o de relacionarlas de una manera diferente. Una idea es como una reacción química de la que surge algo nuevo y relevante.

Aristóteles decía que el arte es básicamente imitación, no hay nada nuevo bajo el sol, y, sin embargo, de nuestras limitadas percepciones y experiencias surgen infinitas posibilidades. Un gesto de nuestro ser amado, el olor de un guiso y una noticia de televisión, convenientemente relacionados, pueden producir una idea rutilante.

Hay que liberarse de prejuicios, lanzarse a relacionarlo todo con todo, mezclando elementos aparentemente inconexos, volviendo las cosas del revés. Pensar y actuar como un niño, como si viéramos la realidad por primera vez. Los genios lo han sido porque establecieron relaciones insospechadas hasta ese momento, abriendo nuevos campos al conocimiento o ampliando el registro de nuestras emociones.

Cómo encontrar buenas ideas

El guionista no tiene que sentarse y esperar que le venga la inspiración o lo llamen por teléfono las Musas. La mayoría de las buenas ideas las encontramos porque las buscamos. Tengo la sensación de que el aumento de las comodidades en la vida humana, por bienvenidas que hayan sido, ha ido en detrimento del ejercicio de nuestras dotes de observación. La mayoría de la gente pasa por encima de todo velozmente, apenas se detiene frente al incesante fluir de lo que la rodea, va de un sitio a otro sin enterarse de lo que pasa en el camino. En nuestra vida cotidiana no prestamos excesiva atención a casi nada.

Si queremos contar historias que conmuevan a la gente, tenemos que cultivar nuestras dotes de observación. Flaubert decía que basta con detener un cierto tiempo la mirada en una cosa para que esa cosa gane interés. Las personas que desarrollan sus dotes de observación, que se fijan en las cosas y en las personas, tienen más posibilidad de tener ideas que los que no lo hacen. El mundo es fascinante, pero hay que descubrirlo.

¿De dónde pueden surgir las ideas? Algo que nos ha pasado o nos han contado, una persona o personaje que nos ha impresionado, un lugar, una situación, una imagen, algo que hemos visto, un sueño, algo que hemos leído o visto en un medio de comunicación, la lectura de un libro, una película o una obra de teatro, la historia, los mitos, los rumores... No se sabe ni el día ni la hora en que pueda surgir algo que nos ilumine. Por eso conviene que el guionista lleve una libreta encima y algo para apuntar. Las buenas ideas suelen visitarnos en los lugares más insospechados y luego nos tiramos de los pelos cuando no las recordamos.

La idea es emoción

La emoción es la experiencia humana más universal. Se manifiesta de múltiples maneras: alegría, tristeza, terror, tranquilidad, desilusión, amor, etcétera, es algo que todo el mundo puede experimentar y por eso nos une a todos.

Notamos que hemos tenido una idea porque sentimos un impacto que nos produce una suerte de euforia. La emoción que produce es su certificado de garantía. Es muy importante que el guionista no olvide esa sensación fugaz y luminosa que tuvo al encontrarse con la idea y se comprometa con ella, pues ahí residirá la fuerza de su historia y la conexión con los espectadores.

Cuántas películas han sufrido el hecho de tener origen en una idea con la que sus creadores no se sentían suficientemente implicados. Trabajar con una idea que no se siente es ir acumulando material para un despropósito. La fuerza de la idea tiene que durar e impregnar toda la historia. Le va la vida en ello.

Así pues, una vez que se tiene la idea y se experimenta la emoción lo importante es no dejarla pasar, agarrarla y darle vueltas, rumiarla, estrujarla o al menos procurar que no se aleje para jugar con ella de vez en cuando. Pronto nos daremos cuenta de que vemos la idea en todas partes y que, como una bola de nieve, crece y crece en nuestra cabeza y comienza a generar nuevas ideas. Será entonces cuando haya llegado el momento de ponerle límites.

Hay que limitar la idea

Dice Robert Bresson: «La facultad de hacer buen uso de mis medios disminuye cuando su número aumenta»*. Aunque parezca paradójico, la limitación excita la imaginación. En realidad la creatividad está unida a los límites, son los límites los que la hacen desarrollarse.

---

* R. Bresson, *Notas sobre el cinematógrafo*, Ardora, Madrid, 2007.

Hay muchas películas que han fracasado porque el guionista no ha sabido centrarse en unos pocos aspectos de su historia y sacarles todo su partido.

HAY QUE CONOCER EL MUNDO DE LA IDEA

El guionista tiene que conocer el mundo de su historia; de lo contrario no le quedará más remedio que recurrir a los tópicos. ¿Qué sentido tiene contar una historia cuyo mundo desconoces? Hay pues que documentarse, investigar, conocer las interioridades de una profesión, una determinada localización, un periodo histórico, etcétera.

HAY QUE VISUALIZAR LA IDEA

El guionista tiene que pensar en imágenes. Su idea se va a convertir en una historia visual. Las imágenes van a ser el transmisor de su historia y de su emoción. Esto implica que en ningún momento desatenderá las imágenes de su historia para centrarse, como suele suceder, en los parlamentos de los personajes. Las imágenes hablan y pueden transmitir emociones igual que las palabras. El cine es un medio visual; si creas para él, tienes que pensar con los ojos.

LA IDEA Y LA INTENCIÓN

Nadie puede sustraerse a la interpretación de la realidad y a que la interpreten; por tanto, será conveniente que el guionista sea consciente del tratamiento que da a su historia y que, lo quiera o no, su historia será interpretada moral y políticamente. Hay una visión del mundo detrás de cada historia.

LA IDEA PARA NARRAR

La idea es el germen de una historia. Una buena idea no se basa en su originalidad, sino en el nivel de implicación de su autor. Ahora que el guionista dice saber lo que quiere contar será interesante que la escriba. Cuanto más clara tenga la idea de la película, menos palabras necesitará.

Contenido de la idea

La idea no es más que eso, una idea, no es un texto estructurado, sino una descripción aproximada. Es marcar un objetivo cuyo camino para conseguirlo todavía desconocemos. No obstante, para que sea la semilla de una historia debe de incluir un mínimo de contenidos.

Tema. El asunto sobre el que trata la historia. Es evidente que cuanto más universal sea el asunto más fácilmente podrá llegar a todo el mundo, pero esto no es importante. La mayoría de las películas tratan de amor, de aventuras, de misterio. Hoy en día predominan los temas de relaciones personales.

Contexto. ¿Ocurre en la actualidad o en otra época?, ¿en qué lugar del mundo?, ¿en qué ámbito social?

Protagonista. Toda historia tiene personajes que la encarnan y la llevan hasta su final. Si algo no le pasa a alguien, no interesa. Lo normal es que haya un solo protagonista, pero pueden ser varios o un colectivo.

Objetivo. En la idea debe de estar apuntado ese objetivo que tiene el protagonista, eso por lo que va a luchar.

Conflicto. Este punto es capital, pues en él reside la generación de emociones. No hay historia sin conflicto, sin problema que resolver. Si el objetivo del protagonista se consiguiera sin problemas, no habría historia. No es tanto en el objetivo en sí, como en la lucha del protagonista por conseguirlo, donde surge la emoción. Eugene Vale dice: «Es de suma importancia saber que el entendimiento del público es emocional. Una película basada en hechos intelectuales con personajes incapaces de sentir emociones y sin motivos para sentirlas no es comprensible»*. Un buen guion se distingue porque seduce más que convence.

Género. Cualquier historia puede contarse en muy variados registros. Desde la tragedia a la comedia. La muerte, por ejemplo, unas veces nos produce desconsuelo; otras, terror, y otras, nos hace morirnos de risa. El guionista tendrá que elegir.

---

* E. Vale, *Técnicas del guion para cine y televisión*, Barcelona, Gedisa, 2002.

Un ejemplo

La película *Los lunes al sol* (Fernando León de Aranoa, 2002), escrita por el director e Ignacio del Moral, tiene su punto de partida en una idea formulada en estos términos: «Una ciudad al norte, costera, que hace ya tiempo dio la espalda al campo y se rodeó de industrias que la hicieron crecer desproporcionada, a empujones, que la alimentaron de inmigración y trabajadores y dibujaron para ella un horizonte de chimeneas, de aristas y esperanzas, de futuros desarraigos.

»Un grupo de hombres que cada día recorren sus calles en cuesta, buscando a la vida las salidas de emergencia. Miedo de larga duración, funambulistas de fin de mes, y de principio también, funambulistas sin red y sin público, sin aplausos al final, que caminan a diario por la cuerda floja del trabajo precario, que sujetan su existencia con andamios de esperanza y hacen de sus pocas alegrías trinchera, conversación, rutina, como si ese naufragio del que tratan de ponerse a salvo a diario no fuera el suyo, mientras hablan de sus cosas y se ríen, de todo y de nada en concreto, esperanzados, tranquilos, la mañana de un lunes al sol».

El tema es la precariedad de la vida, especialmente la laboral.

El contexto es una ciudad del norte, industrial y en crisis, que ha crecido entre la esperanza y el desarraigo.

El protagonista. La idea presenta un protagonista coral, vidas que se entrecruzan reaccionando ante un mismo contexto.

El objetivo es intentar salvar la alegría de vivir distanciándose de los problemas.

El conflicto es la dificultad para sobrevivir en una ciudad víctima de la crisis industrial.

El género es cine social.

La sinopsis

Una vez que el guionista tiene la idea de su película, el siguiente paso es elaborar la sinopsis.

Características de la sinopsis

Llamamos sinopsis a un documento donde se cuenta de manera sucinta y de principio a fin el argumento de una historia o relato, haciendo especial hincapié en el protagonista, su objetivo y los hitos principales de su lucha por conseguirlo. También se dará cuenta de las principales fuerzas que se le oponen.

Hay dos tipos de sinopsis:

a) Sinopsis corta: en menos de una página señalamos el comienzo, el conflicto principal y el desenlace de la historia.

b) Sinopsis larga o sinopsis: en cuatro o cinco páginas ampliamos la información sobre los puntos señalados en la sinopsis corta, aportando más información sobre los puntos de avance de la historia, su ambientación y los personajes.

El guionista se centrará en lo importante, sabiendo ser sintético y no entrará ni en el desarrollo de tramas y personajes secundarios ni en detalles de ambientación y contexto de la acción.

Si bien la sinopsis se escribe cuando todavía no está desarrollada la historia, es importante que muestre sucintamente al protagonista en su evolución tanto externa, referida a su aproximación al objetivo, como interna, referida a su evolución personal hacia el autoconocimiento.

Es conveniente que la sinopsis esté dividida en tres actos para esclarecer su estructura y que esté redactada con claridad, siempre en tiempo presente, utilizando frases cortas y descripciones con un importante componente visual. El punto de vista objetivo dominará la redacción, pudiendo entreverar puntos de vista subjetivos, especialmente referidos al protagonista, para darle color y cercanía.

Todos narramos historias

La sinopsis tendrá como origen un borrador donde, a modo de cuento, el guionista resumirá lo principal de su historia. Sólo una vez escrito este borrador se planteará la estructura de su relato. Para ello es importante que sea consciente de que no parte de cero. Por fortuna narrar es innato en los humanos y será de su propio relato de donde el guionista pueda deducir los primeros indicios estructurales. Veamos un ejemplo. Se trata de algo que le ocurrió a un amigo y que luego me lo contó, más o menos con estas palabras: «Estaba yo el miércoles pasado tomando una caña con unos compañeros a la salida del trabajo, cuando, de repente, entró un tipo en el bar, sacó una pistola y gritó "¡Que nadie se mueva, esto es un atraco!". Se produjo un pánico generalizado. Entonces, un camarero se acercó al intruso, intentó convencerlo de que desistiera y, como no lo consiguió, se abalanzó sobre él. En medio del forcejeo el intruso estuvo a punto de pegarle un tiro, pero el camarero logró reducirlo».

Cuando nos ocurren cosas como éstas, estamos deseando encontrar a alguien para contárselo. Todos somos capaces de hacerlo, unos tendrán más gracia que otros, pero todos narramos historias. Veamos la estructura de nuestra anécdota.

«Estaba yo el miércoles pasado en un bar...». Este tipo de formulación, que a todos nos sonará familiar, ya nos indica algo. Siempre que contamos comenzamos por poner en situación nuestro relato. Hacemos referencia a un espacio y a un tiempo en los que se supone que transcurre la vida con normalidad. Es una situación de partida que lleva en sí el germen de la expectación, pues el interlocutor está esperando algo y el narrador sabe que el oyente está esperando algo.

Hecha la presentación, el narrador dice «Cuando, de repente...». Algo ocurrió que no estaba previsto, que sorprendió a quien lo vivió. ¿Qué hacer? Es obvio que nuestros interlocutores estarán deseando saber qué pasó tras el grito de «¡Que nadie se mueva, esto es un atraco!». Sigamos.

«Entonces, un camarero se acercó al intruso...». Ante la situación alguien toma la decisión de hacerle frente. Luego, la cosa se complica al no conseguir convencerlo.

«... el camarero se abalanzó sobre él...». Se entabla una lucha. Se supone que cuando nos están contando algo estamos deseando saber el desenlace, pero, paradójicamente, ese desenlace perdería su interés si nos lo narraran sin más. El interés que tiene una historia no reside tanto en el final como en la manera en que se llega a él. Por eso, el narrador intentará calentar la situación para crear expectación (la pistola, el pánico generalizado, etcétera). Saber demorar de manera adecuada el desenlace para que el receptor vaya acumulando expectación, con otras palabras, ponérselo difícil al protagonista, ése es el arte del saber narrar.

Finalmente, llega el momento climático. ¿Ganará el atracador o el camarero? «... y lo redujo». En este caso, por fortuna, salió bien y los parroquianos respiraron aliviados.

Así pues, de esta anécdota hemos sacado los siguientes elementos estructurales:
1. Presentación de la situación.
2. Irrupción de algo no previsto.
3. Alguien se enfrenta al asunto.
4. Lucha.
5. Resolución.

Tras esta aproximación, un tanto pedestre, aplicada a una anécdota simple, veamos lo que dicen los estudiosos del asunto.

TODAS LAS HISTORIAS SON LA MISMA HISTORIA

En 1928 el profesor de Etnología de la Universidad de Leningrado Vladimir Propp publicó el libro *Morfología del cuento**. En él, tras analizar un buen número de cuentos del folclore ruso, llegó a la conclusión de que todos respondían a una misma estructura, que todas sus historias eran de alguna manera la misma aunque en

---

* V. Propp, *Morfología del cuento*, Madrid, Fundamentos, 1981.

distintas versiones. Sus trabajos fueron el inicio de toda una serie de estudios de la estructura narrativa, la llamada narratología.

Propp sintetizó esa historia básica que hay detrás de todas las historias en el siguiente párrafo: «El hombre vivía en su normalidad, pero un día ocurrió algo que removió el estado de las cosas. Había que tomar medidas. Alguien (el héroe) se propuso buscar la causa y hacerle frente. Al final el héroe consigue vencer al mal y el mundo vuelve a su estado».

Si comparamos este patrón de historia con la anécdota que he referido en el punto anterior, es fácil observar los mismos elementos.

«El hombre vivía en su normalidad...». Esta frase responde al «Estaba yo el miércoles pasado...». Con ello presentamos la situación de partida, lo que podemos llamar situación de normalidad.

«... pero un día ocurrió algo que removió el estado de las cosas». Esta frase corresponde al «cuando, de repente, entró un tipo en el bar y gritó: ¡Que nadie se mueva, esto es un atraco!». La normalidad de partida se ha visto interrumpida por algo. Con este incidente se da el pistoletazo de salida a la aventura. El protagonista todavía no ha tomado ninguna decisión, pero este acontecimiento lo obliga a tomar partido.

«Había que tomar medidas. Alguien (el héroe) se propuso buscar la causa y hacerle frente». Hay que reaccionar ante lo ocurrido. En nuestra anécdota este momento correspondería con «Entonces, un camarero se acercó al intruso...». Todo hecho anómalo, es decir, que rompe la normalidad, supone un problema que hay que resolver. Alguien toma las riendas. Esta decisión, este compromiso con la acción es capital en la estructura del relato clásico. Si el personaje se queda en casa, desoyendo la llamada a la aventura no hay relato. El protagonista encarna una motivación, el amor, el honor, la curiosidad, la justicia... y una intención, restablecer la normalidad. Sólo podrá descansar cuando lo haya conseguido o sea finalmente derrotado. De alguna manera podríamos decir que el protagonista se ve poseído por su misión. Esa decisión produce el primer cambio de rumbo de la historia, lo que se llama un punto de giro. Los puntos de giro son los momentos climáticos de los conflictos, allí donde se resuelven en un cambio de rumbo.

«... el camarero intentó convencerlo de que desistiera...». El protagonista, una vez tomada la decisión, inicia la lucha por restablecer la normalidad. Una lucha que se irá intensificando, «... y como no lo consiguió, se abalanzó sobre él». Una vez que el protagonista se meta en la aventura, conocerá a su oponente, el antagonista, en quien se irá centrando poco a poco su lucha. Mediante sucesivos puntos de giro el protagonista cambiará y se irá acercando a su objetivo.

«Al final el héroe consigue vencer al mal y el mundo vuelve a su estado». En nuestra anécdota corresponde con el texto «y lo redujo». La historia tiene que acabar. Lo normal en los cuentos es que acabe bien, con el famoso «Y se casaron y fueron felices», pero no hay que olvidar que hay historias, como las tragedias, que acaban mal y otras que acaban con un final abierto. En todo caso, siempre hay un final. La novela llega a su última página, la función dura hasta que se baja el telón y la película se acaba cuando aparece en la pantalla FIN. Es importante hacer notar que en el caso de que se restablezca la normalidad nunca será la misma que había al principio. Lo ocurrido ha introducido el cambio. En todo caso se tratará de una nueva normalidad, de un nuevo equilibrio. Supongamos la historia de un matrimonio que está en crisis. La separación parece la única salida, pero ambos, o uno de ellos, lucha por salvarlo. Si al final el matrimonio supera la crisis, su relación ya no será la misma que tenían cuando estaban bien antes de estar mal.

Como se podrá comprobar, los referentes estructurales de Propp casan perfectamente con los que habíamos establecido para la anécdota del bar. Podríamos decir que toda historia tiene estos cinco hitos estructurales:

1. Situación de normalidad.
2. Algo rompe la normalidad.
3. Alguien decide restablecer la normalidad.
4. Lucha para restablecer la normalidad.
5. Se restablece la normalidad.

Una observación

Aunque los relatos imiten a la vida, hay algo en ellos que difiere de la vida. Aristóteles decía que nada puede decirse de una persona hasta que haya muerto. Efectivamente, mientras alguien esté vivo le puede pasar cualquier cosa, su periplo vital puede cambiar. Pero los relatos tienen un final, la película tiene un tiempo de duración, eso quiere decir que de alguna manera el protagonista de un relato es alguien que ha muerto, que ha concluido. Este carácter acabado es el que introduce la diferencia entre el relato clásico y la vida. Nada puedes decir definitivo de quien sigue vivo, pero de tu personaje lo puedes decir todo porque conoces el final. El guionista crea la historia, conoce su pasado, su presente, su futuro y su momento final. La vida sigue pero el relato no. El guionista es el dios de su mundo; por eso, el relato clásico es teleológico, todo se ajusta respecto a un final, todo hace referencia a un sentido de la vida.

Los conflictos

«Érase una vez un matrimonio feliz sin problemas económicos. Tuvieron un hijo y una hija y ambos se criaron sanos y educados y fueron buenos estudiantes y consiguieron trabajar en lo que les gustaba. El matrimonio colmó su felicidad cuando sus hijos eligieron parejas maravillosas y les dieron unos nietos preciosos. Los años pasaron y al final murieron plácidamente, rodeados de los suyos».

Si ésa es la historia que queremos contar es posible que no le interese a nadie. Nos podrá enganchar en su presentación, incluso a lo mejor aguantamos hasta el final, pero todo el tiempo habremos estado esperando que pasara algo. La felicidad en la familia descrita es pura rutina, nada la rompe. Una historia sin conflictos no interesa.

Robert Mckee* clasifica los conflictos en tres tipos:

a) Conflictos internos. Puede ser con nuestra mente, con nuestro cuerpo o con nuestras emociones. Aquí el personaje se encontrará con el antagonista en su interior.

b) Conflictos personales. Surgen de las relaciones con personas cercanas, padres, pareja, amigos, etcétera.

c) Conflictos extrapersonales. Incluyen tanto los sociales (profesor/alumno, jefe/subordinado, políticos...) como con el mundo físico (fenómenos de la naturaleza, animales...) y en general todos los que surgen con el espacio y los objetos que lo habitan.

Es fundamental que nuestro relato gire en torno a un conflicto y que ese conflicto esté claro en la sinopsis. Sus sucesivos hitos marcarán los cambios a los que se verá sometido el protago-

---

* R. Mckee, *op. cit.*, p. 185 y siguientes. Véase nota p. 194.

nista en el camino hacia su objetivo. Esos hitos son lo que llamamos puntos de giro.

Los puntos de giro

Podríamos decir que el meollo de las historias es el cambio. El cambio, deseable o temible, es algo que nos fascina a los humanos.

En la redacción de la sinopsis habrá que incluir los principales puntos de giro del conflicto central. No entraremos aquí en el estudio de la multitud de propuestas que se han hecho por parte de los narratólogos y los estudiosos del guion sobre cuáles son esos puntos de giro. Nos ceñiremos a destacar esas situaciones que debido a su importancia consideramos que deberían constar en la sinopsis como generadoras de cambios importantes:

1. El protagonista decide lanzarse a la aventura. Es la decisión que inaugura la lucha que va a ser el corazón del relato, lo que hemos denominado «Alguien decide restablecer la normalidad».
2. «No hay vuelta atrás». En la etapa de «Lucha para restablecer la normalidad» hay un momento en que al protagonista se le revela con absoluta nitidez su objetivo y el compromiso se hace irreversible y acepta todas las consecuencias.
3. «Todo está perdido, última oportunidad». Hacia el final de la etapa de «Lucha para restablecer la normalidad» hay un momento en el que las fuerzas contrarias al protagonista, el antagonista, le oponen tal resistencia que parece que va a ser inminentemente derrotado. Ese momento supone la prueba más fuerte para él y como recompensa por salir vivo de ese trance de muerte recibirá algo que le proporcionará «la última oportunidad» para enfrentarse a sus fuerzas opositoras y así conseguir su objetivo. Desde un punto de vista interno diríamos que el protagonista se reconoce preparado para el combate final.
4. Batalla final. Es la etapa de «Se restablece la normalidad». El momento del clímax. El protagonista se enfrenta a las fuerzas antagónicas a todo o nada. El mundo después de la batalla ya no será el mismo.

Llegados a este punto podemos resumir esos hitos de la historia que tendrá que contener la sinopsis:
1. Situación de normalidad.

2. Algo rompe la normalidad.
3. Alguien decide restablecer la normalidad.
4. Lucha para restablecer la normalidad.
   No hay vuelta atrás.
   Todo está perdido / última oportunidad.
5. Batalla final. Se restablece la normalidad.

Ahora, para cerrar la estructura de la sinopsis, sólo nos queda introducir la división en tres actos. Pero antes tenemos que hacer frente a una objeción. ¿Qué pasa con los personajes?, ¿por qué estamos trabajando antes los puntos principales del argumento que los personajes?, ¿no son los personajes el origen de todo?

¿ARGUMENTO O PERSONAJE?

Cuando nos ponemos a desarrollar la idea de una historia, nos damos cuenta de que hay dos elementos que de alguna manera pugnan por ser el principal: el argumento y el personaje.

Se trata de una polémica que viene de antiguo y que por su propia naturaleza no parece que tenga solución. Ambos son esenciales: sin argumento no hay nada que contar y sin personaje la historia no se encarna.

Aristóteles nos dice en su *Poética*: «Es necesario (...) que las partes de toda tragedia sean seis (...): el argumento, los caracteres, la elocución, el pensamiento, el espectáculo y la música. (...) La más importante es la disposición de las acciones (el argumento), pues la tragedia es imitación, no de hombres, sino de actos y de la vida, y la felicidad y la desgracia están en la acción, y el fin es una cierta acción, no una cualidad. (...) No actúan para imitar los caracteres, sino que conciben los caracteres mediante acciones».

Como puede comprobarse, Aristóteles es un firme partidario del argumento, de la acción, frente a los personajes, los caracteres. Para él los personajes no son más que la parte del argumento que pasa por ellos, lo único que los define son sus acciones, sus acciones son su carácter, no hay nada más allá.

Syd Field* está de acuerdo con Aristóteles al privilegiar la acción sobre los personajes y recomienda escribir, partiendo de

---

* S. Field, *El libro del guion*, Madrid, Plot, 2001.

la idea, una primera sinopsis de un par de páginas. Esta sinopsis será como el esqueleto, donde contaremos la historia principal y los momentos principales de la aventura del protagonista, definiendo bien el inicio y el final.

Lajos Egri*, por el contrario, considera que una vez que tienes clara la idea de tu historia, que para él debería poder resumirse en un lema de intenciones (ejemplo: «la avaricia destruye al ser humano»), lo primero que hay que hacer es construir al personaje. A diferencia de Aristóteles considera al personaje como el motor de la acción, su origen. Esta toma de partido lleva a Egri a considerar capital elaborar detalladas biografías de los personajes desde todos los puntos de vista.

Para Dwight Swain**, aunque hay que comenzar escribiendo los antecedentes de la historia, especialmente de los conflictos, también el personaje es lo primero. Pero matizando a Egri, no lo considera una fuente de acción ilimitada al estar muy determinado por el marco en el que actúa. Swain primero coloca al personaje en situación y luego lo rodea de un paisaje.

Así pues, puede ser una historia o un personaje lo que haya encandilado al guionista, pero parta de donde parta, está claro que tendrá que habérselas con los dos. En un caso será la historia quien construya al personaje y en otro será el personaje el motor de la historia. Hecho este excurso, vayamos a los tres actos.

LOS TRES ACTOS

Aristóteles (siglo IV a. C.) escribió *Poética* al final de su vida y tuvo una enorme influencia en el mundo occidental desde su divulgación, especialmente a partir del siglo XVI. Según todos los indicios, parece no ser un texto redactado como un todo sino más bien una transcripción de sus clases orales en el Liceo de Atenas. Estaba dividido en dos partes, una dedicada a la tragedia, que es la que ha llegado hasta nosotros, y otra dedicada a la comedia, que ya en

---

* L. Egri, *El arte de la escritura dramática*, México, Universidad Nacional Autónoma de México, 2010.

** D. Swain, *Film Scriptwriting*, Nueva York, Hastings House, 1976.

el manuscrito del siglo X, el más antiguo que se conserva, había desaparecido*.

Aristóteles, mucho antes que Propp, ya estableció un análisis de la estructura de la ficción, centrándose en la tragedia y en la comedia. En el siguiente texto de *Poética* el Estagirita sugiere la división en tres actos: «La tragedia es imitación de una acción acabada y completa. (...) Completo es lo que tiene principio, medio y fin. Principio es aquello que por sí mismo no existe por necesidad después de otra cosa. (...) Fin es, por el contrario, aquello que por sí mismo existe por naturaleza después de otra cosa (...) y después de él nada más. Medio es aquello que existe después de otra cosa a la par que hay otra cosa después de él. (...)»**.

Vale la pena desgranar su contenido, dando por supuesto que es perfectamente aplicable al relato cinematográfico.

Aristóteles, al definir la tragedia como «acabada y completa», nos está diciendo que está delimitada en el tiempo y acabada la acción. Y añade: «Completo es lo que tiene principio, medio y fin». Ahí podemos ver el germen de los tres actos.

1. Principio: «no existe por necesidad después de otra cosa». El origen de una historia no se ve sometido a ninguna lógica ni causa, es eso, el origen, algo de lo que se parte, de lo que no hay que dar cuenta.

2. Fin: «existe por naturaleza después de otra cosa (...) y después de él nada más». El final de una historia se diferencia del principio en que surge como consecuencia de otra cosa anterior, es decir, el final es producto de la cadena causal que se establece desde el origen.

3. Medio: «existe después de otra cosa a la par que hay otra cosa después de él». Esta parte del desarrollo de la historia se encuentra entre el principio y el final y se diferencia de ambos en que ni abre ni cierra la historia, sino que es el centro de su propio desarrollo causal y la lleva desde los inicios hasta el final.

Si aplicamos esta estructura a la que hemos determinado, incluyendo los puntos de giro, veremos que no es difícil casarlas (véase cuadro en página 223).

---

* A este respecto quiero citar la famosa novela de Umberto Eco, *El nombre de la rosa* (Barcelona, Lumen, 1983), donde se habla de esa famosa parte dedicada a la comedia. Parece ser, según se recrea en la novela, que fue una parte amputada por considerarse diabólica ya que procuraba la risa. Hablaba de la comicidad de la vida, algo que se consideraba irreverente y, por tanto, enemigo de una visión teocéntrica como la que imperaba en la Edad Media.

** Aristóteles, *Poética*, Valencia, Tilde, 1999, p. 67.

LOS PERSONAJES EN LA SINOPSIS

En la sinopsis aparecerán básicamente el protagonista y el antagonista, que es la fuerza principal opositora a los designios del protagonista.

Ya que es conveniente presentar la sinopsis como un relato-resumen, no será necesario en ella profundizar en los personajes principales. Bastará con una breve descripción al hilo de los acontecimientos reseñados, pues es su actitud, fundada en sus motivaciones y en sus intenciones, la que nos ofrece información suficiente sobre ellos*.

CONTENIDO DE LA SINOPSIS

La sinopsis
El argumento   Primer acto (principio)   • Situación de normalidad.   • Algo rompe la normalidad.   • Alguien decide restablecer la normalidad.   Es el arranque de la cadena causal.   Segundo acto (medio)   • Lucha para restablecer la normalidad.   • No hay vuelta atrás.   • Todo está perdido / última oportunidad.   Es el desarrollo de la cadena causal.   Tercer acto (fin)   • Batalla final. Clímax. Se restablece la normalidad.   Es la culminación y cierre de la cadena causal.
Los personajes   • Especialmente el protagonista y el antagonista.   • Breve descripción al hilo de los acontecimientos reseñados.   • Explicitar sus motivaciones y sus intenciones.

---

* El desarrollo en profundidad de los personajes lo realizaremos al elaborar el tratamiento. Véase capítulo «Los personajes».

Una advertencia antes de seguir

A partir de la década de 1970 han florecido como setas las escuelas que enseñan a escribir guiones y se han publicado multitud de libros al respecto. En muchos casos se ha caído en un didactismo feroz que ha tenido como consecuencia la propagación de la creencia de que hay «fórmulas» para escribir un guion.

El acto creativo no tiene que someterse a corsé alguno, al menos de principio.

El guionista debe comenzar a desarrollar su historia de manera absolutamente libre, escribiendo los desarrollos tal y como le vengan a la mente. Siempre se han contado historias sin que haya habido un momento inicial en el que alguien descubriera cómo se hacía. Hay que escribir con el corazón, luego vendrá la razón.

Las enseñanzas de los gurús y sus paradigmas son buenos cuando la historia ya está escrita y queremos ver si funciona. Es entonces cuando nos ayudan a saber si nuestro texto responde a las preguntas fundamentales: ¿quién es el protagonista?, ¿qué es lo que quiere?, ¿qué se lo impide?... No hay que olvidar que Aristóteles, Horacio, Propp y todos los gurús del mundo de los guiones, Egri, Syd Field, Swain, Vogler, Mckee, Truby, Dancyger... han sacado sus esquemas y sus estructuras de analizar obras ya escritas. Ellos han trabajado *a posteriori* y, por tanto, también *a posteriori* y no *a priori* será bueno utilizar sus enseñanzas.

El tratamiento

La sinopsis marca el rumbo de nuestro relato. Ahora llega la hora de desarrollarlo, de concretarlo. Este trabajo es el que se realiza en el tratamiento.

Características del tratamiento

El tratamiento es un documento literario donde se cuenta en estilo indirecto la historia al completo. A diferencia de la sinopsis, que comprende los elementos principales del relato, el tratamiento contiene toda la historia, es decir, la totalidad del desarrollo argumental, incluyendo la trama principal y las secundarias, así como todos los personajes, tanto principales como secundarios.

El tratamiento suele tener una extensión, para un largometraje, de entre treinta y cincuenta páginas. Se redactará con claridad, utilizando frases cortas, aunque se permite, al no ser un documento sintético como la sinopsis, recrearse literariamente en las descripciones, siempre con el objetivo de incidir en su dramatismo. Respecto a las descripciones, cuanto más visuales sean, mejor.

Al igual que la sinopsis se presentará dividido en tres actos. Cada acto estará compuesto por párrafos que preferiblemente se corresponderán con secuencias*. Esto es importante recalcarlo, porque el tratamiento, aunque tenga una redacción literaria, es un documento cinematográfico, es decir, destinado a convertirse en

---

* Se denomina secuencia a un conjunto de acontecimientos que constituyen una unidad narrativa. Por ejemplo: una persecución (inicio, desarrollo y fin de la persecución) o una cita (alguien queda para verse con alguien, preparativos, cita).

225

una película. Del tratamiento se desgranarán las escenas que formarán la escaleta, el siguiente documento que hay que elaborar.

Precisamente por ese carácter previo a lo que es la elaboración del guion propiamente dicho el tratamiento suele ser el documento que piden las productoras o que, por iniciativa propia, lleva el guionista a la productora. Esto es así porque el tratamiento es un texto suficientemente elaborado como para hacerse una idea cabal de la película y, a la vez, no está tan determinado como la escaleta, lo que permite efectuar correcciones y modificaciones con más facilidad asumibles.

Si bien el tratamiento no es un documento exhaustivo, su carácter concreto y completo implica que el guionista ya ha tenido que elegir todos los acontecimientos que van a conformar su relato. A este respecto, la escritura del tratamiento puede deparar más de una sorpresa al guionista. Por una parte, es fácil que el desarrollo de determinadas situaciones le lleve a plantearse cuestiones que no había imaginado, con la consiguiente necesidad de tomar decisiones que pueden cambiar algunos desarrollos previstos. Por otra, esos desarrollos previstos pueden evolucionar de tal manera que resulte que lo que hemos contado en la sinopsis no coincida con lo que queremos contar en el tratamiento. El guionista tendrá que tomar decisiones y buscar la coherencia.

Las situaciones y los personajes deben estar ya muy elaborados; ha de quedar patente en el documento el dramatismo de las acciones, su evolución *in crescendo*, las características de los personajes, bien definidos y bien contrastados, y el ritmo de la narración.

Construcción del tratamiento

En la sinopsis hemos dado cuenta de los hitos principales de la aventura del protagonista. En el tratamiento nos centraremos en desarrollar las tramas y los personajes.

Las tramas

Las tramas son las distintas líneas argumentales que forman la historia. Podemos dividirlas en dos grupos: principal y secundarias o subtramas.

Trama principal

La trama principal es la que vertebra toda la historia. La gestiona el protagonista luchando por su objetivo. En la sinopsis hemos apuntado sus hitos fundamentales, ahora tenemos que desarrollarla en su totalidad.

A menudo la trama principal se divide en dos: la interna y la externa. En las películas de género (*thriller*, policiaca, *western*, juicios, etcétera) la principal es la externa y la interna normalmente afecta a las relaciones personales del protagonista, y suele ser de temática amorosa. Esta trama interna nos sirve para desvelar el mundo emocional del protagonista y su evolución. Con frecuencia tiene una función de contrapunto y manifiesta comportamientos que contrastan con la trama externa. En otras películas, como las de corte romántico (chico busca a chica), la trama interna es la principal, y se utiliza la externa como obstáculo al amor.

La trama principal es la que marca los tres actos de la historia y el objetivo del protagonista es el que determina la elección y el orden de los acontecimientos.

Tramas secundarias

Son las líneas argumentales gestionadas por personajes secundarios. Su valor reside en la relación que tienen con la principal a la que necesariamente tienen que alimentar. Su papel es, como decía Flaubert, refiriéndose a la novela, hacer aparecer nuevas dimensiones de la trama y del personaje principal. Dan color y realismo a la historia, bien por contraste con la principal, es decir, moviéndose por valores opuestos, bien reforzándola o siendo referencia. Por ejemplo, una pareja que se adora y que el protagonista adopta como modelo. En suma, complican y enriquecen la trama principal.

Las tramas secundarias pueden comenzar en el primer acto, antes incluso que la principal, pero su hábitat natural de desarrollo es el segundo acto, que es donde alimentan en sentido positivo o negativo a la principal. Alguna trama secundaria puede resolverse en el tercer acto como epílogo después del clímax de la trama principal.

Construcción de las tramas

Para la construcción de las tramas habrá que tener en cuenta las siguientes consideraciones:

1. Mejor que no sean complicadas. Las tramas no deben ser demasiado complicadas para que la comprensión no dificulte el fluir de las emociones, que es lo importante. El espectador necesita comprender el relato para implicarse en él.

2. Seleccionar las más significativas. Nuestro tiempo es limitado y precisamente saber gestionar ese tiempo es una de las artes principales del guionista. Tenemos alrededor de cien minutos si es un largo y menos de treinta minutos si es un corto para contar lo que queremos. Eso implica seleccionar para cada trama esas situaciones que sean realmente significativas. Obsérvese aquí que la importancia de una escena no se mide porque ocurran muchas cosas y muy importantes sino porque favorezcan al objetivo final. Esas escenas que pueblan muchas películas de Antonioni que transcurren en lugares inhóspitos y de luz incierta donde el tedio lo impregna todo podrían en sí mismas no considerarse significativas, pero adquieren una importancia capital referidas al objetivo que se pretende: mostrar el sinsentido de la convivencia de esos matrimonios burgueses que retrata.

3. Relacionar causalmente las situaciones. Como ya hemos apuntado en la sinopsis, la relación entre los hechos que se suceden debe ser causal y no casual. De esa manera se da sensación de verosimilitud y se aporta la base de credibilidad que se necesita para suscitar emociones. Coincidencias y apariciones ajenas a la dinámica de la trama, el famoso *deus ex machina**, cuantas menos mejor, y si las hay, que sean lo más alejadas de la resolución final para no romper la implicación emocional del espectador. El guionista tiene que aprender a sorprender dentro de la lógica de los hechos.

4. La acción siempre tiene que avanzar. Las situaciones elegidas deben suponer un paso adelante hacia la resolución del conflicto principal. Esos pasos están marcados por conflictos que se resuelven mediante cambios de polaridad respecto a los valores que

---

* Con la expresión *deus ex machina*, que viene a significar «dios surgido de la máquina», se denominaba en el teatro griego y romano a la aparición de un dios en escena que inopinadamente venía a solucionar una situación de un modo ajeno a la lógica de los acontecimientos.

están en juego. Aristóteles dice al respecto en *Poética* que el suceder de las cosas tiene que producir «el cambio de la desgracia a la felicidad y de la felicidad a la desgracia». Robert Mckee considera este cambio de polaridad algo fundamental en toda trama, en especial en la principal. El avance de la historia tiene que producirse mediante conflictos donde se enfrentan las actitudes positivas y negativas respecto a un valor (el amor, la avaricia, el honor, etcétera). Esos conflictos se resuelven modificando el rumbo de los hechos y volviendo a plantear nuevos conflictos que implicarán nuevos cambios de rumbo hasta que llegamos al momento de la verdad en el enfrentamiento definitivo del clímax del tercer acto.

5. Crear expectación. En la elaboración de una trama el futuro es el que manda. Toda historia debe de crear expectación en cada una de sus situaciones. Todas deben hacer que el espectador se formule preguntas o que aventure hipótesis explicativas sobre qué pasará después.

Para alimentar la expectación y evitar que el final del relato se descubra antes de tiempo se necesita el combustible de la sorpresa. Cuando todo parece indicar por dónde van las cosas, de repente, ocurre algo que hace que el espectador tenga que formularse nuevas preguntas y nuevas hipótesis explicativas, y así se generan nuevas expectativas.

6. Dosificar la información. El guionista debe planificar cómo dosifica la información. Hay que tener en cuenta que el espectador necesita un mínimo de información para implicarse en la historia. Habrá momentos en los que convendrá anticipar algo y en otros ocultarlo para que se pregunte qué está pasando. A veces decir muy poco es un defecto; otras, una virtud. Incluso dar muy poca información puede ser el motor de la historia. Pero nunca hay que olvidar que el vehículo de la información tiene que ser siempre la emoción. Una de las causas más frecuentes de que no funcione un guion es que se note claramente que el guionista ha elaborado determinadas situaciones para dar información.

Aunque lo más efectivo es proporcionar la información al hilo de los acontecimientos, se puede recurrir a interrupciones de la acción, trasladándonos al pasado o al futuro*. También los sueños pueden ser un buen recurso para sugerir en el espectador sensaciones que le informen sobre los miedos y los deseos ocultos del personaje.

---

* Véanse *flashback* y *flashforward* en el capítulo «Narrar con imágenes».

La gestión de la información está muy relacionada con el punto de vista que se adopte en la narración*.

El guionista debe utilizar descripciones visuales para dar información tanto del argumento como de los personajes.

7. Siempre emocionar. Lo principal es emocionar, lo que implica que en cada situación tiene que ser un factor emocional el que domine. Siempre la emoción debe ser el motor de la historia, ella es la que nos hace estar pegados al asiento y querer saber cómo sigue el relato. Dice Aristóteles: «Puede ocurrir (...) que lo terrible y lo conmovedor nazcan del espectáculo, pero también que nazcan de la misma disposición de los hechos, lo cual precisamente es primordial y propio de un mejor poeta». Como se ve, no hay nada nuevo bajo el sol. Al igual que ocurre hoy con muchas de las taquilleras superproducciones de Hollywood, en tiempos de Aristóteles también había representaciones que ponían todo el peso en lo espectacular. Lo espectacular asegura un impacto instantáneo pero fugaz. El verdadero impacto reside en la emoción que surge de la adecuada disposición de los hechos.

8. Estructurar las tramas. Toda trama tendrá una estructura básica similar y que es la que hemos establecido para cualquier historia**. Es evidente que este esquema estructural aplicado a la trama principal es el que domina la historia. La lucha del protagonista por conseguir su objetivo tiene que estar sembrada de obstáculos y apoyos. Como dice Dwight Swain, hay que planificar las tramas con sus valles y sus crestas, sus momentos buenos y malos, y esa alternancia tiene que ir avanzando de conflicto en conflicto cada vez con mayor intensidad.

Una vez que tengamos las tramas elaboradas y convenientemente estructuradas buscaremos su ubicación adecuada en el concierto de las distintas tramas.

A VUELTAS CON EL SEGUNDO ACTO

El segundo acto es el más complicado, la prueba de fuego del guionista. Normalmente ocupa alrededor de la mitad del tiempo de la película y es donde se despliegan todos los recursos y las flaquezas

---

* Véase el capítulo «El punto de vista».

** Véase el capítulo «La sinopsis».

del protagonista en su lucha por conseguir su objetivo, donde lo vemos avanzar y cambiar descubriendo nuevos aspectos de su personalidad.

Especialmente en lo que se refiere a la trama principal, el segundo acto del tratamiento tendrá que contemplar:

a) Situaciones en las que conozcamos los apoyos y los obstáculos del personaje, las fuerzas que están de su parte y las que se le oponen respecto a su objetivo.

b) Conflictos parciales que irán subiendo de intensidad en los que el personaje alternará fracasos y éxitos.

c) Tramas secundarias que iluminarán aspectos del protagonista y su lucha.

d) Un momento especialmente agudo en el que el protagonista será consciente de que su lucha no tiene vuelta atrás.

e) Un momento extremo, hacia el final del acto, donde el protagonista estará en una situación de alejamiento máximo del resultado final del clímax.

f) Una última oportunidad que nos hará ver que el protagonista está preparado para la batalla final.

Los personajes

La elaboración del tratamiento supone abordar simultáneamente el desarrollo del argumento (las tramas) y la construcción de los personajes.

CONSIDERACIONES PREVIAS

Antes de iniciar la construcción de los personajes deberemos tener en cuenta:

1. Solamente nos interesarán de sus características aquellas que vayan a mostrarse en el relato.
2. No los conoceremos de golpe, sino reaccionando ante las cosas que les ocurren. Los personajes, al igual que las personas, tienen dimensiones ocultas, no son lo que parecen. Cuanta mayor sea la presión bajo la que tienen que decidir, más nos revelarán su condición. El guionista utilizará este despliegue progresivo y dosificado de los personajes para crear interés en el espectador.
3. Los cambios que experimentan los personajes estarán relacionados con los conflictos que afrontan y siempre orientados a la consecución de sus objetivos. Para Lajos Egri* esos cambios se producen para hacerles crecer, para que maduren. Es evidente que estos procesos de cambio estarán principalmente centrados en el protagonista y no se producirán o se producirán con menor intensidad en el resto de los personajes. Al espectador le gusta ver que es posible el cambio porque ésa es una de las principales aspiraciones que tenemos respecto a nosotros mismos y al mundo.

---

* L. Egri, *op. cit.*, véase primera nota de la p. 221.

4. Los caracteres de los personajes deberán estar claramente contrastados para agudizar los conflictos que hacen avanzar la historia. El caso más extremo es el que se produce entre el protagonista y el antagonista.
5. Los personajes tienen que conectar con el espectador. Para lograrlo, desde el protagonista hasta el antagonista adoptarán comportamientos identificables con actitudes humanas.

La construcción del personaje

Teniendo en cuenta estas consideraciones, nos dispondremos a construir los personajes. Para ello proponemos seguir los siguientes pasos:
1. Colocaremos al personaje en el mundo: dónde vive, cómo vive, en qué época, etcétera. El guionista tendrá que describir el paisaje visual donde se va a mover el personaje.
2. Le daremos unas características personales. Aspecto físico, rasgos psicológicos, emociones, maneras de pensar y de actuar, etcétera.
3. Le asignaremos un objetivo. El objetivo es su razón de ser, por lo que el guionista procurará que le sea fiel y ponga voluntad en conseguirlo.
4. Le pondremos obstáculos. Los obstáculos determinan los conflictos de los personajes. El diseño de los obstáculos implica una clara definición del antagonista, es decir, de aquello que dificulta en grado extremo el cumplimiento de su objetivo.
5. Lo enfrentaremos a los obstáculos. El personaje avanzará mediante los conflictos que le surjan al enfrentarse a los obstáculos con que se encuentre. Éstos, según Michael Hauge*, le plantearán siempre un doble conflicto:
   a) Conflicto externo. Referido a lo que el personaje quiere. Su motivación se visibiliza por la acción.
   b) Conflicto interno. Referido a lo que el personaje necesita. A su motivación sólo accedemos por los diálogos y el subtexto**.

---

* M. Hauge, *Writing Screenplays that Sell*, Londres, Elm Tree, 1989.

** El subtexto es aquello que ni se ve ni se dice explícitamente pero se sugiere. Véase el capítulo «El guion literario».

La doble faz del personaje

La polémica ya mencionada sobre si es más importante el argumento o el personaje puede reconducirse positivamente. Si, como dice Aristóteles, es verdad que el personaje es la parte de la historia que pasa por él, pero también es verdad, como defienden los que tienen una concepción del personaje más esencialista, que según cómo sea el personaje la historia pasará por ellos de diferente manera, podemos definir al personaje de dos maneras complementarias:

a) Mediante su biografía, haciendo hincapié en sus características personales.

b) Mediante los arquetipos, haciendo hincapié en la función que desempeñan en el desarrollo del argumento.

La biografía

Cada personaje tendrá unas características propias que le darán verosimilitud, que lo diferenciarán del resto de personajes. La relación de estas características es lo que se contiene en su biografía.

Muchos son partidarios de elaborar biografías exhaustivas de los personajes. Lajos Egri*, como ya hemos señalado, considera imprescindible para acometer el guion partir de una biografía con todo lujo de detalles sobre el personaje y su mundo. En realidad no es necesario llegar tan lejos. Lo importante es, como hemos dicho, contemplar sólo aquellos aspectos de su personalidad que van a entrar en juego en el relato, esos que van a darnos las claves de sus reacciones ante las situaciones que tenga que vivir.

A la hora de escribir biografías el guionista sacará partido de sus dotes de observación y de sus conocimientos de la psicología humana. Es muy recomendable que para la caracterización de personajes tome como referencia a personas que conoce o personajes de la ficción que lo hayan impresionado. Eso dará solidez a sus construcciones. Por otra parte, hay que considerar en todo

---

* L. Egri, *op. cit.*, véase primera nota de la p. 221.

momento que el guion es un escrito para ser visto, que estamos en el cine y que el cine todo lo muestra. Eso significa que, a diferencia de la novela, que no tiene límites a la hora de explicar cómo es un personaje, en el cine será, básicamente, aquello que le veamos hacer.

La finalidad de la biografía es aportar información sobre el aspecto físico del personaje y sobre las motivaciones que le van a mover a actuar.

Su aspecto físico

Las características físicas de los personajes son lo primero que va a ver el espectador. El personaje no sólo «dice» con palabras, los diálogos, sino que también nos habla con su presencia física y sus movimientos. En el cine el lenguaje no verbal* es de máxima importancia. Por otra parte, según el género de la película el personaje tendrá que estar más o menos marcado físicamente.

Para determinarlo físicamente el guionista tendrá que elegir sexo, edad, raza, aspecto físico, posturas y ademanes.

Su pasado

Su historia da peso al personaje, pero sólo interesa en la medida en que influye en el presente. Serán los valores que se pongan en juego en el relato los que nos lleven a indagar en el origen de sus motivaciones. A este respecto hay que observar que se ha abusado en extremo de conceptos extraídos del psicoanálisis y la sociología: traumas, complejos, determinaciones sociales... Es bueno contar con ellos, pero con cuidado.

Cuando anotemos en la biografía algo determinante del pasado, lo importante será dejar constancia no tanto de lo que le pasó como de su reacción. De los personajes siempre son sus reacciones lo que más nos importa.

---

* Véase lenguaje no verbal en el capítulo «El guion literario».

Características psicológicas

Es muy práctico aplicar tipologías psicológicas a la hora de definir a un personaje. Linda Seger* nos propone recurrir a los tipos de personalidad de Jung, quien diferenciaba entre:
1. Introvertidos, centrados en su vida interna.
2. Extrovertidos, volcados al exterior.

Cada uno de estos tipos los subdividía en cuatro:
a) Cerebrales: analistas, toman las decisiones según la lógica, no por sentimientos.
b) Sentimentales: atentos, se compenetran con los demás, son francos y asequibles.
c) Intuitivos: los guía el futuro. Son soñadores y emprendedores.
d) Sensitivos: ven el mundo por los sentidos, viven el presente.

Algo que da mucha riqueza humana al personaje es buscarle contradicciones, en especial entre sus deseos conscientes e inconscientes. Por ejemplo, a un personaje le encantaría tener un cuerpo escultural, pero le gusta mucho comer. También son muy ricas las contradicciones que hacen referencia a los valores. Por ejemplo, para él la justicia es el valor principal, pero a los amigos les permite todo.

También será muy efectivo dotar al personaje de manías y fobias: es supersticioso, tiene miedo a viajar en avión, no soporta la leche, etcétera. Este tipo de detalles hacen al personaje verosímil y cercano, y crea empatía con el espectador.

Determinaciones sociales

El personaje vive y se relaciona en el presente en un ámbito social. Por eso, si es determinante, tendremos que saber sobre su clase social, su vida doméstica, su vida laboral y en qué ocupa su tiempo libre. Y si viene al caso, conocer sus opiniones sobre política, economía, religión, sexo, etcétera.

---

* Linda Seger, *Cómo crear personajes inolvidables*, Paidós, Barcelona, 2000.

Relaciones entre personajes

En las biografías incluiremos un apartado donde se describan a grandes rasgos las relaciones del personaje con el resto de los personajes. Conviene hacerlo con los personajes principales, centrándose en afinidades y oposiciones.

La biografía del personaje debe ser un documento práctico, que reúna toda aquella información que sirva para justificar su comportamiento. Para Comparato* la biografía deberá responder a las siguientes preguntas: ¿cuál es su aspecto físico?, ¿cómo piensa?, ¿cómo siente?, ¿cómo actúa?

Muchas veces una descripción impresionista del personaje basta y sobra para hacernos una idea cabal de cómo es. Un buen ejemplo es el que nos muestran los guionistas de la película ya citada *Los lunes al sol* cuando describen a Santa, el personaje encarnado por Javier Bardem. «Tiene Santa el enfado fácil, la indignación siempre a mano, pero también la palabra a tiempo, la mano atenta, tendida siempre, compañera. Descarrila cuando ríe, se llena de dientes y carcajadas, no sabe de límites, ni quiere, ni puede. No tiene dobleces, no tiene recodos, Santa es camino recto, de tierra. Tiene Santa también un sueño, emigrar a Australia. Ha leído en alguna parte que allí todo es al revés y, dadas las circunstancias, eso siempre es una ventaja»**.

Los arquetipos

El personaje se puede definir no sólo por las características propias, sino como alguien que cumple una función en el relato.

El psicoanalista suizo Carl G. Jung elaboró el concepto de arquetipo*** para definir esas personalidades que se repiten en cualquier cultura humana, formando parte de eso que él llamó el inconsciente colectivo. Esos arquetipos son una constante en todas las épocas y culturas, y aparecen tanto en los cuentos y en los mitos como en el plano individual, tanto en las personalidades como en los sueños.

---

* D. Comparato, *De la creación al guion*, Madrid, IORTV, 1993.

** Texto facilitado por los autores.

*** C. G. Jung, *Los arquetipos y lo inconsciente colectivo*, Madrid, Trotta, 2003.

Partiendo del concepto de arquetipo, se han elaborado muchas clasificaciones para facilitar la construcción de personajes. A continuación resumimos tres de ellas.

Los actantes de Greimas

Algirdas Greimas, partiendo de los trabajos de Vladimir Propp, recoge en su *Semántica estructural** las seis funciones de lo que él denomina los actantes.

1. El destinador: quien motiva al protagonista a embarcarse en la aventura.
2. El sujeto que recibe la misión: quien lleva a cabo la función. El protagonista.
3. El objeto de la búsqueda: representa el objeto del deseo, el objetivo del protagonista.
4. El destinatario: quien se beneficia del objetivo de la lucha del protagonista.
5. El adyuvante: el que apoya al protagonista, sumando fuerzas para lograr el objetivo.
6. El oponente: quien se opone al objetivo del protagonista.

El actante es el que actúa, es decir, lo que lo define es la acción que realiza. Por eso, un actante no tiene por qué coincidir con un personaje, pudiendo participar de un mismo actante varios personajes o un mismo personaje soportar varios actantes. Es evidente que este modelo será práctico a la hora de construir personajes si fijamos un actante como perfil principal de un personaje.

Las dobles funciones de Vogler

Christopher Vogler, basándose en la obra de Joseph Campbell *El héroe de las mil caras***, establece en su libro *El viaje del escritor**** siete arquetipos principales. Al igual que en Greimas, estos arquetipos

---

* J. Algirdas Greimas, *Semántica estructural*, Madrid, Gredos, 1971.

** J. Campbell, *El héroe de las mil caras*, México-Buenos Aires, F.C.E., 2005.

*** C. Vogler, *El viaje del escritor*, Barcelona, Robinbook, 2002.

son funciones que, aunque pueden ser dominantes en un personaje, pueden también ser asumidas por otros personajes en distintos momentos de la historia. Vogler atribuye a cada arquetipo una función psicológica (FS) y una función dramática (FD), reuniendo así las características personales del personaje y su papel en el relato.

1. El héroe. El protagonista.

FS: yo independiente, ya separado del seno materno o del grupo.

FD: propicia la identificación con el espectador. Aprende, se sacrifica y crece en la lucha por su objetivo. Puede ser un antihéroe.

2. El mentor. Ayudante del héroe con su sabiduría y su experiencia.

FS: es la personificación del saber y un ejemplo.

FD: enseña e inicia al protagonista. Retribuye con dones su esfuerzo.

3. El guardián del umbral. Forma parte del mundo del antagonista, pero puede terminar ayudando al protagonista, sumándole su fuerza.

FS: representa las neurosis del protagonista, sus demonios ocultos.

FD: pone a prueba al protagonista y éste puede apropiarse de su fuerza.

4. El heraldo. Está en el origen de la aventura del protagonista.

FS: es quien llama a la aventura, al cambio.

FD: su desafío, motiva al protagonista.

5. La figura cambiante. Normalmente es un personaje del sexo opuesto.

FS: tiene las características del otro sexo en un sexo.

FD: introducir la duda, la ambigüedad. Es la máscara y el disfraz.

6. La sombra. Es la energía del lado oscuro. Su expresión máxima es el antagonista.

FS: su poder radica en los sentimientos reprimidos, los traumas.

FD: se opone frontalmente al héroe. Tiene más fuerza si se le humaniza.

7. El embaucador. Es el bufón, el payaso.

FS: se ríe de los grandes ideales y desenmascara a los hipócritas.

FD: introduce un contrapunto cómico, aliviando la tensión.

Los personajes arquetipos de Dramatica

Dramatica* es un *software* diseñado por varios autores norteamericanos para escribir guiones y que contempla los siguientes arquetipos básicos de personajes:
1. Protagonista. Es el motor de la historia. Busca el objetivo e insta a los demás a ello.
2. Antagonista. Se opone al protagonista e insta a los demás a que
fracase.
3. Razón. Actúa con lógica. Controla sus acciones y decide con
sensatez.
4. Emoción. Le mueven los sentimientos. Puede perder el control
y no es práctico.
5. Escéptico. Duda de cualquier opción. No le influyen ni la verdad
ni la sinceridad.
6. *Sidekick*. Es el amigo leal. Máxima fe en el objetivo. Puede pecar
de ingenuo.
7. Guardián. Es el mentor. Ofrece apoyo y tiene criterio y autoridad
moral.
8. Coantagonista. Comparte el objetivo con el antagonista. Suele
ser la tentación.

Como se puede observar, los arquetipos del relato se dividen
básicamente en dos grupos: los que apoyan al protagonista y los
que lo combaten.

EL ANTAGONISTA

El antagonista es la cabeza visible de las fuerzas que se oponen
a las intenciones del protagonista. Hay que evitar dibujarlo con
trazo grueso, pues es mucho más rico hacerlo complejo y sobre
todo humano, con motivaciones y con intenciones a la altura de
las del protagonista. Cuanto mayor talla tenga el antagonista, mayor será la grandeza del protagonista. El guionista tiene que cuidar
a todos los personajes por igual y no puede mostrar una mayor

---

* *Dramatica for screenwriters*, *software* basado en las teorías de Melanie Anne Phillips
and Chris Huntley, Brothers, Inc. Existe una edición en papel: *Dramatica for
screenwriters*, Armando Saldaña Mora, 2005.

preocupación por la construcción del protagonista y sus ayudantes, pues eso irá en detrimento del potencial dramático y de la verosimilitud de la historia.

Los personajes secundarios

Los personajes secundarios actúan a modo de reactivo para desplegar el carácter del protagonista. No es exagerado decir que una de las principales distinciones entre las buenas y las malas películas reside en el papel de los personajes secundarios. De alguna manera, estos personajes que se mueven alrededor del protagonista son su alimento. En su interacción lo fortalecen y lo debilitan, aprende de ellos para bien y para mal, y gracias a ellos o a pesar de ellos sufre el cambio necesario para enfrentarse con su objetivo final.

Los personajes secundarios funcionan también como un espejo de las carencias del protagonista.

Su construcción sigue los mismos criterios que los empleados para el protagonista. De acuerdo con Linda Seger*, resumimos el cometido de estos personajes:
1. Definir el papel y la importancia del protagonista.
2. Ayudar a transmitir el tema principal de la historia.
3. Transmitir información necesaria para hacer avanzar la historia.
4. Añadir color y textura a la historia y así crear una constelación de contrastes.

El arco del personaje

El arco del personaje dibuja su trayectoria. Esa trayectoria está marcada, siguiendo a Lajos Egri**, por la relación dialéctica que se establece entre el bagaje con el que emprende su aventura y los obstáculos que se le oponen. De esa interacción surge el nuevo ser capacitado para enfrentarse a la batalla final.

---

* L. Seger, *op. cit.*, véase nota de la p. 237.

** L. Egri, *op. cit.*, véase primera nota de la p. 221.

LOS PERSONAJES

Aristóteles en su *Poética* hace referencia a esos puntos de giro* que van definiendo el arco del personaje. Destacamos dos: la peripecia y el reconocimiento.

a) Peripecia. Dice Aristóteles: «Peripecia es el cambio de los hechos a lo contrario, (...) según lo verosímil y necesario». En su viaje, al personaje le ocurren cosas que le hacen replantearse sus planes, poniéndolo en la necesidad de tomar decisiones no previstas que cambiarán el signo de su suerte.

b) Reconocimiento. Dice Aristóteles: «El reconocimiento, como su nombre indica, es el cambio de la ignorancia al conocimiento, o para la amistad, o para el odio, de los destinados a la felicidad o a la desgracia. Pero el mejor reconocimiento se da cuando se produce junto con la peripecia, como es el de Edipo (...)».

El reconocimiento, también llamado anagnórisis, se produce cuando, tras las acciones derivadas de los sucesivos conflictos *in crescendo*, el protagonista se da cuenta de quién es o en quién se ha transformado. Es una visión definitiva, un momento cumbre que precede al clímax. El protagonista se siente preparado para la lucha final. Puede haber muchos momentos de reconocimiento parcial, pero es conveniente guardar este concepto para ese gran momento que sella la transformación del personaje.

Todos estos medios para incitar al cambio están enfocados a la *catarsis*, que no es otra cosa que el impacto que produce la lucha del personaje en el espectador, desbloqueándole sus emociones.

CONCLUSIONES SOBRE EL TRATAMIENTO

El tratamiento viene a ser una versión literaria del guion. Es clarificador dividirlo en tres actos y desarrollar en cada uno la cadena de situaciones que configuran las tramas, tanto la principal como las secundarias.

Hay que dar especial importancia en el primer acto al hecho desencadenante de la historia, a esa ruptura de la normalidad que va a llevar al protagonista a tomar medidas. No hay que olvidar que ése es el momento en el que se pretende que el espectador se enganche a la historia. Es importante diseñarlo con claridad y preparar

* Véase en el capítulo «El tratamiento» el epígrafe Puntos de giro. Ahí se tratan tomando como referencia el argumento y aquí, el personaje.

su advenimiento de tal manera que, en el momento en que se produzca, asegure la implicación emocional del espectador.

A partir del momento en que el protagonista decide asumir el reto de enfrentarse al problema será un encadenamiento causal el que domine el avance de la historia. Las intenciones de los personajes estarán basadas en motivaciones.

Recordemos que, en la medida en que tenemos un tiempo limitado para llegar al clímax final, todo lo que ocurra, por nimio que sea, tendrá que ser significativo.

Finalmente, hay que elaborar un momento de clímax potente en el tercer acto. Todo ha sido hecho para llegar a ese momento. El final podrá ser positivo, negativo o abierto, pero en todo caso tendrá que ser efectivo en el ánimo del espectador.

A menudo se colocan una serie de situaciones después del clímax, a modo de epílogo. Esas situaciones son bien el cierre de una trama secundaria que refuerza, por contraste o afinidad, el valor del clímax o bien nos muestra la situación de nueva normalidad en la que se encuentra el protagonista después de su aventura.

Esquema de la construcción del personaje

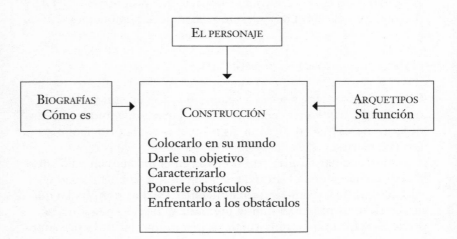

244

La escaleta y la escena

Una vez elaborado el tratamiento, donde contamos la película en un texto continuo redactado como una narración, el siguiente paso es convertir ese documento en un texto cuyo formato ya nos muestra claramente que esa narración ha sido escrita para ser filmada. Ese texto es la escaleta.

La escaleta

Llamamos escaleta a un documento donde aparecen descritas y ordenadas las distintas escenas que componen una película.

Podemos considerar dos tipos de escaleta:

a) La escaleta básica. Es conveniente que el guionista escriba en primer lugar lo que llamaremos escaleta básica, que no es sino una serie de frases numeradas que describen el núcleo principal de las distintas acciones que aparecen en el tratamiento, de tal manera que leyéndolas todas, una tras otra, pueda entenderse el desarrollo elemental de la historia.

Por ejemplo:

13. Tomás le dice a su compañero policía Santi que, según la ley, pueden registrar la casa de El Pecas sin orden judicial si la madre, propietaria de la casa, lo permite.

14. Santi y Tomás visitan la casa de El Pecas. Tras insistir, la madre los deja pasar. Ella, muy nerviosa, dice que su hijo es inocente pero descubren un alijo de droga. La madre le quita la pistola a Tomás, dice que ella es la que trafica y luego se pega un tiro.

La escaleta básica le servirá al guionista para realizar los últimos ajustes respecto al orden, el avance y la inteligibilidad de la historia. En suma, para determinar las escenas que se van a considerar.

b) La escaleta completa o escaleta. En este documento las escenas aparecen ordenadas y descritas, es decir, en estilo indirecto. En ellas se describirán el espacio, los objetos significativos que pueblan ese espacio, las acciones que realizan los personajes y sus diálogos. Para una mejor comprensión las escenas se redactarán con frases cortas, sujeto, verbo y predicado, y siempre en tiempo presente. La simplicidad de la escritura no sólo facilitará la mejor compresión de la misma sino que será una prueba de que el guionista tiene las ideas claras respecto a lo que quiere mostrar.

Construcción de la escaleta

Para la elaboración de la escaleta se seguirán los siguientes pasos:
1. Tomando como referencia el tratamiento, se relacionarán las escenas que se quieren mostrar en la película.
2. Las escenas se ordenarán dentro de la trama que corresponda. Elaboraremos así tantas escaletas como tramas haya.
3. Montaremos en el orden que nos parezca oportuno las distintas tramas en una sola escaleta. Hay que tener en cuenta que puede haber escenas que pertenezcan a varias tramas.
4. Numeraremos correlativamente cada una de las escenas que formen la escaleta final.

A la hora de ordenar las escenas tendremos en cuenta:
1. No alejar en exceso las escenas referidas a una misma trama para no dificultar su seguimiento.
2. Dotar al desarrollo de la acción de un ritmo adecuado. Para ello alternaremos escenas largas y cortas así como las de gran intensidad dramática con las más livianas.

```
┌─────────────────────────────────────────────────────────────┐
│                    Disposición de las tramas                  │
│                                                               │
│  TRAMA PRINCIPAL          ----- -----------   ----    ----    │
│                                                               │
│  Trama secundaria 1  INICIO --- -------  ---                  │
│                                                               │
│  Trama secundaria 2        ------ ---- ----    ---            │
│                                                               │
│  Trama secundaria 3        ---------   ---    ----- FIN        │
│                                                               │
└─────────────────────────────────────────────────────────────┘
```

En el cuadro representamos una película con una trama principal y tres secundarias. La trama secundaria 1 comienza antes que la principal, mientras que la 2 y la 3 lo hacen más tarde. La 3 acaba después de la principal, lo que significa que culmina en el epílogo. Obsérvese que las tramas se superponen, lo que significa que hay escenas que pertenecen a más de una trama.

La escena

La escena es la unidad dramática básica del guion, cuya acción se produce en un mismo tiempo y espacio.

Las escenas constituyen hitos significativos de cada una de las tramas que lo forman. Recordemos que hemos hecho una selección de situaciones para contar la historia. Como dice Eugene Vale: «Debemos pensar que una película es una narración de la cual se cuentan ciertos hechos y no se cuentan otros. Los que se cuentan están contenidos en las escenas, los no contados suceden entre escena y escena»*.

Antes de construir la escena conviene tener en cuenta las siguientes consideraciones:
1. Toda escena debe ser necesaria. Eso quiere decir que hay un antes y un después de ella. Si eliminamos una escena y nada cambia en la historia, tendremos que plantearnos el eliminarla.
2. La escena debe hacer avanzar la obra mediante el conflicto que plantea. Ese conflicto supondrá un cambio de polaridad respecto

---

* E. Vale, *op. cit.*, p. 47. Véase nota de la p. 211.

247

a los valores en juego. Si empieza bien acabará mal y si empieza mal acabará bien.

3. Las escenas deben aumentar en intensidad y tensión conforme avanza la historia. Esto afecta tanto a los personajes y sus actitudes como a las imágenes. Es como si cada escena acumulara todo el peso de las escenas anteriores. Esto no es óbice para que no entreveremos en el desarrollo situaciones de relajación de la acción, y así dotemos a la narración de un ritmo adecuado que facilite la asimilación de los contenidos por parte del espectador.

La construcción de la escena

La escena se elaborará a partir de una acción dramática significativa y necesaria para el avance de la historia que se quiere contar. Para ello se realizarán las siguientes operaciones:

1. Se fija el espacio y el tiempo donde va a tener lugar la escena.
2. Se define la acción principal que justifica la inclusión de la escena.
3. Se trabaja, partiendo de esa acción principal, como si la escena fuera una historia completa. Para ello:
   a) se determinan los personajes que van a intervenir y la función que van a asumir (protagonista, antagonista, etcétera),
   b) se definen el objetivo y el valor que están en juego,
   c) se estructura en tres actos. Para la planificación de las acciones que contiene la escena partiremos del conflicto básico que la constituye, marcando los puntos de inflexión de su desarrollo y llegando a un clímax final que la resuelva o la deje abierta. En todo caso, el final de la escena deberá dejarla en un punto que asegure el interés por parte del espectador de seguir implicado en el relato.
4. Se ajusta su posición en la escaleta. Toda escena, aparte de suponer un hito en la trama a la que pertenece, está ubicada detrás y delante de otra, lo que implica tener en cuenta sus conexiones próximas.
5. Se determina su duración. La escena debe tener una duración apropiada a su contenido y a su ritmo. Mejor que peque de corta que de larga. Tres minutos suele ser una duración ideal como media. Una escena de muy corta duración —por ejemplo, vemos a un niño escuchando tras una puerta— se llama *bit*. Los

bits son escenas que hacen avanzar la historia, informando y transmitiendo emociones, pero que por su duración reducida no tienen estructura.

Aspectos formales de la escena

Cada escena que forma parte de la escaleta irá encabezada por una línea en mayúscula, sin sangría, que tendrá el siguiente contenido:

ESC. Es la abreviatura de Escena. En España es muy frecuente escribir SEC. (Secuencia) en vez de ESC. Una secuencia es un grupo de escenas que componen una unidad narrativa; por tanto, es inapropiado. Desconozco el origen de esta costumbre.

Nº DE ESCENA. Para facilitar la ubicación de una escena es mejor numerarlas, aunque a menudo no se hace.

INT. O EXT. La escena puede ser de interior o de exterior. Esta información es muy importante a la hora de diseñar la luz y el sonido directo.

MOMENTO DEL DÍA. La textura de la escena, básicamente la luz, es distinta si la escena se produce al amanecer, por la mañana, por la tarde, al anochecer o por la noche. Lo normal, a no ser que se quiera especificar más, es indicar NOCHE o DÍA.

LOCALIZACIÓN. Hace referencia al espacio en el que tiene lugar la acción.

Ejemplo de escena de escaleta completa*

ESC. 11- INT./EXT. DÍA. COCHE DE POLICÍA POR LA CIUDAD
Tomás comenta a Santi que el comisario está que trina y que va a soltar a El Pecas, «dice que es la segunda vez que lo detenemos y no tenemos ni una puta prueba». Santi se molesta, no soporta ni que el comisario le eche la bronca ni que El Pecas le tome el pelo. Santi está convencido de que El Pecas es quien mueve la cocaína en el barrio. «Qué putada, ni poniéndole rabo, sólo lo agarramos con una anchoa». Tomás le sugiere que vayan a la casa de El Pecas y hagan un registro, la madre vive sola con él. Santi le dice que

---

* Este ejemplo de escaleta está dialogado en la p. 258. Las escenas de coche suelen considerarse de interior y exterior (véase p. 258).

haría falta una orden judicial. Tomás le dice que, según la ley, si ella les deja pueden practicar el registro. Santi no lo tiene claro, «¿y si no nos deja?, ¿y si entramos y no tiene nada?». Santi lo mira. Tomás se rinde, pero entonces es Santi quien decide ir.

LAS PARTES DEL RELATO

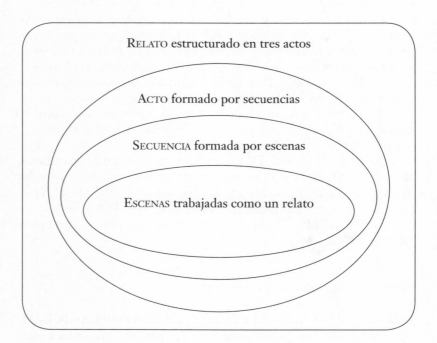

El guion literario

El guion es el documento base para la realización de una película. Podemos definirlo como un texto ordenado en unidades llamadas escenas, donde, utilizando descripciones y dramatizaciones, se cuenta una historia para que sea representada mediante imágenes en movimiento*.

Pasar de la escaleta al guion literario es dialogar los contenidos descritos en cada una de las escenas. Pero para entender adecuadamente esta fase última de la elaboración del guion se hace necesario aclarar qué queremos decir con la palabra «dialogar».

EN LA ESCENA TODO DIALOGA CON TODO

Normalmente se entiende por dialogar introducir los parlamentos de los personajes, pero en el caso de un medio visual como es el cine, el diálogo va más allá de la boca de los personajes. En la pantalla el guionista tiene que conseguir que la fuerza dramática, el conflicto que tensa y hace avanzar la historia, se extienda a todos los elementos que en ella participan. Por tanto, no sólo dialogarán los personajes entre ellos sino que también lo harán los personajes con los objetos, los objetos entre ellos, el espacio con los objetos y los personajes, el sonido, etcétera; es decir, todos los elementos que forman parte de la escena hablan e interactúan.

---

* F. J. Rodríguez de Fonseca, *Cómo escribir diálogos para cine y televisión*, Madrid, T&B, 2009.

¿IMAGEN O PALABRA?

Si hojeamos un guion, nos daremos cuenta de que en el texto dominan los diálogos entre los personajes. Las páginas están llenas de ellos. Pero las descripciones que introduce el guionista son igualmente importantes, pues hacen referencia a eso que no son palabras y que la cámara va a captar y va a tener un significado para el espectador.

Una primera decisión por parte del guionista será determinar qué contenidos de la escena van a expresarse mediante imágenes y cuáles mediante palabras. Normalmente se da por hecho que los personajes van a llevar el peso de los diálogos, pero esta actitud implica no apreciar en sus justos términos lo que significa estar en un medio visual y las posibilidades que tiene la imagen a la hora de transmitir tanto información como emociones. Si el guionista repasa los parlamentos que tiene preparados para cada personaje con un criterio visual, se dará cuenta de que muchos de ellos podrán suprimirse y sustituirse por imágenes que deberá describir en su guion.

EL SUBTEXTO

Llamamos subtexto a todo aquello que se dice de manera no explícita, que está sugerido. El subtexto no sólo se esconde tras las palabras de los personajes, en su tono, en sus silencios, en sus miradas, en sus gestos, en sus actitudes, sino también en esos objetos, espacios, sonidos que interactúan con él y entre ellos. Cuando una historia está bien trabada, todo dialoga con todo, todo está cargado de subtexto, y el espectador ve más allá de lo que se ve. El subtexto delata de múltiples maneras aspectos del corazón del conflicto.

A continuación vamos a detenernos en los diálogos verbales, ya que, a diferencia de los diálogos visuales, donde el director tiene mucho que decir, son patrimonio casi exclusivo del guionista.

Los diálogos verbales*

Los diálogos verbales, como ya dijimos, se inscriben en un mundo visual. Para emplearlos adecuadamente es conveniente saber lo que pueden aportar a la imagen.

Aportaciones de los diálogos verbales a la imagen

1. Liberar a las imágenes de ser explicativas. La palabra puede asumir funciones informativas, lo que facilita el despliegue de las cualidades expresivas de la imagen.
2. Completar su contenido. Desde dar cuenta de acontecimientos que suceden fuera de la escena hasta procesos mentales de los personajes que no se pueden mostrar mediante imágenes.
3. Potenciar dramáticamente las imágenes. El lenguaje verbal es el principal medio humano para expresar emociones.
4. Hacer de contrapunto a las imágenes. Cuando la fuente del sonido es distinta de la fuente de la imagen, las palabras empujan a la imagen más allá de lo que muestra.
5. Sustituir a las imágenes. La confesión de un asesinato puede ser más efectiva que la visión del asesinato.
6. Enlazar escenas. La llegada del sonido al cine resolvió el problema de conectar unas imágenes con otras.
7. Glosar las imágenes. Un ejemplo es la voz del narrador.

Tipos de diálogos verbales

Los diálogos pueden utilizarse de muy diversas maneras. Las siguientes clasificaciones de los diálogos pueden ayudar al guionista a elegir los más apropiados para sus intenciones.
A. Según su forma de expresión. Los diálogos pueden presentarse como:
   1. Diálogo propiamente dicho. Los personajes hablan entre ellos. Es el más utilizado.

---

* Para profundizar en el tema de los diálogos véase F. J. Rodríguez de Fonseca, *ibid.*

2. Soliloquio. El personaje habla solo. En el cine apenas se usa, resta verosimilitud.
3. Monólogo. Transmisión de pensamientos sin movimiento de labios. El cine lo usa.
4. Coro. Un grupo de personajes se expresa al unísono. Sólo se utiliza en el musical.
5. Narración o comentario. Una voz nos informa al hilo de las imágenes. El narrador puede ser:
    a) Impersonal. Una voz que no pertenece a ningún personaje del relato.
    b) Conocido. La voz pertenece a un personaje del relato.

B. Según su relación con el relato. Las palabras que se oyen en la pantalla ocupan diferentes posiciones respecto al relato que nos narran las imágenes. En este sentido, el parlamento puede ser:
1. Diegético. Las palabras se ponen en boca de personajes del relato.
2. Extradiegético. Las palabras se ponen en boca de un personaje ajeno al relato.

C. Según su relación con las imágenes. La palabra en relación con la imagen puede adoptar las siguientes modalidades:
1. Voz *in*. Su origen está dentro del encuadre. Son la práctica totalidad.
2. Voz *off*. Su origen está fuera del encuadre. Siempre es diegética.
3. Voz *over*. Su origen está fuera del espacio y del tiempo que presentan las imágenes. Puede ser:
    Diegética. Quien habla es un personaje de la historia.
    Extradiegética. Quien habla es una voz ajena a la historia.

D. Según sus contenidos. Nos ajustamos aquí a la clasificación establecida por Jean-Paul Torok*, quien distingue los siguientes tipos:
1. Diálogos de exposición. Informan o explican. Suelen utilizarse en las presentaciones.
2. Diálogos de comportamiento. Aparentemente triviales. Dan realismo al relato.

---

* J. P., Torok, *L'Art d'écrire un scénario*, París, Henri Veyrier, 1988, cap. 5.

3. Diálogos de carácter. Nos dan a conocer las emociones de los personajes.
4. Diálogos de acción. Son los más dramáticos. Nacen del conflicto y empujan el relato.

La construcción de los diálogos verbales

Proponemos las siguientes etapas en la construcción de los diálogos verbales o parlamentos:

1. Una vez que el guionista tiene claro el contenido de los diálogos y su relación con la imagen, los escribirá sin ponerse limitación alguna. El primer borrador deberá ser lo más espontáneo posible, haciendo que los personajes digan todo lo que quieran decir. Conviene guardar este primer borrador, pues será un texto de referencia para sucesivas rescrituras debido a que guarda, por así decirlo, la intención del guionista en estado bruto.

2. Dejaremos reposar el texto durante unos días con la finalidad de que tomemos la suficiente distancia para retomarlo con cierta objetividad. No es conveniente corregir un texto recién escrito.

3. Volveremos al texto para realizar las siguientes operaciones:

   a) revisaremos si la progresión de los diálogos es la adecuada en relación al clímax de la escena. Dedicaremos especial atención a esos momentos de cambio de signo de las emociones, es decir, a los puntos de giro,

   b) nos aseguraremos que los diálogos sean:

   Emocionantes. Un personaje no dirá nada que no «sienta».
   Conflictivos. Los diálogos deberán expresar los conflictos de los personajes.
   Unidos a la acción. Los diálogos surgen de la acción y ayudan a que avance.
   Cortos. Cuantas menos palabras, mayor intensidad. Además, las imágenes suelen exigirlo.
   Significativos. Lo que dicen los personajes lo dicen por algo.
   Realistas. Recreando el hablar de la calle. El guionista debe tener buen oído.
   A veces incompletos o confusos. Bien utilizados, crean expectación.
   Sugerentes. Hay que obligar al espectador a leer entrelíneas. Tener subtexto.

4. No nos olvidaremos de los silencios. Hay situaciones en las que son más expresivos que las palabras.
5. Procuraremos que todos los personajes que participan en la escena estén suficientemente contrastados para sostener los conflictos.
6. Ajustaremos la extensión de los diálogos a las dimensiones que consideremos adecuadas para la escena.
7. Modularemos los diálogos y el resto de elementos de la escena para que generen un subtexto adecuado a nuestras intenciones.
8. Finalmente comprobaremos que la escena está bien ubicada en el guion y adecuadamente relacionada con la que le precede y la que le sigue.

Una vez que tengamos los diálogos definitivos, podremos dar por terminado el guion.

Aspectos formales de la escena dialogada

La escena consta de cabecera, descripciones y diálogos.

La cabecera

Ya la vimos en el capítulo «La escena y la escaleta». Recordemos la cabecera de la escena que pusimos como ejemplo: ESC. 11- EXT. / INT. MAÑANA. COCHE DE POLICÍA POR LA CIUDAD.

Las descripciones

Dijimos al comienzo del capítulo que los diálogos en la escena no se reducen a los diálogos verbales, sino que se extienden por toda ella y participan en ellos todos sus elementos. Esos elementos son los que el guionista incluirá en sus descripciones.
    Básicamente contendrán:
1. Referencias al entorno (espacio, objetos, etcétera). El guionista debe plasmar la visualización de la escena con palabras, describiendo sucinta y claramente la atmósfera de la misma.
2. Referencias al lenguaje no verbal empleado por los personajes. La expresividad de los personajes no se reduce a sus palabras.

Éstas suelen ir acompañadas de entonaciones, miradas, gestos, movimientos, etcétera. Estos complementos no son meros adornos sino que normalmente tienen tanto valor o más que las propias palabras. El lenguaje no verbal a menudo traiciona nuestras palabras y deja al descubierto nuestras verdaderas intenciones o expresa emociones que queremos reprimir como miedo, nerviosismo, felicidad, etcétera.

Podemos contemplar tres descripciones en la escena según su ubicación en la misma:
1. Descripción de cabecera. Al inicio de la escena siempre escribiremos un texto que nos posibilite visualizar a los personajes que van a participar en la acción, así como las características del entorno, incluyendo los detalles que se consideren necesarios.
2. Descripción de novedad. En cualquier momento del desarrollo de la escena puede ocurrir algo que haga necesario describir.
3. Acotaciones. Llamamos acotaciones a las descripciones que se introducen entre paréntesis dentro de un parlamento. Suelen utilizarse cuando se produce algo simultáneamente al parlamento y que es imprescindible decir, o para reseñar alguna expresión de lenguaje no verbal que tenga lugar por parte de quien está hablando. Es conveniente usarlas lo menos posible ya que rompen la lectura del parlamento del personaje.

Respecto a las descripciones, el guionista evitará:
1. Hacer referencia a lo que sienten o lo que piensan tanto él como el personaje. En una película, a diferencia de una novela, lo que no se ve no se describe.
2. Ser demasiado detallista, ya que es conveniente que deje margen a la labor del director y de los actores.
3. Dar indicaciones referidas a encuadres, ángulos y movimientos de cámara, ya que son funciones del director. Si en algún caso excepcional es determinante el modo de filmar la escena, podrá hacerlo.

Los diálogos

Los parlamentos de los personajes estarán encabezados con su nombre en mayúscula. Lo más usual es que se escriban centrados en la página, pero también se pueden poner al margen.

Otras indicaciones

1. Cuando aparezca por primera vez en una descripción de la escena un personaje, es conveniente escribirlo con mayúscula; de esa manera se notarán a simple vista los personajes que participan en la escena.
2. Cuando la escena siguiente tiene lugar en el mismo espacio que la anterior pero un tiempo después, suele ponerse PASO DEL TIEMPO. ·
3. Las escenas que transcurren en un coche, dadas las características del espacio, suelen considerarse mezcla de interior y exterior, por lo que se escribirá en cabecera EXT./INT.
4. Cuando dos o más escenas se alternen, sin cambiar ninguna de ellas, conviene conservar la misma numeración para las que son iguales, más un número o una letra. Ejemplo: 4, 5, 4.1, 5.1, 4.2, etcétera.

Ejemplo de escena dialogada

ESC. 11- EXT. / INT. MAÑANA. COCHE DE POLICÍA POR LA CIUDAD
      Conduce Santi. Tomás sentado a su lado.

      TOMÁS
      Tú no lo has visto esta mañana, sólo le faltaba pegarme una mala broma, y la verdad es que tiene razón. Es la segunda vez que lo detenemos y no tenemos ni una puta prueba.

      SANTI
      Que le den por el culo al comisario. *(Cambia de tono)* A mí El Pecas no me toca los cojones. Todo el mundo sabe que es él quien mueve la farlopa en el barrio. Carajo, es que ni poniéndole cola lo pillamos, será cabrón.

      TOMÁS
      ¿Por qué no vamos a su casa? Aprovechamos que todavía está detenido. Vive solo con su madre.

SANTI
Con una postura de mierda que lo hemos agarrado, y con el comisario que me quiere tanto... olvídate de la orden de registro.

TOMÁS
A lo mejor no hace falta.

SANTI
(Enfadado y agresivo) ¿Qué me estás proponiendo?, ¿que tiremos la puerta?, ¿eso es lo que te enseñan en la universidad?

TOMÁS
(Asombrado ante la actitud de Santi) ¿Qué mosca te ha picado?

Silencio. Santi resopla.

TOMÁS
Según la ley, si el titular del domicilio te deja entrar no hace falta ni juez ni siquiera testigos.

SANTI
¿Y si su madre no nos deja entrar?

TOMÁS
¿Y si nos deja?

SANTI
¿Y si no nos deja?

TOMÁS
¿Y si nos deja?

Santi detiene el coche. Tomás no dice nada.

SANTI
Si es que no entiendo para qué te pusiste a estudiar. Para esta profesión te va a servir una mierda y si te crees que te van a ascender por ser licenciado en Derecho vas tú bueno. *(Silencio)* Además, suponte que nos deja entrar y luego no tiene nada. Seguro que cuando El Pecas vuelva a casa y su madre se lo cuente se va

a inventar el cuento de que hemos asaltado su casa sin una orden judicial y...

TOMÁS
Quizá tengas razón, mejor lo dejamos.

SANTI
(Pensativo) No, no lo dejamos. Las madres y las putas son mi debilidad. Tenemos que ganarnos su confianza. *(Silencio)* Venga, vamos para allá. Rápido, el comisario ha sido capaz de soltarlo.

Santi arranca.

El punto de vista

Ya comentamos al hablar de las tramas* la importancia que tiene saber dosificar la información a lo largo del guion y la necesidad de proporcionarla en un contexto emocional para dotarla de verosimilitud.

Pero el trabajo de la información no se reduce al qué, cuándo y cómo. El quién es determinante. El guionista tendrá que tomar una decisión respecto a través de quién o de quiénes vamos a acceder al relato, es decir, tendrá que establecer el punto de vista.

El punto de vista determina la relación respecto a la información entre el narrador y sus personajes. Tomando como referencia los trabajos sobre literatura de Gérard Genette** y sus aplicaciones al relato cinematográfico realizadas por Gaudreault y Jost***, resumimos a continuación los recursos que se le brindan al guionista a la hora de establecer los puntos de vista de su relato.

NARRADOR OMNISCIENTE O FOCALIZACIÓN CERO

El narrador sabe más que los personajes. La ventaja de esta opción es la total libertad por parte del guionista a la hora de mostrar acciones, sentimientos y pensamientos de los personajes. La omnisciencia da la ventaja al narrador de saberlo todo y la desventaja de que su posición, ajena a los personajes del drama, es menos cercana, más

---

* Véase el capítulo «El tratamiento».
** G. Genette, *op. cit.*, véase nota de la p. 202.
*** A. Gaudreault y F. Jost, *op. cit.*, véase nota de la p. 199.

fría. Es un recurso eficaz sobre todo para narraciones épicas. Ejemplo: *La diligencia* (John Ford, 1939). El narrador nos muestra por igual a los ocupantes de la diligencia como a los indios que los acechan.

Cuando se utiliza este punto de vista, por lo general el espectador dispone de mucha información, pero hay casos en que no es así, como en *Misión imposible* (Brian de Palma, 1996), donde el punto de vista posibilita al espectador estar en todos los lugares de la acción y, sin embargo, se le oculta información esencial.

NARRADOR LIMITADO A UN PUNTO DE VISTA

El guionista adopta la visión de la historia con arreglo a la posición respecto a la misma de un personaje. Si bien nos vemos circunscritos al limitado conocimiento de un punto de vista, tiene la ventaja de acercarnos más al personaje, de humanizar la situación. Es más emotiva.

Es importante la elección que haga el guionista del personaje o del grupo de personajes cuyo punto de vista va a privilegiar, pues eso implica que quiere que estemos más cerca de los sentimientos de ese personaje o esos personajes en concreto.

Esta focalización puede ser de dos clases:

1. Focalización interna

Se produce en los casos en que accedemos al relato a través de la conciencia de los personajes.

a) Según los personajes elegidos.

Focalización fija. Se da al adoptar de una manera constante el punto de vista de un personaje. Esto significa que el guionista sólo escribirá escenas donde el personaje esté presente. Lo normal es que, dentro de esta focalización haga uso tanto del punto de vista subjetivo como del exterior. Si sólo utilizara el punto de vista subjetivo, significaría que nunca vamos a describir al personaje pues, al ver sólo lo que él ve, nunca lo veríamos. Este procedimiento, denominado en términos cinematográficos «cámara subjetiva», es muy extremado, pues el espectador prefiere ver al personaje para que pueda identificarse con él. Lo habitual es que veamos lo que ocurre donde él está y también lo veamos a él viendo lo que ocurre. Ejemplo: *Chinatown* (Roman Polanski, 1974), película contada desde el punto de vista de un detective privado.

Aunque la focalización fija suele llevar consigo que el espectador conoce todo lo que conoce el personaje, no siempre es así. En unos casos, podemos saber menos que él, como ocurre en *Con la muerte en los talones* (A. Hitchcock, 1959), donde nos sorprendemos al ver al personaje de Cary Grant, que creíamos muerto por un balazo, levantarse ileso: todo había sido un montaje. En otros casos, sabemos más que él. En *La ventana indiscreta* (A. Hitchcock, 1954), vemos al malo salir de su casa con una mujer, mientras que el protagonista, interpretado por James Stewart, duerme.

Focalización variable. Cuando adoptamos el punto de vista de distintos personajes a lo largo de la historia. Vemos el rostro de alguien y luego vemos lo que mira. Es un recurso utilizado en la mayoría de las películas.

Focalización múltiple. Tomando como referencia un mismo hecho, accedemos al punto de vista de distintos personajes. Un ejemplo típico es el ya citado de *Rashomon* (Akira Kurosawa, 1950), donde el asesinato de un samurái es contado desde cuatro puntos de vista.

b) Según el grado de profundidad con el que accedemos al personaje
Vemos sólo a través de su mirada. Caso de la cámara subjetiva ya mencionado. Un ejemplo: *La dama del lago* (Robert Montgomery, 1947).

Nos introducimos en su interior descubriendo sus pensamientos. Los recursos más utilizados por parte del guionista son:

1. El monólogo*. Veo al personaje y escucho su voz (no mueve los labios, no habla) expresando sus pensamientos. W. Allen lo utiliza a menudo. En *Hannah y sus hermanas* (Woody Allen, 1986), el personaje que él encarna camina por la calle, mientras oímos sus pensamientos.

2. Las imágenes mentales**. Vemos al personaje y luego unas imágenes que nos muestra en qué está pensando o lo que está soñando. A veces, para no caer en el tópico gastado de este procedimiento, pasamos, sin aclaración alguna, a las imágenes de lo que piensa y sólo después nos damos cuenta de que era una imagen

---

* Véase el capítulo «Tipos de diálogos verbales» en la p. 253.

** No confundir con el concepto de imagen mental desarrollado por Gilles Deleuze y mencionado en el capítulo «Narrar con imágenes».

mental. Pueden darse otros procedimientos más creativos y arriesgados, como jugar con esas imágenes sin aclarar al espectador si son reales o mentales. En *Recuerda* (A. Hitchcock, 1945), vemos los sueños del protagonista.

2. Focalización externa

El personaje se nos muestra desde fuera sin que podamos acceder a sus pensamientos. Se da en la mayoría de las películas.

Sorpresa y suspense

Mención aparte merecen la sorpresa y el suspense como recursos del guionista para sacar partido al reparto de información entre personajes y espectador.

François Truffaut, en el fascinante libro de entrevistas que le hace a Hitchcock*, recoge un ejemplo muy aclaratorio que pone el maestro inglés. Hitchcock habla de una bomba situada debajo de una mesa. Si no lo sabe ni el personaje ni el espectador, cuando estalle será una sorpresa para todos. En cambio, si el espectador sabe que está ahí la bomba, sufrirá la ansiedad de no poder decírselo al personaje, lo que supone una mayor implicación. No habrá sorpresa, pero sí suspense.

En el cine negro, policiaco y de espionaje la focalización interna sirve para crear expectativas, falsas o ciertas, al espectador. La focalización externa es muy aconsejable para la sorpresa. En el suspense, como en el caso de la bomba que sabemos que está debajo de la mesa, la focalización cero es la más eficaz.

---

* F. Truffaut, *op. cit.*, véase primera nota de la p. 198.

Los géneros

¿De qué hablamos cuando hablamos de géneros cinematográficos? A ciencia cierta ni se pueden definir ni se sabe cuántos hay.

En la hoja que nos dan a la entrada de muchos cines nos dicen que la película que vamos a ver es un melodrama, un *western*, una de ciencia ficción, una de misterio... Los espectadores, cuando cuentan lo que han visto a sus amigos, les dicen «es una de vaqueros», «es un *thriller*», «es una comedia romántica». Si todos nos entendemos es porque existe una especie de consenso implícito entre todos los consumidores de películas.

¿QUÉ ES UN GÉNERO?

Bordwell y Thompson opinan que «la mejor forma de identificar un género es reconocer cómo los cineastas y el público, en diferentes periodos históricos y lugares, han distinguido de forma intuitiva un tipo de película de otro. La combinación de géneros todavía reconoce de forma implícita que hay diferentes géneros, con diferentes reglas sobre las que los cineastas y los espectadores mantienen un acuerdo tácito»[*].

Para complicarlo más los géneros no son compartimentos estanco; al contrario, sus interrelaciones son muy promiscuas. Por ejemplo: *Doris Day en el oeste* (David Butler, 1953). Se trata de una comedia musical en ambiente de *western*. *Blade Runner* (Ridley Scott, 1982) es una mezcla del género de detectives con ciencia ficción.

---

[*] D. Bordwell y K. Thompson, *El arte cinematográfico*, Barcelona, Paidós, 1995.

El problema principal, si lo que se quiere es definirlos, reside en que no obedecen a un criterio único. En unos casos será la temática (ciencia ficción, *western*, cine bélico, etcétera); en otros el diseño del protagonista será lo determinante, como en el cine negro, donde generalmente se trata de un policía o detective privado fracasado y escéptico; en otro las situaciones (terror, comedias...).

Todos los géneros tienen sus reglas y algunos son más rígidos que otros. Por ejemplo, el *western* y el cine negro suelen responder a unos códigos bastante estables. En ambos las ambientaciones, el primero en los espacios abiertos y fronterizos y el segundo en las calles nocturnas de la ciudad, suelen ser fijas. También en lo que se refiere a los protagonistas. A menudo son héroes solitarios, en el *western* con valores más tradicionales, más simples y sólidos, y en el negro, un personaje turbio y escéptico.

Pero a menudo esas reglas se saltan. Truffaut observa que, aunque los géneros existen y tienen sus propias convenciones, no es fácil a veces distinguirlos del cine de autor. Él, al igual que otros cineastas de la *nouvelle vague*, fueron los que descubrieron tras los géneros auténtico cine de autor, cuyos directores los utilizaban, sometiéndolo a su visión subjetiva. Un ejemplo clamoroso es Stanley Kubrick, al que podríamos definir como un director de géneros: *Atraco perfecto* (cine negro), *Senderos de gloria* (cine bélico), *2001, una odisea en el espacio* (ciencia ficción), *El resplandor* (terror). Sin embargo, aunque utiliza las reglas del género termina haciéndolas estallar.

¿CUÁNTOS HAY?

Desde que hace más de dos mil años Platón y Aristóteles distinguieron entre comedia y tragedia se han sucedido muchas clasificaciones hasta llegar a los géneros cinematográficos. Robert Mckee, que critica las clasificaciones de géneros, propone veinticinco. No obstante, es interesante reseñar su aportación a la hora de establecer los criterios para definir un género*:
1. las ambientaciones,
2. los personajes,

---

* R. Mckee, *op. cit.*, véase nota de la p. 194.

3. los acontecimientos,
4. los valores que están en juego.

LOS GÉNEROS EVOLUCIONAN

Los cambios de valores que se producen en la sociedad afectan los géneros y los hacen evolucionar. Veamos algunos ejemplos.

El protagonista

Independientemente del género, los protagonistas son cada vez más seres de a pie, gente corriente que ni posee grandes riquezas ni está poseída por grandes virtudes ni por objetivos claros. Las películas del oeste que en un principio eran fiel reflejo de la epopeya de construcción de la nación americana fueron cayendo en la parodia o en la humanización conforme esos grandes valores que latían tras ellos se descubrieron trasnochados. Es sintomático que Clint Eastwood en *Sin perdón* (1992) hiciera volver a la acción a un viejo pistolero para vengar a una prostituta, motivado por la necesidad de sacar adelante a sus hijos.

El antagonista

Los obstáculos que se oponen al objetivo del protagonista cambian con los tiempos. Hoy, por ejemplo, si un padre se opone al amor de su hija es porque hemos dado unas características específicas al personaje. Hace unas décadas los padres, fueran como fueran, solían crear problemas a sus hijos, especialmente a sus hijas, según de quién se enamoraran. También es importante decir que se observa una humanización del antagonista. Hoy es habitual encontrar películas donde las fuerzas que se oponen al protagonista participan del mismo rango de humanidad que el protagonista. Los indios ganan más que antes y a los delincuentes se les presenta como víctimas. Esto es un síntoma de la relativización de los valores que domina en la sociedad.

El final

A pesar de los escépticos cada vez se atreven más películas a romper con el final feliz. No es que haya muchas películas que acaben mal, pero sí los finales se hacen más ambiguos o al menos más complejos.

Un caso especial: la comedia

Mientras en la tragedia la vida se toma en serio y el héroe lucha poseído por unos valores por los que está dispuesto a morir, en la comedia la vida se toma con una sonrisa. Todo se relativiza, también las desgracias, incluso nos reímos de ellas. La comedia pretende que pasemos un rato agradable, pero a la vez es capaz de las críticas más ácidas, precisamente por esa patente de corso que le da el no tomarse en serio la vida. Además, y eso lo sabe el espectador desde que se sienta en la butaca, la comedia siempre acaba bien. La comedia es un canto a la fugacidad de la vida. En realidad la única diferencia entre la tragedia y la comedia reside en cómo se toman el asunto.

El guionista tiene que saber que la posibilidad de hacer reír al espectador es directamente proporcional al distanciamiento que establezca respecto a los personajes. Dicho al revés: cuanto más nos identifiquemos con los personajes menos posibilidad de reírnos, pues a nadie le gusta reírse de sí mismo. Y también, cuanto más alejado esté el personaje de nosotros, cuanto más disparatado sea, cuanto más alejado nos sintamos de él, más a gusto nos reiremos de sus andanzas. Los personajes disparatados no están ahí para identificarnos con ellos sino para hacernos reír.

En la comedia lo principal son los personajes, su aspecto, sus contradicciones, su manera de pensar estrafalaria, que lo lleva a tomar decisiones disparatadas, sus motivaciones. Ahí está el secreto.

La variedad de las comedias es muy grande. En la comedia romántica el argumento y los personajes se mueven en un terreno en el que todavía la identificación es posible, haciéndonos llorar, igual que nos hacen reír. Pero en la comedia de carcajada, donde lo principal son las situaciones en las que se coloca al personaje y de cuyo argumento no suele acordarse nadie por ser un mero soporte para enlazar unas situaciones con otras, si lloramos, es de risa.

Los recursos cómicos

El guionista tiene que saber cómo hacer reír y para conseguirlo dispone de una batería de recursos que lo ayudan en la construcción de personajes, tramas, situaciones y diálogos. Entre los más eficaces estarían:

La exageración. Llevar las cosas al límite.

La repetición. Una situación, un comportamiento, una frase repetida y repetida adecuadamente provoca en el espectador una suerte de hilaridad.

El equívoco. Algo que vemos o algo que nos dicen interpretado de forma equivocada puede ser el origen de una cadena de situaciones divertidas.

La inversión. ¿Y si ponemos el mundo al revés? Lo importante no nos afecta mucho y en las nimiedades se nos va la vida.

El absurdo. Desde que el mundo es mundo el humor absurdo ha funcionado. Utilizar las cosas para algo que no sirven, sacar conclusiones totalmente ajenas a las premisas de las que se parte, tener celos del lavaplatos.

La sorpresa. En la comedia sólo puede ser previsible que te vayas a reír en la próxima escena. Todo lo demás, sorpresa. La risa y la sorpresa van de la mano.

La contradicción. Gente que dice una cosa y hace otra. La lucha entre la ley y el deseo es una fuente de comicidad.

La adaptación

En sus inicios el cine de ficción tuvo al teatro y a la novela como referencia. Hoy la narrativa cinematográfica se sigue inspirando en ellos, especialmente en la novela. ¿Qué une y desune a este nuevo medio con sus hermanos mayores?, ¿cómo los adapta a su lenguaje?

EL CINE Y EL TEATRO

El teatro fue el primer suministrador de historias que tuvo el cine. A primera vista las similitudes son muchas.

Ambos son artes representativas, es decir, nos muestran la historia encarnada en personajes, y ambos están sometidos a una duración limitada. Esa duración se fue estandarizando con el tiempo y, aunque hay excepciones, una función teatral o una película no suelen ir más allá de dos horas. Esa limitación implica para ambos una selección de escenas.

Dadas estas similitudes básicas, no es de extrañar que esas películas cómicas del primer cine mudo tuvieran su referente en el teatro de *vodevil*, ni tampoco que cuando el cine aspiró a ponerse serio y ganar a un público culto, más allá de las barracas de feria o las *nickels**, donde tuvieron su primer hogar, se dedicara a filmar representaciones teatrales de textos clásicos, Molière, Racine, etcétera.

---

* Se denominaba *nickel* a las primeras salas de exhibición de películas en Estados Unidos. La película se proyectaba sobre una tela. El nombre de *nickel* viene de la moneda de cinco centavos, que era el precio que había que pagar por entrar en la sala.

Sin embargo, hay algo que separa profundamente al cine del teatro: el ojo de la cámara. El espectador de cine ve aquello que ha visto el ojo de la cámara mientras que el de teatro ve directamente por sus ojos. Esta diferencia no se limita a ver en vivo o no a los personajes y su espacio de actuación sino que tiene más importantes consecuencias. En el teatro la acción se reduce a las posibilidades del escenario y sus escenografías. Esta limitación propicia que el tiempo de los relatos teatrales coincida con el tiempo real. El ojo del espectador de teatro ve en tiempo real lo que pasa en escena como si su ojo fuera una cámara anclada en su asiento con un enfoque fijo. En el cine, por el contrario, el ojo de la cámara no sólo puede moverse y enfocar como quiera sino que gracias al montaje el material registrado tiene una versatilidad espacio-temporal mucho mayor.

El cine nos permite pasar de la cima de una montaña a un cuarto de estar y ver al personaje de mil maneras distintas, desde un detalle de su zapato a su cuerpo perdido entre una multitud, pasando por un primer plano de su rostro.

La escasez de recursos espacio-temporales y visuales hacen que en el teatro el texto, la palabra en boca del actor, sea la que lleve la práctica totalidad del peso del relato. La palabra es la encargada de dar vida a todo, de asumir la imitación de la realidad, mientras que en el cine la palabra en boca de los personajes no es sino un elemento más en un mundo visual donde todo habla.

Todo esto hace que el cine, a pesar de no presentarnos a los personajes delante de nosotros en carne y hueso sino proyectados en una pantalla, nos transmita una sensación mayor de realidad que el teatro. ¿Qué ocurre aquí? Pere Gimferrer nos da la clave: «Es otro el terreno donde puede dar juego el teatro: no sugiriendo o suplantando a la realidad —aquí el cine lleva siempre las de ganar—, sino proponiendo, como tal, la realidad que efectivamente es: la realidad escénica, esto es, una acción que se desarrolla ante el espectador en el mismo momento en que es percibida y, en tal sentido, es aún más concreta y tangible que la realidad filmada»*.

---

* P. Gimferrer, *Cine y literatura*, Barcelona, Seix Barral, 1999, p. 95.

Teatro filmado y cine teatralizado

El cine pronto dejó de tener al teatro como referencia y hoy en día son pocas las obras que se llevan a la pantalla. Pero a pesar de las profundas diferencias entre el lenguaje teatral y el fílmico se producen interesantes hibridaciones entre ambos.

Podemos teatralizar una película, limitando la filmación a un espacio y a un tiempo, pero con un lenguaje cinematográfico. Películas como *La soga* (A. Hitchcock, 1948) nos lo demuestran.

Por otra parte, lo que en un principio fueron filmaciones a cámara fija de obras de teatro, lo que denominamos teatro filmado, han evolucionado y nos permiten asistir a una función de teatro mediante una cámara que se mueve, incorporando puntos de vista que son inaccesibles al espectador normal, pero siempre al servicio de la representación teatral. Un buen ejemplo es la excelente película de Louis Malle *Vania en la calle 42* (1994). En ella se hace partícipes a los espectadores de las posibilidades de la cámara cambiándolos de lugar respecto a la representación; y se nos muestra a los actores en su doble condición de personas, los vemos acceder a la sala, y de personajes, representando la obra *Tío Vania*, de Chéjov.

El texto teatral y el texto del guion

Una consecuencia de lo dicho es el trato, ciertamente diferenciado, que se da al texto teatral respecto al texto del guion. El texto teatral, al basarse en él la práctica totalidad de la representación, es sagrado. El director teatral podrá someterlo a modificaciones de acuerdo con los valores que quiera destacar, pero el texto es el texto. Por el contrario, el guion parece hecho para ser modificado. Es prácticamente imposible que un guionista vea su texto reflejado en la pantalla tal y como lo escribió. La conversión en imágenes del guion supone un proceso de elaboración que va mucho más allá del ámbito creativo del guionista mientras que en el teatro los textos son, por así decirlo, el relato mismo. En el cine las intermediaciones del productor, el director y los actores son a menudo determinantes. Una demostración clara de esta realidad es que la lectura del texto de una obra de teatro nos da una idea mucho más cabal de la misma que la lectura de un guion respecto a la película que surgirá de él.

El cine y la novela

La novela, a diferencia del cine y el teatro, no es un arte representativa. La novela sólo emplea la palabra escrita, no encarna a los personajes. Esto implica que el lector tiene que imaginarse todo a partir de las palabras mientras que en el cine las imágenes ponen límite a la imaginación pero a cambio te dan acceso, inmediato y completo, a todo un mundo.

Por otra parte, mientras el relato novelado no tiene límites ni en la duración ni en su capacidad de introspección, tanto en los pensamientos del autor como del personaje, el relato fílmico está limitado en su duración y, al basarse en imágenes, no tiene tantas posibilidades de introspección. Sin embargo, el cine puede compensar esa carencia mediante la simultaneidad. En el cine podemos estar escuchando un diálogo y a la vez viendo una habitación. El diálogo, al recibirse por el espectador a la vez que la habitación, hace que ambos no sólo sumen sus significados sino que aporten significado al significado del otro. Esto hace que el cine tenga una capacidad de subtexto, de insinuar, de decir sin decir, que no tiene la novela.

A pesar de estas importantes diferencias pronto se estableció una fuerte relación entre ambos. Griffith, el padre del drama cinematográfico, tuvo en la novela de Dickens su principal referencia narrativa, y éste y Flaubert fueron también importantes para Eisenstein.

Hoy podemos decir que la novela es una de las principales fuentes del relato cinematográfico. Dos datos muy elocuentes: alrededor de 40 por ciento de las películas estrenadas se basan en novelas y el Oscar a la mejor película ha recaído en un 70 por ciento de los casos en adaptaciones de novelas. ¿A qué se debe esto?

La novela, precisamente por contar tan sólo con el recurso de la palabra, tiene una gran libertad para jugar con el espacio y el tiempo. En el cine, gracias a ese ojo interpuesto de la cámara, también. En una novela podemos encontrar diálogos, en una película también, en una novela tenemos descripciones de espacios y de acciones, en una película vemos los espacios y las acciones. Lo que describe el novelista con su pluma se describe en el cine con la cámara.

Ya en el siglo XIX muchas novelas, hoy podemos decirlo, parecían sentir la necesidad de expresarse cinematográficamente. Un ejemplo: en el capítulo VII de la novela de G. Flaubert *Madame Bovary* hay una escena donde se narran simultáneamente dos acciones: la conversación de la señora Bovary con su amante y un discurso político que está teniendo lugar al lado. A Flaubert le hubiera gustado poder haber contado con un medio como el cine que, mediante la profundidad de campo, permite presentar ambas situaciones de manera simultánea.

Por otra parte, el relato cinematográfico puede construir su propio tiempo mediante el montaje. Esto también lo asemeja a la novela, donde el escritor *monta* su texto, teniendo acceso en ambos casos a múltiples desarrollos temporales. Así como en el teatro manda el tiempo real, el cine y la novela pueden romper el tiempo, tratándolo como un rompecabezas y dejando al lector que se encargue de armarlo. La novela moderna, de Proust, Joyce, etcétera juega con el tiempo como también lo hace el cine, por ejemplo, en *Ciudadano Kane* (Orson Welles, 1941).

Antes del cine la ficción era relato o era drama. En el primero se imitaba la realidad mediante la palabra escrita y en el segundo mediante la palabra hablada. En el cine la palabra ya no lo es todo y tiene que ceñirse, al estar en un mundo de imágenes, a la «reproducción de lo real concreto»*.

Las adaptaciones

Adaptar es la operación de llevar un relato a otro lenguaje. Esta labor es tan determinante que la calidad de una historia expresada en un lenguaje no asegura su calidad expresada en otro. De hecho, es muy habitual que de excelentes textos se hagan malas películas y de mediocres textos surjan excelentes películas. Una gran novela como *El Quijote* todavía busca su película y, en cambio, una mala obra de teatro, como *Casablanca*, se ha convertido en un clásico del cine.

Quizá la palabra «adaptación» no sea la más adecuada. Adaptar parece hacer referencia a algo así como «ajustar a las medidas de» o «integrar algo desviado». Muchos son los que optan por utilizar el término «transposición», ya que es más preciso a la hora de nombrar

---

* J. Mitry, *op. cit.*, véase nota de la p. 197.

lo que supone llevar el relato a otro lenguaje*. No obstante, dada su aceptación generalizada, utilizaremos la palabra adaptación.

Un problema añadido es la actitud excesivamente reverencial de guionistas y directores a la hora de abordar obras literarias reputadas, especialmente las clásicas. La consecuencia ha sido en muchos casos una utilización timorata de las posibilidades del lenguaje cinematográfico. Por suerte hay excepciones y *Los muertos* (John Huston, 1987), basada en el cuento del mismo nombre de James Joyce, es un claro ejemplo.

Los recursos del cine para abordar la narración son diferentes de los del teatro o la novela. No se trata de copiar la estructura o las escenas tal y como las presenta la obra que se va a adaptar, sino de descubrir lo que se quiere transmitir con ellas y expresarlo en lenguaje cinematográfico. A continuación daremos algunas indicaciones generales sobre los procedimientos que hay que seguir a la hora de elaborar adaptaciones.

La adaptación de una obra teatral

Ya hemos apuntado las diferencias entre el relato teatral y el cinematográfico. Hemos visto que en el teatro el elemento determinante, el que lo expresa casi todo, es el texto en boca del personaje mientras que en el cine la palabra tiene que buscarse la vida en un mundo de imágenes. Eso lleva a realizar las siguientes operaciones básicas a la hora de la adaptación.

1. Liberar el texto teatral. La concentración dramática que se da en el texto teatral habrá que liberarla en una doble dirección. Por una parte, quitando peso a los diálogos con el objetivo de que adquieran la ligereza necesaria para volar a la velocidad de las imágenes. Como dice Mitry: «El diálogo en el teatro es tanto más irreductible al cine en cuanto que lo expresa todo mientras que el diálogo del film debe tender, por el contrario, hacia la "no significancia", es decir, hacia una expresión comprometida en las contingencias pero liberada de toda trascendencia. Ésta, cuando existe, es asunto exclusivo de las imágenes»**. Por otra parte, extendiendo el

---

* Véase S. Wolf, *Cine/literatura. Ritos de pasaje*, Barcelona, Paidós, 2001.

** J. Mitry, *op. cit.*, véase nota de la p. 197.

significado del texto por toda la imagen, es decir, convertirlo en contenido visual. El guionista tendrá que conseguir que todos los elementos que aparecen en la escena tengan la huella de ese texto, antes sólo concentrado en boca del personaje. Para ello incorporará todo tipo de nuevas visualizaciones, pero su referencia no será tanto esas imágenes poéticas que contenga el texto, como lo que esas imágenes poéticas quieren transmitir.

2. Romper las limitaciones de tiempo y espacio. El guionista tiene que romper ese espacio limitado y casi congelado del escenario teatral dándole movimiento y añadiendo nuevos espacios. Respecto al tiempo, intentará romper el tiempo lineal de la obra teatral y así dar volumen temporal a la narración mediante los recursos cinematográficos. No obstante, este trabajo es complicado y es difícil escapar de las limitaciones que te impone el relato teatral.

De las obras de teatro que se han llevado a la pantalla quizá Shakespeare sea el referente principal para juzgar los resultados. Orson Welles y Akira Kurosawa están entre los que mejor han logrado transponer al lenguaje visual toda la expresividad concentrada en los textos del autor inglés. Lo que vemos en *Trono de sangre* (Akira Kurosawa, 1957), basada en *Macbeth*, o en *Campanadas a medianoche* (Orson Welles, 1965), donde sintetiza en torno al personaje de Falstaff las obras de *Ricardo II*, *Enrique IV* y *Las alegres comadres de Windsor*, no es teatro, es cine. Respecto a esta última obra, dice Pere Gimferrer: «[en el teatro] No se pide al espectador fundamentalmente que crea estar viendo una batalla medieval vivida por los personajes de Shakespeare, sino —cosa muy distinta— la estilización de una batalla medieval evocada ritualmente por un grupo de actores que en el escenario suscitan una realidad poética, de naturaleza peculiar, propia únicamente del teatro; pero la misma batalla, filmada por Orson Welles en *Campanadas a medianoche*, por ejemplo, es positivamente una batalla y lo que interesa es que el espectador olvide que cuanto ve ha sido rodado por una cámara y ha pasado por la sala de montaje»*.

A diferencia de la novela, la obra de teatro tiene ya una estructura dramática que facilita la labor del adaptador. No hay que olvidar que los famosos tres actos vienen del teatro.

---

* P. Gimferrer, *op. cit.*, véase nota de la p. 272.

La adaptación de una novela

Está muy extendida la opinión de que lo que hay que tomar de una novela que se quiere adaptar se reduce a la acción y los diálogos. Esa opinión es muy reduccionista. En primer lugar porque lo dramático en la novela necesita volver a dramatizarse en el lenguaje cinematográfico. Y en segundo lugar porque el cine tiene medios, especialmente la imagen, para dramatizar las descripciones de la novela. En cualquier caso, toda adaptación es creativa necesariamente ya que se trata de escribir la obra en un lenguaje distinto; por tanto, podrá haber descripciones que se dramaticen y acciones dramáticas que no se contemplen.

La labor de adaptación contemplará:

1. Análisis de la estructura de la novela. Se detectarán los acontecimientos que impulsan el avance del relato y se organizarán en tres actos.
2. Selección de escenas. Dada la variedad y sobre todo la extensión del relato novelesco, una operación que habrá que realizar en la mayoría de los casos es la de seleccionar los pasajes que se van a convertir en escenas. Las novelas suelen acortarse a la hora de llevarlas al cine, lo cual no es óbice para que se creen escenas que no están en la novela.
3. Aplicar al texto un criterio visual. En el proceso de adaptación habrá que tener muy en cuenta todo aquello que pueda visualizarse. Cualquier detalle, por nimio que parezca, puede ser revelador para el relato cinematográfico.
4. Reescribir los diálogos. Los diálogos de la novela, por buenos y realistas que nos parezcan en letra impresa, la mayoría de las veces no funcionan tal cual en el cine. Habrá que simplificarlos y ponerlos al servicio de la escena en la que participen. El cambio de lenguaje que implica la adaptación descubrirá necesidades como crear líneas de diálogo que no existen en la novela, convertir en diálogo escenas de descripción e incluso convertir diálogos en imágenes. La plasticidad del cine lo permite.

Respecto a las introspecciones, ya hemos dicho que el cine no tiene los recursos de la novela para realizarlas, pero sí puede utilizar el primer plano de un rostro cuyo gesto puede suplantar esa carencia con una rica sugerencia.

Otras estructuras

Es difícil sustraerse a la estructura clásica de los tres actos si de lo que se trata es de contar una historia.

Algunos autores se plantean que hay obras que pueden tener cuatro, cinco, seis o más actos, pero lo que hacen es jugar con un concepto de acto distinto al clásico. Para éstos el acto comienza y acaba cada vez que aparece un punto de giro importante, un cambio de gran alcance en la situación del protagonista. Pero la verdad es que está por demostrar que esos actos, da igual su número, no puedan acogerse a la estructura clásica en tres actos.

Para otros los tres actos son simplemente un corsé inútil del que el guionista tiene que liberarse. John Truby*, que propone veintidós pasos para la elaboración del guion, critica los tres actos diciendo: «La estructura en tres actos es un recurso mecánico superpuesto a la historia y no tiene nada que ver con su lógica interna». Truby pertenece a ese grupo de teóricos del guion que defienden los «pulsos», las situaciones de avance como principal referencia para elaborar un guion. Creo que no hay contradicción en defender ambas cosas. La división en tres actos está impresa en el relato, en la forma en que nosotros mismos contamos las cosas. En realidad los tres actos lo que hacen es subrayar el momento de la decisión de entrar en la lucha (fin del primer acto), el momento en el que el protagonista sabe que ha llegado la hora de la verdad (fin del segundo acto) y la lucha final (tercer acto).

El problema no está en los tres actos ni en cualquier otra estructura que se proponga, el problema es su aplicación mecánica,

---

* J. Truby, *Anatomía del guion*, Barcelona, Alba, 2009.

como si se tratara de una fórmula mágica. Muchos manuales defienden una excesiva formalización de las distintas etapas en el relato. Los puntos de giro surgen con una exactitud de cronómetro, el encadenamiento de las acciones obedece a una aplicación simple de la lógica causal y el final es generalmente feliz. Esos guiones, previsibles, impersonales, donde difícilmente surge la emoción, creo que son la verdadera causa de la crítica al guion clásico.

Algunos de estos enemigos de los tres actos suman otro tipo de razones. Por ejemplo, Dancyger y Rush* denominan «estructura en tres actos reparadora» a la estructura clásica de la mayoría de las películas de Hollywood, con la que se asegura al espectador un final feliz para que no se vaya a casa con el alma revuelta. Su observación respecto al final feliz nos parece acertada, pero eso no es una crítica a la estructura clásica del relato, sino a una postura moral superpuesta, según la cual una determinada concepción de la virtud siempre tiene que salir victoriosa. Todos sabemos que Hollywood no está por amargarle la vida al espectador, pero no hay que confundir la estructura con la imposición de valores.

VARIANTES DEL GUION CLÁSICO

A continuación reseñamos algunos casos donde las características del guion clásico se alteran.
1. Supresión de algún acto. Hay dos casos posibles:
    a. Falta el primer acto. Vemos al protagonista ya metido en la aventura.
    b. Falta el tercer acto. Dejamos al protagonista en puertas de la batalla final.

En ambos casos el espectador podrá sacar sus propias conclusiones partiendo de la información que se le haya proporcionado.

Dentro de los dominios de la estructura clásica el segundo acto nunca puede faltar, pues eso implicaría que el protagonista ante el problema que se le presenta tiene la solución a mano y la toma, es decir, no lucha por ella, no hay aventura. Es evidente que en estas circunstancias no hay historia.

---

* K. Dancyger y J. Rush, *Alternative screenplay*, Burlington, Focal Press, 2007.

2. Concepción no lineal del tiempo de la narración. Lo normal es contar la historia cronológicamente, pero ni tiene por qué ser así, ni a veces es lo más efectivo. Las modificaciones temporales de principio no tienen por qué afectar de manera sustancial los tres actos, ya que la manipulación del tiempo opera en la manera de presentar el relato.
3. Existencia de más de una historia principal. La mayoría de las películas giran en torno a una trama principal, pero hay películas de historias múltiples, donde se entrecruzan distintas tramas, cada una con su protagonista. Un ejemplo es *Pulp Fiction* (Quentin Tarantino, 1994). Es evidente que al contar varias historias y tener el tiempo limitado, no puedes profundizar tanto como si sólo hubiera una; a cambio, puedes dar diferentes visiones sobre las más variadas problemáticas y conseguir interesantes resultados al entrecruzarlas.
4. Existencia de más de un protagonista. Lo normal es que haya un único protagonista, pero pueden ser varios e incluso ser todo un colectivo.
5. El protagonista es pasivo. Estamos acostumbrados a que el protagonista actúe y sea quien lleve las riendas del desarrollo de los acontecimientos, pero se dan casos en que el protagonista no hace nada o apenas nada.
6. El protagonista no es el mismo a lo largo de la historia. Es poco frecuente pero hay casos señeros, como *Psicosis* (Alfred Hitchcock, 1960).
7. El final es abierto. La estructura tradicional desarrolla el relato de tal forma que acabe con un final perfectamente cerrado. No obstante, hay muchas películas en las que al final el espectador deberá encontrar el sentido a lo ocurrido ya que queda indefinido o ambiguo.

GUIONES QUE ROMPEN CON LA ESTRUCTURA CLÁSICA

Hay guiones que, haciendo más hincapié en las posibilidades expresivas de la imagen que en sus posibilidades narrativas, se apartan del guion clásico. Robert Mckee los incluye dentro de lo que él denomina las antitramas*.

---

* R. Mckee, *op. cit.*, véase nota de la p. 194.

Entre sus principales señas de identidad están mostrarnos realidades incoherentes, no utilizar la lógica causal para unir los acontecimientos y alterar el tiempo de lo narrado.

A menudo las uniones entre los acontecimientos mostrados se basan en referencias temáticas, buscando una unidad orgánica del todo mediante procedimientos asociativos. Es frecuente recurrir a una estructura basada en *sketches* y no trabajar una intensificación de lo narrado conforme avanza la película, sino proceder mediante una acumulación de hechos. En estos guiones suelen alternarse distintos puntos de vista, dando entrada a distintos narradores de lo mostrado.

En general nos encontramos con un cine que pretende impactar en el espectador y producirle sensaciones mediante la exposición de realidades fragmentarias, estructurando de manera aleatoria los acontecimientos y a veces sin propiciar la identificación con el personaje.

Un ejemplo de este proceder puede ser *El tren del misterio* (Jim Jarmusch, 1989), donde asistimos a varias historias que sólo tienen en común el hecho de estar ocurriendo al mismo tiempo. Esa simultaneidad nos es desvelada, como ya vimos, por un disparo que se oye en las distintas situaciones.

El guion cuestionado

Merecen un apartado especial las películas que, partiendo de que el acto de filmar es el centro de la actividad cinematográfica, no lo someten a un guion previamente establecido.

En unos casos se inicia la filmación partiendo de una idea previa muy general y es la propia filmación la que va generando el guion.

Ejemplos de este proceder los tenemos en el llamado *caméra-stylo*, propuesto por el francés Alexandre Astruc en su artículo «Nacimiento de una nueva vanguardia: la caméra-stylo», publicado en *L'Écran Français* en marzo de 1948. Astruc defiende que con la cámara se puede *escribir* la historia. Astruc insiste en que el director debe olvidar su servidumbre al guion y comportarse como si fuera un autor de novelas, introduciendo con libertad en la película sus ideas y sus pensamientos. Su película *Le Rideau cramoisi* (1952) es un botón de muestra. En su estela surgió poco después el *Cinéma vérité*, que introdujo la necesidad de filmar con equipos sencillos y manejables para no interferir en la realidad que está delante del objetivo. Se partía de unas ideas y se dejaba que las situaciones se desarrollaran según su propia dinámica. Se prefería trabajar con actores no profesionales, sonido directo y utilizando técnicas del cine documental. Siguiendo esta estela, el director norteamericano John Cassavetes consiguió interesantes resultados. *Una mujer bajo la influencia* (1974) es su película más representativa.

El movimiento que en Europa lideraría esta nueva manera de entender el cine fue la *nouvelle vague*. El guion y el argumento pasaron a un segundo plano y, por tanto, cambiaron también las maneras de producir las películas. Películas de bajo presupuesto, con historias a pie de calle, con diálogos y procedimientos de montaje que no ocultaban las costuras como en el cine tradicional, que tanto se preocupaba por dar la apariencia de un relato continuo. Pero sobre todo se caracterizó por la impronta del director, el *autor*, quien tenía en la película campo libre para expresar opiniones y pensamientos sobre los más variados temas. Películas como *Los cuatrocientos golpes* (F. Truffaut, 1959) y *Al final de la escapada* (J. L. Godard, 1960) han tenido una gran influencia en las maneras de hacer cine.

Otra posibilidad es filmar situaciones de manera aleatoria con o sin ninguna referencia, estructurando lo filmado de acuerdo con algún criterio en la sala de montaje. La película *Tarnation* (Jonathan Caouette, 2003) se basa en imágenes grabadas a lo largo de veinte años. El autor tomó todas ellas y tras una selección las montó y les dio sentido.

EL GUION CLÁSICO FRENTE AL GUION ALTERNATIVO

En el siguiente cuadro se sintetizan algunas de las diferencias que hay entre el guion clásico y sus alternativas. Hay que puntualizar que los rasgos atribuidos al guion alternativo no tienen por qué ser compartidos por todos, ya que los que lo practican hacen primar sus criterios personales.

Estructura convencional (guion clásico)	Estructura no convencional (cine alternativo)
Arranque con un problema que crea intriga respecto a su resolución.	Arranque expositivo de una situación sin creación de intriga.
Escenas claras en su significado, ordenadas cronológicamente y ligadas por la causalidad.	Escenas más ambiguas, sin orden cronológico ni ligadas causalmente (ligazón asociativa, temática, etcétera).
El espacio tiene el papel de marco donde se producen los conflictos entre los personajes.	El espacio es independiente de los personajes y tiene tanta importancia como ellos.
Las acciones están orientadas hacia un final cerrado que incluye una toma de partido moral.	Las acciones no están orientadas hacia un final. A menudo no hay toma de partido moral o es ambigua.
Suele ser normal plegarse a las convenciones de los géneros.	Cada película es distinta, pues prima la individualidad creadora. Cine de autor.
Se crea la magia de estar representando una situación que tiene su referente real.	Se explicitan los mecanismos de representación sin querer crear la sensación de realidad.

Cabe apuntar que la principal diferencia entre ambos estriba en la utilización del lenguaje cinematográfico. En el caso del cine clásico se utiliza el lenguaje como una convención por todos asumida para representar la realidad, y en el caso del cine alternativo se juega con el lenguaje mismo. En el primer caso, se utiliza el cine para contar una historia, ajustándose a las convenciones propias del cine narrativo creadas a lo largo de su historia, mientras que el cine alternativo hace más hincapié en las cualidades expresivas del cine de acuerdo con la subjetividad del autor. Algunos ejemplos en películas recientes: *Súper 8* (J. J. Abrams, 2011) podría serlo de guion clásico y *El árbol de la vida* (Terrence Malick, 2011) de guion alternativo.

Para terminar

El guionista sabe que cuando termine de escribir su guion tendrá que reescribirlo todas las veces que haga falta. No solamente porque él desee mejorarlo, sino porque así se lo pedirán otras instancias, la productora, por ejemplo. Un guion pasa por múltiples versiones hasta llegar a la definitiva y eso se debe a ser el motor de arranque de un complejo proceso que culminará con la edición de la película.

El guionista es el responsable del relato que se va a plasmar en imágenes y para que ese relato funcione será necesario:

1. Tener claro lo que se quiere contar: protagonista y objetivo.
2. Hacer progresar la acción mediante conflictos.
3. Emocionar y sorprender.

Y no olvidar que:

1. Lo que se puede ver no se dice.
2. Todo lo que pasa pasa por algo.

Anexo
Elementos del lenguaje cinematográfico

La labor del guionista termina con la entrega del guion dialogado, también llamado guion literario. Este guion se convertirá en el guion técnico una vez que el director añada sus indicaciones para la filmación.

A continuación resumimos los principales elementos del lenguaje cinematográfico:

Plano: grabación continuada. Desde que el director dice «acción» hasta que dice «corten». El plano está formado por:

1. El encuadre. Determinación de los límites espaciales del plano.

2. El ángulo. Determinación de la posición de la cámara respecto al objeto que se va a grabar.

3. El movimiento. La cámara mientras graba puede estar:

a) inmóvil,

b) sometida a movimientos articulados desde un punto fijo (arriba/abajo, derecha/izquierda),

c) trasladándose en el espacio, bien en la mano del operador (si se desea evitar los movimientos se utilizará una especie de arnés, llamado *steadicam*), bien desplazándose sobre unos rieles *(travelling)*. También pueden utilizarse grúas.

Los tipos de planos son plano detalle, primer plano, plano medio, plano americano (de rodillas para arriba), plano panorámico, etcétera.

Escena: conjunto de planos. Es la unidad mínima narrativa.

Secuencia: conjunto de escenas que forman una unidad narrativa (por ejemplo: una persecución).

Sonido: puede ser sincrónico y asincrónico. El primero tiene su fuente en la imagen o sus aledaños (la persona que habla, la puerta que se abre, el trompetista que hace sonar su instrumento) y el segundo, no (lo más típico es la música que se utiliza como apoyo dramático de las escenas. La música de las películas no suele tener su fuente en el plano).

Montaje: todo el material grabado será ordenado en la sala de montaje. La relación ideal de material filmado respecto a material que se va a utilizar se estima en 10/1, es decir, disponer de diez minutos filmados para elegir un minuto.

Color: aunque de principio podría considerarse un componente meramente técnico, el color es cada vez más utilizado para crear texturas dramáticas utilizando su valor simbólico. El ajuste de color se realiza mediante una operación llamada etalonado.

Bibliografía

LITERATURA

Aristóteles, *Retórica*, Madrid, Centro de Estudios Constitucionales, 1990.
Bettelheim, B., *Psicoanálisis de los cuentos de hadas*, Barcelona, Editorial Crítica, 2006.
Cicerón, *Retórica*, Barcelona, Editorial Bosch, 1991.
Cortázar, J., *Cartas a los Jonquières*, Madrid, Alfaguara, 2010.
Flaubert, G., *El Nilo: cartas de Egipto*, Madrid, Gadir Editorial, 2011.
Gardner, J., *El arte de la ficción*, Madrid, Fuentetaja, 2001.
—, *Para ser novelista*, Barcelona, Ultramar Editores, 1990.
Goldberg, N., *El gozo de escribir*, Barcelona, La Liebre de Marzo, 1993.
Huizinga, J., *Homo ludens*, Madrid, Alianza Editorial, 1999.
Rilke, R. M., *Cartas a un joven poeta*, Madrid, Alianza Editorial, 2006.
Todorov, T., *Poética estructuralista*, Madrid, Losada, 2004.
Vargas Llosa, M., *Cartas a un joven novelista*, Madrid, Alfaguara, 2012.
—, *La orgía perpetua*, Madrid, Alfaguara, 2011.
Zapata, A., *La práctica del relato: manual de estilo literario para narradores*, Madrid, Fuentetaja, 1997.

PERIODISMO

Bastenier, M. A., *Cómo se escribe un periódico*, Nuevo Periodismo, Fondo de Cultura Económica, 2009.
Cruz Ruiz, J., *¿Periodismo? Vale la pena vivir para este oficio*, Barcelona, Debolsillo, 2010.

Grijelmo, A., *El estilo del periodista*, Madrid, Taurus, 2007.
Pulitzer, J., *Sobre el periodismo*, Gallo Nero, 2011.
Silvester, C. (ed.), *Las grandes entrevistas de la historia (1859-1992)*, Madrid, El País Aguilar, 1998.
VV AA, *Libro de estilo* de *El País*, Madrid, Ediciones El País, 2002.

Cine

Aristóteles, *Poética*, Valencia, Tilde, 1999.
Barthes, R., *La cámara lúcida*, Barcelona, Paidós, 1992.
Bazin, A., *¿Qué es el cine?*, Madrid, Rialp, 2001.
Bordwell, D., y Thompson, K., *El arte cinematográfico*, Barcelona, Paidós, 1995.
Bresson, R., *Notas sobre el cinematógrafo*, Madrid, Ardora, 2007.
Chion, M., *Cómo se escribe un guion*, Madrid, Cátedra, 1997.
Comparato, D., *De la creación al guion*, Madrid, IORTV, 1993.
Dancyger, K., y Rush, J., *Alternative Scriptwriting*, Burlington, Focal Press, 2007.
Davis, R., *Writing Dialogue for Scripts*, Londres, A & B Black Publishers, 2003.
Deleuze, G., *La imagen movimiento*, Barcelona, Paidós, 1984.
Egri, L., *El arte de la escritura dramática*, México, Universidad Nacional Autónoma de México, 2010.
Field, S., *El libro del guion*, Madrid, Plot, 2001.
Gaudreault, A., y Jost, F., *El relato cinematográfico*, Barcelona, Paidós, 2001.
Genette, G., *Figuras III*, Barcelona, Lumen, 1989.
Gimferrer, P., *Cine y literatura*, Barcelona, Seix Barral, 1999.
Greimas A., J., *Semántica estructural*, Madrid, Gredos, 1971.
Jung, C. G., *Los arquetipos y lo inconsciente colectivo*, Madrid, Trotta, 2003.
Kracauer, S., *Teoría del cine*, Barcelona, Paidós, 1995.
Hauge, M., *Writing Screenplays that Sell*, Londres, Elm Tree, 1989.
Mckee, R., *El guion*, Barcelona, Alba, 2002.
Mirzoeff, N., *Una introducción a la cultura visual*, Barcelona, Paidós, 2003.
Mitry, J., *Estética y psicología del cine*, Madrid, Siglo XXI, 2002.
Pezzella, M., *Estética del cine*, Madrid, Antonio Machado Libros, 2004.
Propp, V., *Morfología del cuento*, Madrid, Fundamentos, 1981.

Roche, A., y Taranger, M. C., *Taller de guion cinematográfico*, Madrid, Abada, 2006.

Rodríguez de Fonseca, F. J., *Cómo escribir diálogos para cine y televisión*, Madrid, T&B Editores, 2009.

Seger, L., *Cómo crear personajes inolvidables*, Barcelona, Paidós, 2000.

Swain, D., *Film Scriptwriting*, Nueva York, Hastings House, 1976.

Torok, J. P., *L'Art d'écrire un scénario*, París, Henri Veyrier, 1988.

Truby, J., *Anatomía del guion*, Barcelona, Alba, 2009.

Truffaut, F., *El cine según Hitchcock*, Madrid, Alianza, 1974.

Tubau, D., *Las paradojas del guionista*, Barcelona, Alba, 2007.

Vale, E., *Técnicas del guion para cine y televisión*, Barcelona, Gedisa, 2002.

VV AA (compilador L. Vilches; J.-C. Carrière, L. Seger y otros), *Taller de escritura para cine*, Barcelona, Gedisa, 1998.

VV AA (compilador L. Vilches; D. Comparato, M. Clascá y otros), *Taller de escritura para televisión*, Barcelona, Gedisa, 1999.

Vogler, C., *El viaje del escritor*, Barcelona, Robinbook, 2002.

**Instituto
Cervantes**

Saber leer

AGUILAR

Instituto
Cervantes

Saber escribir

AGUILAR

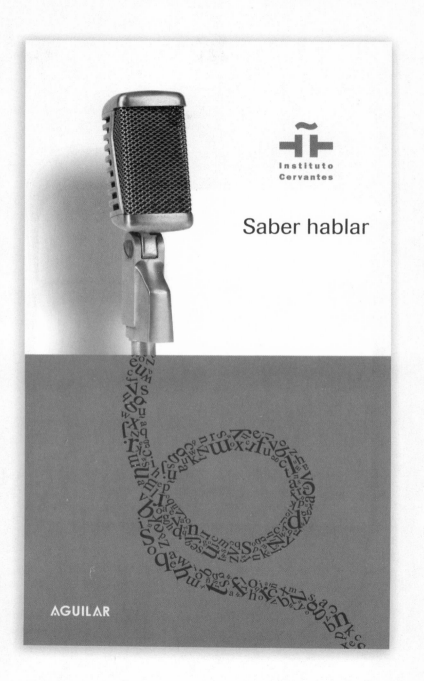

Instituto
Cervantes

Saber hablar

AGUILAR

Saber narrar

se terminó de imprimir en Abril de 2012
en los talleres de Impresora Tauro S.A. de C.V.
Plutarco Elías Calles No. 396 Col. Los Reyes Iztacalco
Delg. Iztacalco C.P. 08620. Tel: 55 90 02 55